Französische Grammatik im Spiegelbild der Praxis

Dipl.-Hdl., Akad. gepr. Übersetzer

Klaus Kirschning

Oberstudienrat an den Handels-
und Höheren Handelsschulen Hamburg

ISBN 3-8045-
4410-X

2.⁷·Auflage, 1990
(7., unveränderter Nachdruck
der 2. Auflage)

*Winklers
Verlag*

*Gebrüder
Grimm*

Darmstadt

44101

VORWORT

Das Hauptziel des modernen Fremdsprachenunterrichts muß darauf gerichtet sein, Sprachkönnen und nicht Sprachwissen zu aktivieren. Wenn auch die Kenntnis bestimmter Gesetzmäßigkeiten einer Sprache eine Grundvoraussetzung für die Umsetzung in Sprachkönnen ist, so darf man diese Gesetzmäßigkeiten nicht in Regeln oder theoretischen Betrachtungen erstarren lassen. Man muß vielmehr darauf bedacht sein, diese Gesetzmäßigkeiten durch ständiges Üben (exercices structuraux) anwenden zu lernen und schließlich zum Bestandteil fremdsprachlichen Könnens zu machen.

Die französische Grammatik im Spiegelbild der Praxis beschränkt sich deshalb nicht nur darauf, häufig vorkommende sprachliche Gesetzmäßigkeiten und Strukturen anhand von Beispielen und prägnanten, leicht verständlichen Regeln aufzuzeigen, ihr Schwergewicht liegt vielmehr auf dem Einschleifen dieser Gesetzmäßigkeiten und Strukturen, was zu dem erwünschten Sprachkönnen verhelfen soll. Auf die Behandlung von sprachlichen Ausnahmeerscheinungen und selten vorkommenden Strukturen wurde bewußt verzichtet, da diese nur verwirren und für das Sprachkönnen unwesentlich sind.

Dieses Buch ist hauptsächlich für Unterrichtszwecke an Wirtschaftsschulen gedacht. Es dürfte jedoch auch im Unterricht an allgemeinbildenden Schulen verwendbar sein, da der Elementargrammatik und dem dazugehörigen Übungsteil ein sehr breiter Raum eingeräumt wurde und sich insbesondere die Gymnasien bei Zeitungslektüre immer stärker dem Wortschatz aus dem politischen und wirtschaftlichen Bereich zuwenden. Dieses Buch ist außerdem zum Repetieren der französischen Grammatik und zum Auffrischen französischer Sprachkenntnisse sehr geeignet.

Zu der Anlage des Buches sei folgendes gesagt. Jedes Kapitel setzt sich aus einem Grammatik- und Übungsteil mit dazugehörigem Vokabelverzeichnis zusammen. Der Übungsteil umfaßt etwa 3000 Übungssätze; die „exercices structuraux" sind auch für die Arbeit im Sprachlabor geeignet.

DER GRAMMATIKTEIL

In dem grammatischen Teil sind in Beispielsätzen wichtige sprachliche Gesetzmäßigkeiten und Strukturen prägnant herausgestellt und zum leichteren Verständnis in Regeln zusammengefaßt worden.

DER ÜBUNGSTEIL

Der Übungsteil, der zum Einschleifen dieser sprachlichen Hauptgesetzmäßigkeiten und Strukturen dient, enthält dem Schwierigkeitsgrad entsprechend

Grundübungen (COURS ELEMENTAIRE)
Übungen für Fortgeschrittene (COURS MOYEN)
Übungen für Weitfortgeschrittene (COURS SUPERIEUR)

In den Grundübungen (COURS ELEMENTAIRE) werden die im Grammatikteil behandelten sprachlichen Gesetzmäßigkeiten und Strukturen in einfacher Form unter besonderer Verwendung der „exercices structuraux" und des Grundwortschatzes aus der Umgangssprache eingedrillt. Diese Übungen, die für Lernende mit geringen Vorkenntnissen in der französischen Sprache gedacht sind, dienen gleichzeitig dazu, die Sprechfähigkeit zu fördern. Der in den Grundübungen verarbeitete Wortschatz wurde bewußt auf den elementaren Wortschatz aus der Umgangssprache beschränkt und zum Teil wiederholt, um diesen somit zu festigen und keine zusätzlichen Schwierigkeiten beim Einschleifen bzw. Einprägen der sprachlichen Gesetzmäßigkeiten und Strukturen zu schaffen.

In den Übungen für Fortgeschrittene (COURS MOYEN) sind ebenfalls die im Grammatikteil behandelten sprachlichen Gesetzmäßigkeiten und Strukturen auf einem etwas höheren Niveau verarbeitet. Diese Übungen dienen gleichzeitig der Vermittlung des gebräuchlichen Wortschatzes aus dem Bereich der französischen Handelskorrespondenz. Da sich die Tätigkeit eines fremdsprachlichen Korrespondenten hauptsächlich auf Übersetzungen vom Deutschen ins Französische beschränkt, wurde in diesen Übungen praxisgerecht überwiegend die Übungsform der Übersetzung verwandt.

Die Übungen für Weitfortgeschrittene (COURS SUPERIEUR), in denen ebenfalls die im Grammatikteil behandelten sprachlichen Gesetzmäßigkeiten und Strukturen verarbeitet sind, dienen hauptsächlich der Vermittlung elementarer Fachterminologie aus folgenden Bereichen:

Preis-, Währungs- und Konjunkturpolitik, Außenhandel, Bank- und Kreditgeschäft, Finanzierung und Investitionen, Börsen- und Wertpapiergeschäft, betriebliches Rechnungswesen und Bilanzen, internationale Organisationen, Unternehmungsformen und Zusammenschlüsse in der Wirtschaft, Steuer- und Zollwesen, Gewerkschaften und Tarifpolitik.

Diesen Übungen wurde ebenfalls die Übungsform der Übersetzung zugrunde gelegt, um praxisbezogen zu verfahren.

Bei der Erstellung des Vokabelverzeichnisses zu den einzelnen Übungen ist aus lernpsychologischen Gründen Wert darauf gelegt worden, daß Wörter möglichst in einem bestimmten Zusammenhang gelernt und dadurch sinnfälliger gemacht werden.

An dieser Stelle sei M. Jean Duval, professeur de français commercial, für die Durchsicht der fremdsprachlichen Texte herzlich gedankt.

Ich hoffe, daß dieses spezielle Lehr- und Übungsbuch als sinnvolle Ergänzung zu den im Unterricht eingeführten Lehrbüchern einen nützlichen Beitrag zum Fremdsprachenunterricht leisten wird, und wäre für Ergänzungs- und Verbesserungsvorschläge aus Kollegenkreisen dankbar.

Der Verfasser

© Winklers Verlag · Gebrüder Grimm · 6100 Darmstadt

TABLE DES MATIÈRES — INHALTSVERZEICHNIS

4

6

7

9

TERMINOLOGIE SPECIALE

LE VERBE — das Verb, das Zeitwort

LE PRESENT — das Präsens, die Gegenwart

être

forme affirmative	forme négative	forme interrogative
je suis ich bin	je ne suis pas ich bin nicht	suis-je? (est-ce que je suis?)
tu es	tu n'es pas	es-tu?
il est elle est	il n'est pas elle n'est pas	est-il? est-elle?
nous sommes vous êtes	nous ne sommes pas vous n'êtes pas	sommes-nous? êtes-vous?
ils sont elles sont	ils ne sont pas elles ne sont pas	sont-ils? sont-elles?

COURS ELEMENTAIRE

Exercice 1

Conjuguez à toutes les personnes:

Je suis dans la classe.
Je suis à Paris.

Je suis au cinéma.
Je suis en vacances.

Exercice 2

Mettez «être» à la forme convenable.

1. Ils ... au bureau.
2. Je ... dans le jardin.
3. Elle ... dans le magasin.
4. Elles ... à Londres.
5. Tu ... très gentil.
6. Je ... seul.
7. Vous ... très poli(s).
8. Cela ... formidable.

9. Nous ... dans la salle à manger.
10. Ils ... dans la salle de bains.
11. Tu ... mauvais.
12. Elles ... à l'Opéra.
13. Vous ... très élégante.
14. Je ... heureux.
15. Elle ... en France.
16. Nous ... tristes.

Exercice 3

Conjuguez à toutes les personnes:

Je ne suis pas triste.
Je ne suis pas fou.

Je ne suis pas malade.
Je ne suis pas brave.

Exercice 4

Mettez les phrases suivantes à la forme négative

Exemple: il est à Hambourg
 il **n'**est **pas** à Hambourg

1. Ils sont à l'école.
2. Je suis malade.
3. Nous sommes tristes.
4. Vous êtes très poli(s).
5. Tu es très fort.

6. La robe est belle.
7. La cathédrale est magnifique.
8. Les élèves sont intelligents.
9. Le vin est bon.
10. Le livre est intéressant.

Exercice 5

Conjuguez à toutes les personnes

suis-je triste?
est-ce que je suis triste?

suis-je fou?
est-ce que je suis fou?

suis-je malade?
est-ce que je suis malade?

suis-je brave?
est-ce que je suis brave?

Exercice 6

Mettez les phrases suivantes à la forme interrogative

Exemple: a) il est à Londres.
 est-il à Londres?
 est-ce qu'il est à Londres?
 b) le livre est intéressant.
 le livre est-il intéressant?
 est-ce que le livre est intéressant?

1. Elle est malade.
2. Ils sont tristes.
3. Tu es très poli.
4. Nous sommes au lycée.
5. Vous êtes très forts.
6. Je suis très satisfait.
7. Il est mort.
8. Elle est très gentille.

9. L'apéritif est bon.
10. La cravate est belle.
11. Le château est magnifique.
12. Les étudiants sont à l'université.
13. Les disques sont merveilleux.
14. Le magasin est grand.
15. L'autobus est complet.
16. Ma sœur est petite.

avoir

forme affirmative	forme négative	forme interrogative
j' ai	je n'ai pas	ai-je?
ich habe	ich habe nicht	est-ce que j'ai?
tu as	tu n'as pas	as-tu?
il a	il n'a pas	a-t-il?
elle a	elle n'a pas	a-t-elle?
nous avons	nous n'avons pas	avons-nous?
vous avez	vous n'avez pas	avez-vous?
ils ont	ils n'ont pas	ont-ils?
elles ont	elles n'ont pas	ont-elles?

COURS ELEMENTAIRE

Exercice 7

Conjuguez à toutes les personnes:

j'ai un dictionnaire.
j'ai un crayon.

j'ai un cahier.
j'ai une voiture.

Exercice 8

Complétez avec le verbe «avoir»

1. Je ... trois amis.
2. Tu ... peur, n'est-ce pas?
3. Il ... un stylo.
4. Elle ... faim.
5. Je ... un journal.
6. Ils ... beaucoup d'amis.
7. Nous ... une maison.
8. Il ... deux frères.

9. Elle ... trois sœurs.
10. Ils ... une voiture.
11. Tu ... raison.
12. Vous ... une cigarette, n'est-ce pas?
13. Il ... un billet pour Paris.
14. Nous ... un passeport.
15. Elle ... une carte d'identité.
16. Je ... un portefeuille.

Exercice 9

Conjuguez à toutes les personnes:

je n'ai pas de dictionnaire
je n'ai pas de crayon

je n'ai pas peur
je n'ai pas de cahier

Notez: ne ... pas   — nicht
       ne ... pas de — kein(e, er)

Exercice 10

Mettez les phrases suivantes à la forme négative: (ne ... pas de — kein[e, er])

Exemple: j'ai trois timbres-(poste)
           je **n'ai pas** trois timbres-(poste)

1. Nous avons des vacances.
2. Il a deux stylos.
3. Tu as raison.
4. Elle a les larmes aux yeux.
5. J'ai deux valises.

6. Ils ont trois cartes postales.
7. elle a peur
8. Il a une carte d'identité.
9. Elles ont des passeports.
10. J'ai un billet pour Marseille.

Exercice 11

Mettez les phrases suivantes à la forme interrogative

Exemple: a) il a trois amis
            a-t-il trois amis?
            est-ce qu'il a trois amis?

         b) Pierre a deux chèques de voyage
            Pierre a-t-**il** deux chèques de voyage?
            Est-ce que Pierre a deux chèques de voyage?

1. J'ai un briquet dans ma poche.
2. Il a des allumettes.
3. Nous avons une leçon de français.
4. Ils ont de la chance.
5. Elle a deux cartes postales.

6. Robert a un scooter.
7. Gisèle a deux frères.
8. Mes parents ont une Simca.
9. Mon frère a une maison magnifique.
10. L'agent a une petite moustache.

L'emploi du présent — die Anwendung des Präsens

	Notez: Das Präsens steht, wenn:
1. L'année **a** douze mois.	1. **etwas allgemeingültig ist.**
2. Papa **fume** une cigarette.	2. **jmd. etwas gerade tut, etwas gerade geschieht.** (Im Englischen steht die Verlaufsform: Daddy is smoking a cigarette.)
3. Marcel **fait** une promenade tous les jours.	3. **etwas ständig so ist.** (Regelmäßigkeit, Gewohnheit)
4. Il **part** la semaine prochaine.	4. insbesondere bei Verben der Bewegung **die nahe Zukunft bezeichnet werden soll** oder **eine geplante Handlung realisierbar ist** bzw. **erscheint.**

Remarques

Besonderheiten in der Rechtschreibung siehe Seite 80.

Les verbes en «er»

forme affirmative	forme négative	forme interrogative	
je parle ich spreche	je ne parle pas ich spreche nicht	est-ce que je parle?[1] spreche ich?	E
tu parles	tu ne parles pas	parles-tu?	ES
il parle elle parle	il ne parle pas elle ne parle pas	parle-t-il? parle-t-elle?	E
nous parlons	nous ne parlons pas	parlons-nous?	ONS
vous parlez	vous ne parlez pas	parlez-vous?	EZ
ils parlent elles parlent	ils ne parlent pas elles ne parlent pas	parlent-ils? parlent-elles?	ENT

[1] parlé-je — diese Form wird nicht mehr verwendet.

COURS ELEMENTAIRE

Exercice 12

Conjuguez à toutes les personnes:

j'arrive à Paris
je parle français

j'écoute la radio
je conjugue les verbes

Exercice 13

Complétez les phrases suivantes avec les verbes en «er»

1. Nous ... du beurre et de la confiture. **(acheter)**
2. Il ... ses amis. **(inviter)**
3. Elle ... à Strasbourg. **(habiter)**
4. Je ... le petit déjeuner. **(préparer)**
5. Ils ... la porte. **(fermer)**
6. Elles ...de jolies robes. **(porter)**
7. Tu ... une cigarette. **(fumer)**
8. Il ... le cendrier. **(vider)**
9. Je ... huit heures chaque jour. **(travailler)**
10. Nous ... le café au thé. **(préférer)**

Exercice 14

Mettez les phrases suivantes aux formes négatives et interrogatives

Exemple:

a) il parle très vite.   **parle-t-il** très vite?
   il **ne** parle **pas** très vite.   **est-ce qu'**il parle très vite?

b) Maman déjeune avec papa.   **est-ce que** Maman déjeune avec papa?
   Maman **ne** déjeune **pas** avec papa.   **Maman** déjeune-t-**elle** avec papa?

1. Nous regardons les passants.
2. Il achète des timbres et du papier à lettre.
3. Elle donne l'adresse de l'hôtel à Robert.
4. Ils montrent la Tour Eiffel à ses amis.
5. Je passe la clé à ma mère.
6. Jean parle français couramment.
7. Un employé examine nos billets.
8. Les élèves posent des questions au professeur.
9. Le train arrive à l'heure juste.
10. L'agent de police règle (dirige) la circulation avec son bâton.

Les verbes en «ir» -iss-

forme affirmative	forme négative	forme interrogative	
je finis	je ne finis pas	est-ce que je finis?	IS
ich beende	ich beende nicht	beende ich?	
tu finis	tu ne finis pas	finis-tu?	IS
il finit	il ne finit pas	finit-il?	IT
elle finit	elle ne finit pas	finit-elle?	
nous finissons	nous ne finissons pas	finissons-nous?	ISSONS
vous finissez	vous ne finissez pas	finissez-vous?	ISSEZ
ils finissent	ils ne finissent pas	finissent-ils?	ISSENT
elles finissent	elles ne finissent pas	finissent-elles?	

COURS ELEMENTAIRE

Exercice 15

Conjuguez: (forme affirmative, négative, interrogative)

je finis mon travail. | je punis l'élève.
je choisis un vin. | je remplis le vase.

Exercice 16

Complétez les phrases suivantes avec les verbes en «ir»

1. Nous ... nos études à l'université. **(finir)**
2. Il ... la liberté. **(choisir)**
3. Les garçons ... des provisions aux voyageurs. **(fournir)**
4. L'employée ... la quittance. **(remplir)**
5. Ils ... **(réfléchir)**
6. Monsieur Flaubert ... une villa à la Baule. **(bâtir)**
7. Papa ... toujours ses promesses. **(remplir, tenir)**
8. Robert ... la police. **(avertir)**
9. Nous ... un apéritif français. **(choisir)**
10. Elle(s) ne ... pas. **(réussir)**

Les verbes en «re»

forme affirmative		forme négative			forme interrogative	
je	réponds	je	ne réponds	pas	est-ce que je réponds?	S
ich	antworte	ich	antworte nicht		antworte ich?	
tu	réponds	tu	ne réponds	pas	réponds-tu?	S
il	répond	il	ne répond	pas	répond-il?	
elle	répond	elle	ne répond	pas	répond-elle?	(T)[1]
nous	répondons	nous	ne répondons	pas	répondons-nous?	ONS
vous	répondez	vous	ne répondez	pas	répondez-vous?	EZ
ils	répondent	ils	ne répondent	pas	répondent-ils?	ENT
elles	répondent	elles	ne répondent	pas	répondent-elles?	

Attention!

[1] Endet der Stamm auf **d** oder **t**, so wird in der 3. Person Singular auf die Endung „t" verzichtet. Das „d" wird wie „t" gebunden: vend-il. interrompre: il interrompt

COURS ELEMENTAIRE

Exercice 17

Conjuguez: (forme affirmative, négative, interrogative)

je vends ma voiture.
je réponds aux questions.

j'attends l'autobus.
j'entends des exclamations.

Exercice 18

Complétez les phrases suivantes avec les verbes en «re»

1. Je ... visite à Marcel. **(rendre)**
2. Nous ... l'avenue des Champs-Elysées. **(descendre)**
3. Monsieur Rougon ne ... pas patience. **(perdre)**
4. Ils ... leur voyage. **(interrompre)**
5. Est-ce que vous ... le bruit? **(entendre)**
6. Nous ... nos voitures tous les deux ans. **(vendre)**
7. Est-ce que tu ... à sa lettre? **(répondre)**
8. Les deux touristes anglais ... le garçon. **(attendre)**
9. Louis ... à la cave. **(descendre)**
10. En été nous nous ... sur la Côte d'Azur. **(rendre)**

Exercice 19

Traduisez en français:

Der Zollbeamte tritt in das Abteil. Er stellt die Frage: „Haben Sie etwas zu verzollen? Haben Sie Zigaretten, Kaffee oder Spirituosen?" Ich antworte: „Ich habe nichts zu verzollen." Er bittet mich, den Koffer zu öffnen. Er prüft den Inhalt und erklärt: „Es tut mir leid, gnädige Frau, aber diese Kamera ist zollpflichtig." „Wieviel muß ich bezahlen?"

Ein Polizeibeamter kontrolliert die Reisepässe und Ausweise. „Ihr Paß ist nicht gültig. Sie müssen leider aussteigen." Dann verläßt er das Abteil und wünscht eine gute Reise.

COURS MOYEN

Traduisez en français:

1. Wir beziehen uns auf Ihre Anzeige in der „Le Monde". — 2. Wir verdanken Ihre Adresse dem deutschen Konsul. — 3. Ich entnehme Ihrem Schreiben, daß Sie Hersteller von Seifenartikeln sind. — 4. Benötigen Sie die Waren dringend? — 5. Unsere Lagervorräte sind fast erschöpft. — 6. Wir sind Großeinkäufer von französischem Wein. — 7. Welches sind Ihre Zahlungs- und Lieferbedingungen? — 8. Welches ist der früheste Liefertermin? — 9. Wir bestätigen den Eingang Ihres Schreibens vom 5. d. M. — 10. Gewähren Sie auf die Listenpreise Skonti und Rabatte? — 11. Wir bitten Sie, uns illustrierte Kataloge, Preislisten und Muster zu schicken. — 12. Wir können nur konkurrenzfähige Angebote berücksichtigen. — 13 Wir danken Ihnen für Ihr Schreiben vom 3. Mai. — 14. Wir teilen Ihnen mit, daß wir gern Geschäftsbeziehungen mit Ihnen aufnehmen würden. — 15. Wenn Ihre Preise und Bedingungen annehmbar sind, werden wir Ihnen größere Aufträge erteilen. — 16. Wir sind an Ihren Artikeln sehr interessiert. — 17. Wir bitten Sie, die Preise so scharf wie möglich zu kalkulieren. — 18. Da wir auf dem hiesigen Markt starker Konkurrenz ausgesetzt sind, werden nur die günstigsten Angebote berücksichtigt. — 19. Wir tätigen Geschäfte mit den bekanntesten Firmen in dieser Branche. — 20. Wir erwarten Ihre baldige Antwort. Hochachtungsvoll

COURS SUPERIEUR

Traduisez en français:

1. Grundstoffe werden von der Grundstoffindustrie geliefert. — 2. Die Industrie befaßt sich mit der Herstellung von Konsum- und Produktionsgütern. — 3. Investitionsgüter werden von der Investitionsgüterindustrie hergestellt. — 4. Die Verbrauchsgüterindustrie bietet Verbrauchsgüter an. — 5. Frankreich importiert Rohmaterialien und Halbfertigerzeugnisse, es exportiert Fertigwaren. — 6. Wirtschaftsexperten beschäftigen sich mit der Wirtschaftsentwicklung, der allgemeinen Wirtschaftslage und dem Konjunkturverlauf. — 7. Angebot und Nachfrage befinden sich nicht im Gleichgewicht. — 8. Es ist wahrscheinlich, daß die Hochkonjunktur weiter andauert. — 9. Die Stahl- und Montanindustrie erholt sich gerade von einer Rezession (Wirtschaftskrise, Depression). — 10. Die Löhne und Herstellungskosten steigen zur Zeit. — 11. Unter- und Überproduktion sind zu vermeiden. — 12. Die Regierung ist bemüht, die Konjunktur zu dämpfen. — 13. Die westliche Welt erlebt eine noch nie dagewesene Konjunkturflaute. — 14. Es ist notwendig, die Konjunktur wieder zu beleben. — 15. Inflation, Stagflation und Deflation bringen die Wirtschaft aus dem Gleichgewicht.

COURS ELEMENTAIRE

Exercice 1

conjuguer [kɔ̃ʒyge]	konjugieren
être en vacances [ɛtr, vakɑ̃ːs]	auf Ferien sein

Exercice 2

la forme convenable [fɔrm, kɔ̃vnabl]	die passende Form
le bureau [byro]	das Büro
le jardin [ʒardɛ̃]	der Garten
le magasin [magazɛ̃]	das Geschäft
être gentil [ʒɑ̃ti]	nett, freundlich sein
être poli [pɔli]	höflich sein
être formidable [fɔrmidabl]	großartig sein
la salle à manger [sal, mɑ̃ʒe]	das Eßzimmer
la salle de bain(s) [bɛ̃]	das Badezimmer
être heureux [œrə]	glücklich sein, sich freuen
être triste [trist]	traurig sein

Exercice 3

être fou [fu]	verrückt sein
être malade [malad]	krank sein
être brave [brav]	tapfer sein

Exercice 4

mettre [mɛtr]	setzen
l'école (f) [ekɔl]	die Schule
être fort [fɔːr]	stark, kräftig sein
la robe [rɔb]	das Kleid

Exercice 6

être satisfait [satisfɛ]	zufrieden sein
être mort [mɔːr]	tot sein
la cravate [kravat]	die Krawatte
l'étudiant [etydjɑ̃]	der Student
le disque [disk]	die Schallplatte
être merveilleux [mɛrvɛjə]	wunderbar sein
être complet [kɔ̃plɛ]	besetzt sein
la sœur [sœr]	die Schwester

Exercice 7

le dictionnaire [diksjɔnɛr]	das Lexikon
le crayon [krɛjɔ̃]	der Bleistift
le cahier [kaje]	das Heft
la voiture [vwatyr]	der Wagen, das Auto

Exercice 8

avoir peur [avwar pœr]	Angst haben
avoir faim [fɛ̃]	Hunger haben
le journal [ʒurnal]	die Zeitung
avoir raison [rɛzɔ̃]	recht haben
le billet [bijɛ]	die Fahrkarte
le passeport [paspɔr]	der Reisepaß
la carte d'identité [kart idɑ̃tite]	der Ausweis
le portefeuille [pɔrtəfœj]	die Brieftasche

Exercice 10

avoir les larmes aux yeux [larm, jø]	Tränen in den Augen haben, weinen
la valise [valiz]	der Koffer
la carte postale [kart pɔstal]	die Postkarte

Exercice 11

le chèque de voyage [ʃɛk, vwajaʒ]	der Reisescheck
le briquet [brikɛ]	das Feuerzeug
la poche [pɔʃ]	die Tasche
les allumettes (f) [alymet]	die Streichhölzer
avoir de la chance [ʃɑ̃s]	Glück haben
le scooter [skutɛr]	der Motorroller
l'agent de police [aʒɑ̃, pɔlis]	der Polizist
une moustache [mustaʃ]	ein Schnurrbart

Exercice 12

arriver [arive]	ankommen
parler [parle]	sprechen
écouter, écouter la radio [ekute, radjo]	zuhören, Rundfunk hören

Exercice 13

compléter [kɔ̃plete]	vervollständigen, ergänzen
la confiture [kɔ̃fityr]	die Marmelade
le beurre [bœr]	die Butter
acheter [aʃte]	kaufen
inviter [ɛ̃vite]	einladen
habiter [abite]	wohnen
préparer le petit déjeuner [p(ə)ti deʒœne]	das Frühstück zubereiten
fermer la porte [fɛrme, pɔrt]	die Tür schließen
porter des robes [pɔrte, rɔb]	Kleider tragen
fumer une cigarette [fyme, sigarɛt]	eine Zigarette rauchen
vider le cendrier [vide, sɑ̃drije]	den Aschenbecher leeren
travailler [travaje]	arbeiten
l'heure [œr]	die Stunde, Uhr
chaque jour [ʃak ʒur]	jeden Tag
préférer qch [prefere]	etw. bevorzugen

Exercice 14

parler vite [parle vit]	schnell sprechen
déjeuner [deʒœne]	essen (zum Frühstück oder zu Mittag)
regarder les passants [r(ə)garde, pasɑ̃]	die Passanten ansehen, sich ~ anschauen
le timbre-(poste) [tɛ̃br]	die Briefmarke
le papier à lettre(s) [papje, lɛtr]	das Briefpapier
donner l'adresse (f) [dɔne adrɛs]	die Adresse geben
montrer la Tour Eiffel [mɔ̃tre]	den Eiffelturm zeigen
passer la clé à qn [pase, kle]	jmd. den Schlüssel reichen
parler couramment [parle kuramɑ̃]	fließend sprechen
l'employé [ɑ̃plwaje]	der Angestellte
examiner les billets [ɛgzamine, bijɛ]	die Fahrkarten kontrollieren
poser des questions [poze, kɛstjɔ̃]	Fragen stellen
le train [trɛ̃]	der Zug
à l'heure juste [œr ʒyst]	rechtzeitig
régler (diriger) la circulation [diriʒe, sirkylasjɔ̃]	den Verkehr regeln
le bâton [batɔ̃]	der Stab, Stock

Exercice 15

finir le travail [finir, travaj]	die Arbeit beenden
choisir [ʃwazir]	auswählen, aussuchen
punir un élève [pynir, elɛv]	einen Schüler bestrafen
remplir le vase [rɑ̃plir, vaz]	die Vase (voll)füllen

Exercice 16

les études (f) [etyd]	die Studien
la liberté [libɛrte]	die Freiheit
munir qn de qch [mynir]	jmd. mit etw. versehen, versorgen
les provisions (f) [prɔvizjɔ̃]	der Proviant
le voyageur [vwajaʒœr]	der Reisende
remplir une quittance [rɑ̃plir, kitɑ̃s]	eine Quittung ausfüllen (ausstellen)
réfléchir [refleʃir]	nachdenken, überlegen
bâtir une villa [batir, villa]	eine Villa bauen
remplir (tenir) une promesse [prɔmɛs]	ein Versprechen erfüllen (halten)
avertir la police [avɛrtir, pɔlis]	die Polizei benachrichtigen
réussir (à) [reysir]	gelingen, Erfolg haben

Exercice 17

vendre [vɑ̃dr]	verkaufen
répondre aux questions [repɔ̃dr, kɛstjɔ̃]	Fragen beantworten
attendre l'autobus [atɑ̃dr ɔ(o)tɔbys]	den Bus erwarten
entendre qch [ɑ̃tɑ̃dr]	etw. hören
les exclamations (f) [ɛksklamasjɔ̃]	Ausrufe, Schreie

Exercice 18

rendre visite à qn [rãdr vizit]
descendre les Champs-Elysées [desãdr]
perdre patience (f) [pɛrdr pasjãs]
interrompre le voyage [ẽtɛrɔ̃pr]
le bruit [bryi]
la cave [kav]
se rendre à [rãdr]

jmd. besuchen
die Champs-Elysées hinuntergehen
die Geduld verlieren
die Reise unterbrechen
der Lärm
der Keller
sich begeben nach, fahren zu (nach)

Exercice 19

le douanier [dwanje]
le compartiment [kɔ̃partimã]
entrer (dans) [ãtre]
déclarer qch [deklare]
demander qch à qn [d(ə)mãde]
ouvrir qch [uvrir]
examiner qch [ɛgzamine]
le contenu [kɔ̃tny]
l'appareil photo(graphique) (m) [aparej fɔto(grafik)]
je suis navré [navre]
soumis aux droits de douane [sumi, drwa, dwan]
payer [peje]
être valide [valid]
descendre [desãdr]
quitter qch [kite]
souhaiter un bon voyage [swete]

der Zollbeamte
das Abteil
eintreten, betreten
etw. verzollen, etw. erklären
jmd. um etw. bitten
etw. öffnen
etw. prüfen, kontrollieren
der Inhalt
Fotoapparat

es tut mir leid
zollpflichtig sein

zahlen
gültig sein
aussteigen
etw. verlassen
eine gute Reise wünschen

COURS MOYEN

se référer à qch
l'annonce (f)
être redevable de qch à qn (devoir)
apprendre par qch

avoir un besoin urgent
le stock est presque épuisé
les conditions de paiement
les conditions de livraison
le délai de livraison
accuser réception d'une lettre

accorder un escompte (un rabais)
le catalogue illustré

sich auf etw. beziehen
die Anzeige
jmd. etw. verdanken
etw. einer Sache (Schreiben) entnehmen
etw. dringend benötigen
der Lagervorrat ist fast erschöpft
die Zahlungsbedingungen
die Lieferbedingungen
der Liefertermin
den Eingang eines Schreibens bestätigen
einen Skonto (Rabatt) gewähren
der illustrierte Katalog

la liste de prix	die Preisliste
l'échantillon (m)	das Muster, die Probe
une offre compétitive	ein konkurrenzfähiges Angebot
remercier de qch	für etw. danken
faire savoir à (qn)	jmd. mitteilen
entrer en relations d'affaires	Geschäftsverbindungen aufnehmen
être acceptable	annehmbar sein
passer une commande	einen Auftrag erteilen
être intéressé par un article	interessiert sein an einem Artikel
calculer les prix au plus juste	die Preise äußerst scharf kalkulieren
soutenir la concurrence	der Konkurrenz standhalten
considérer une offre	ein Angebot in Erwägung ziehen
faire du commerce ⎫ traiter des affaires ⎭	Geschäfte tätigen
attendre une réponse	eine Antwort erwarten
nous vous prions d'agréer, Monsieur, nos salutations distinguées	hochachtungsvoll

COURS SUPERIEUR

les matières (f) de base	Grundstoffe
l'industrie de base	Grundstoffindustrie
s'occuper de qch	sich mit etw. befassen
les biens (m) de production	die Produktionsgüter
les biens d'investissement	Investitionsgüter
les biens de consommation	die Konsumgüter
les matières premières (brutes)	die Rohmaterialien (Grundstoffe)
les produits semi-finis	die Halbfertigerzeugnisse
les produits finis (préfabriqués)	die Fertigwaren, vorgefertigte Waren
les experts économiques	die Wirtschaftsexperten
le développement économique	die Wirtschaftsentwicklung
l'évolution (f) conjoncturelle	der Konjunkturverlauf
l'offre et la demande	Angebot und Nachfrage
être déséquilibré	aus dem Gleichgewicht sein
le boom économique	die Hochkonjunktur
l'industrie charbonnière (du charbon) et sidérurgique	die Montanindustrie
se remettre d'une crise économique	sich von einer Wirtschaftskrise erholen
la récession, la dépression	die Rezession, die Depression
les salaires (m)	die Löhne
les frais (le[s] coût[s]) de fabrication	die Produktionskosten
la surproduction, la sousproduction	die Über- und Unterproduktion
freiner le boom économique	den Boom dämpfen
éprouver une période de stagnation	eine Konjunkturflaute erleben
ranimer la conjoncture	die Konjunktur wiederbeleben
l'inflation, la stagflation, la déflation	Inflation, Stagflation, Deflation
déséquilibrer qch	etw. aus dem Gleichgewicht bringen

L'IMPARFAIT (de l'indicatif) — das Imperfekt, die Vergangenheit
Les formes de l'imparfait — die Formen des Imperfekts

avoir	être	parler	finir
j' avais ich hatte	j' étais ich war	je parlais ich sprach	je finissais ich beendete
tu avais	tu étais	tu parlais	tu finissais
il avait	il était	il parlait	il finissait
elle avait	elle était	elle parlait	elle finissait
nous avions	nous étions	nous parlions	nous finissions
vous aviez	vous étiez	vous parliez	vous finissiez
ils avaient	ils étaient	ils parlaient	ils finissaient
elles avaient	elles étaient	elles parlaient	elles finissaient

vendre	
je vendais ich verkaufte	**Notez:**
tu vendais	**Bildung des Imperfekts**
il vendait elle vendait	An den **Stamm** der **1. Person Plural Präsens** hängt man folgende **Endungen:**
nous vendions	
vous vendiez	**AIS, AIS, AIT, IONS, IEZ, AIENT**
ils vendaient elles vendaient	

L'emploi de l'imparfait — die Anwendung des Imperfekts

1. Il n'**était** pas au cinéma.
   Il **avait** plusieurs amis.
   Mon ami **attendait** devant l'Opéra.

2. Louis XIV **s'appelait** le Roi-Soleil.

3. Marcel **revenait** de l'école.
   Louise **aimait** (à) chanter des chansons.

4. Jean **fumait** souvent des cigarettes.
   Quelquefois Janine **fumait** des cigares.

Notez:
Das **Imperfekt** steht, wenn:
1. eine Handlung — **ohne Anfang oder Ende zu kennzeichnen** — andauerte;
2. ein **herrschender Zustand, ein Faktum** ausgedrückt werden soll;
3. der **Verlauf einer Handlung oder eines Vorganges** zum Ausdruck gebracht werden soll (im Englischen steht die Verlaufsform);
4. sich Vorgänge oder Handlungen **regelmäßig wiederholen,** oder es sich um **Gewohnheiten** handelt. (Bei abgeschlossenen Wiederholungen steht das „passé simple". [S. 28])

Notez: Das Imperfekt[1] antwortet auf die Frage:
Was war schon? Was pflegte zu geschehen? Was taten wir immer?
Das Imperfekt **beschreibt** Handlungen und Vorgänge, wobei der Verlauf derselben und nicht Anfang und Ende fixiert werden.

---
[1] Vergleich zwischen „imparfait" und „passé simple" Seite 28.

COURS ELEMENTAIRE

Exercice 1

Conjuguez: (forme affirmative, négative et interrogative)

J'étais content.
J'étais à Tours.
J'avais beaucoup de courage.
J'avais quelques francs sur moi.
J'achetais souvent de nouveaux disques.

Je rencontrais souvent Paul.
Je finissais la leçon après trente minutes.
Je choisissais souvent du vin.
Je vendais régulièrement des journaux.
J'interrompais souvent le professeur.

Exercice 2

Mettez les verbes suivants à l'imparfait:

Exemple: Oncle Jules **porte** des costumes très élégants.
Oncle Jules **portait** des costumes très élégants.

1. Elle n'a pas le sou.
2. Il a envie d'aller au cinéma.
3. J'ai besoin de quelque argent.
4. Cet appareil photo est à lui.
5. Les chaussures coûtent 45 F.
6. Il fréquente le lycée.
7. Tous les jours il prend l'autobus pour Reims.
8. Il fait toujours enregistrer sa valise.
9. Ils montent à Paris et descendent à Versailles.
10. Le train a souvent une demi-heure de retard.

Exercice 3

Mettez au présent et à l'imparfait les verbes entre parenthèses:

Exemple: Robert ... toujours de la chance. **(avoir)**
Robert **a** toujours de la chance.
Robert **avait** toujours de la chance.

1. Gisèle ... tous les week-ends au bord de la mer. **(passer)**
2. Pendant les vacances elle ... l'habitude de se lever de bonne heure. **(avoir)**
3. Cette bouteille de vin ... 8 francs. **(coûter)**
4. Je ... un pourboire au garçon. **(donner)**
5. L'après-midi nous ... souvent à la piscine. **(être)**
6. Je ... très soif. **(avoir)**
7. Ils ... au courant. **(être)**
8. Les Renard ... dans la banlieue de Paris. **(habiter)**
9. La voiture ne ... pas très vite **(marcher)**
10. Il ... souvent patience. **(perdre)**

Exercice 4

Traduisez en français:

Pierre Trudeau war Angestellter bei der Nationalbank. Er hatte eine nette Familie. Jeden Morgen frühstückte er zusammen mit seiner Frau und seinen drei Kindern. Die Trudeaus wohnten in einem Vorort von Paris. Um sieben Uhr pflegte Pierre aufzubrechen. Im Sommer nahm er seinen Wagen, um zur Bank zu fahren, im Winter benutzte er die Metro. Jeden Morgen kaufte er am Kiosk den „Figaro" oder die „le Monde", manchmal auch Illustrierte. Er wollte immer auf dem laufenden sein. Wenn er mit der Metro fuhr, löste er stets eine Hin- und Rückfahrkarte 1. Klasse. In der Metro traf er oft einen seiner Kollegen; sie unterhielten sich über aktuelle oder private Dinge. Die Arbeit hinter dem Bankschalter war anstrengend, aber interessant. Um fünf Uhr schloß die Bank. Dann kehrte Pierre nach Hause zurück, wo ihn seine Frau und drei kleinen Kinder bereits erwarteten. Nach dem Abendessen pflegten sie einen Spaziergang zu machen; manchmal sahen sie fern, lasen oder spielten Karten. Um 10 Uhr pflegten sie zu Bett zu gehen, um am nächsten Morgen frisch zu sein.

COURS MOYEN

Traduisez en français:

1. Wir waren mit der Ausführung des Auftrags zufrieden. — 2. Da wir die Waren dringend benötigten, wurden sie sofort zum Versand gebracht. — 3. Die Firma pflegte die Aufträge neuer Kunden zu bestätigen. — 4. Da wir diese Firma nicht kannten, baten wir sie, uns die üblichen Referenzen anzugeben. — 5. Die Aufträge wurden stets zu unserer vollsten Zufriedenheit ausgeführt. — 6. Leider war es uns nicht möglich, Ihren Wünschen zu entsprechen. — 7. Der Importeur ließ bei seiner Bank ein bestätigtes, unwiderrufliches Akkreditiv eröffnen. — 8. Die Firma pflegte ihren Verpflichtungen stets pünktlich nachzukommen. — 9. Die Firma war nicht in der Lage, die Rechnung pünktlich zu begleichen. — 10. Der Exporteur gewährte uns regelmäßig Kredit.

COURS SUPERIEUR

Traduisez en français:

1. Die Regierung konnte die Inflationsgefahr nicht bannen. — 2. Inflatorische Tendenzen (die schleichende Inflation) wurden durch die Erhöhung des Diskontsatzes und der Mindestreserven bekämpft. — 3. Kreditrestriktionen trugen dazu bei, das wirtschaftliche Gleichgewicht wiederherzustellen. — 4. Im Jahr 1972 wurde das Geld knapp gehalten und die Produktion gedrosselt. — 5. Die Deflation führte zur Verknappung des Geldes und zur Arbeitslosigkeit. — 6. Aufgrund der Wirtschaftskrise wurde das Pfund Sterling im Jahr 1967 um ca. 14 % abgewertet. — 7. Da die meisten europäischen Länder ihre Zahlungsbilanz nicht ausgleichen konnten, mußte die Bundesrepublik die DM aufwerten. — 8. Die Devisenbewirtschaftung wurde vor 20 Jahren aufgehoben. — 9. Nach dem 2. Weltkrieg war es das Ziel der Bundesregierung, den Außenhandel zu liberalisieren. — 10. Vergangene Woche erklärte der Wirtschaftsminister, daß die Kosten und Preise in einem Ausmaße stiegen, daß die Stabilität gefährdet sei.

VOCABULAIRE

COURS ELEMENTAIRE

Exercice 1

être content [kɔ̃tã] — zufrieden sein, sich freuen
le courage [kuraʒ] — der Mut
rencontrer qn [rãkɔ̃tre] — jmd. treffen

Exercice 2

porter un costume [pɔrte, kɔstym] — einen Anzug tragen
avoir envie de faire qch
  [avwar, ãvi, fɛr] — Lust haben, etw. zu tun
avoir besoin de qch [bəzwɛ̃] — etw. brauchen, benötigen
l'argent (m) [arʒã] — das Geld, das Silber
la chaussure [ʃosyr] — der Schuh
coûter [kute] — kosten
fréquenter le lycée [frekãte, lise] — das Gymnasium besuchen
prendre l'autobus [prãdr, ɔ(o)tɔbys] — den Bus nehmen
faire enregistrer la valise
  [fɛr ãrʒistre, valiz] — den Koffer aufgeben
monter et descendre qch [mɔ̃te, desãdr] — auf- und abgehen,
  hinauf- und hinuntergehen
monter, descendre — einsteigen, aussteigen
avoir une demi-heure de retard
  [d(ə)mijœr, r(ə)tar] — eine halbe Stunde Verspätung haben

Exercice 3

entre parenthèses [ãtr parãtɛz] — in Klammern
au bord de la mer [bɔr, mɛr] — an der Küste (des Meeres)
avoir l'habitude de faire qch [abityd] — etw. zu tun pflegen
se lever de bonne heure [l(ə)ve, bɔn] — früh aufstehen
la bouteille [butɛj] — die Flasche
donner un pourboire au garçon
  [purbwar, garsɔ̃] — dem Kellner ein Trinkgeld geben
l'après-midi [apre(ɛ)midi] — der Nachmittag
la piscine [pisin] — das Schwimmbad, die Badeanstalt
avoir soif [swaf] — durstig sein
être au courant [kurã] — auf dem laufenden sein
habiter dans la banlieue [abite, bãljə] — in einem Vorort wohnen

Exercice 4

l'employé [ãplwaje] — der Angestellte
partir [partir] — aufbrechen
l'été [ete] — der Sommer
l'hiver (m) [ivɛr] — der Winter
prendre le métro [prãdr, metrɔ] — die Metro benutzen
le kiosk [kjɔsk] — der Kiosk
quelquefois [kɛlkəfwa] — manchmal
prendre un billet aller (et) retour
  [bijɛ, r(ə)tur] — eine Hin- und Rückfahrkarte lösen
s'entretenir de qch [ãtrətnir] — sich unterhalten über

26

les affaires actuelles ou privées [afɛr aktyɛl, prive] — aktuelle und private Dinge
le guichet [giʃɛ] — der Bankschalter
être fatigant [fatigã] — anstrengend sein
rentrer [rãtre] — nach Hause zurückkehren
faire une promenade [prɔmnad] — einen Spaziergang machen
regarder la télévision [r(ə)garde, televizjɔ̃] — fernsehen
lire [lir] — lesen
jouer aux cartes [ʒwe, kart] — Karten spielen
aller se coucher [ale, kuʃe] — zu Bett gehen
être frais [frɛ] — frisch sein
le lendemain [lãdmɛ̃] — am nächsten Tag

COURS MOYEN

être satisfait (content) de qch	mit etw. zufrieden sein
l'exécution de la commande	die Ausführung des Auftrages
expédier les marchandises	die Waren zum Versand bringen
confirmer une commande	einen Auftrag bestätigen
fournir des références d'usage	übliche Referenzen angeben
à notre satisfaction	zu unserer Zufriedenheit
donner suite aux désirs	den Wünschen entsprechen
ouvrir un crédit documentaire ⎫ confirmé, irrévocable ⎭	ein bestätigtes, unwiderrufliches Akkreditiv eröffnen
remplir ses engagements	seinen Verpflichtungen nachkommen
régler une facture	eine Rechnung begleichen
accorder un crédit	einen Kredit gewähren

COURS SUPERIEUR

écarter le danger inflationniste	die Inflationsgefahr bannen
les tendances (f) inflationnistes	die inflatorischen Tendenzen
l'inflation latente	die schleichende Inflation
l'accroissement du taux d'escompte	die Erhöhung des Diskontsatzes
les restrictions de crédit	die Kreditrestriktionen
être pour beaucoup dans qch	zu etw. beitragen
la restauration de la balance ⎫ (équilibre) économique ⎭	die Wiederherstellung des wirtschaftlichen Gleichgewichts
la masse monétaire	das Geld, die Geldmenge
réduire (restreindre) la production	die Produktion drosseln
la pénurie (la raréfaction) des capitaux	die Verknappung des Geldes
le chômage	die Arbeitslosigkeit
dévaluer la livre sterling	das Pfund Sterling abwerten
équilibrer la balance des paiements	die Zahlungsbilanz ausgleichen
revaloriser le DM	die DM aufwerten
le contrôle des devises	die Devisenbewirtschaftung
abolir qch	etw. aufheben
avoir pour but	das Ziel sein
libéraliser le commerce extérieur	den Außenhandel liberalisieren
le ministre des affaires économiques	der Wirtschaftsminister
menacer la stabilité	die Stabilität gefährden

LE PASSÉ SIMPLE — das historische Perfekt

Les formes du passé simple — die Formen des passé simple

être	avoir	parler	finir	vendre
je fus	j' eus	je parlai	je finis	je vendis
ich war	ich hatte	ich sprach	ich beendete	ich verkaufte
tu fus	tu eus	tu parlas	tu finis	tu vendis
il fut	il eut	il parla	il finit	il vendit
nous fûmes	nous eûmes	nous parlâmes	nous finîmes	nous vendîmes
vous fûtes	vous eûtes	vous parlâtes	vous finîtes	vous vendîtes
ils furent	ils eurent	ils parlèrent	ils finirent	ils vendirent

L'emploi du passé simple — die Anwendung des passé simple

Nous étions sur le point de gravir le sommet, tout à coup le gel **arriva.**
Wir waren im Begriff, den Gipfel zu besteigen, plötzlich setzte der Frost ein.

Nous dansions sans cesse lorsque Paul **s'arrêta.**
Wir tanzten unaufhörlich, als Paul aufhörte.

Il **téléphona** deux fois ce matin.
Er telefonierte heute morgen zweimal.

Notez:
Der Franzose verwendet das **passé simple,** wenn innerhalb einer **nicht abgeschlossenen** Handlung **punktuelle** Handlungen **eingeschoben sind,** die ihren **Abschluß** gefunden haben.

Nach **quand** (lorsque) im Sinn von „als" steht das **passé simple.**

Das passé simple wird in **Erzählungen** und **Berichten** verwendet.

Das „passé simple" steht ebenfalls, wenn Wiederholungen abgeschlossen sind.

L'emploi de l'imparfait et du passé simple
die Anwendung des „imparfait" und des „passé simple"

l'imparfait (was war schon?)	passé simple (was geschah nun?)
Nous **étions** en route Wir waren unterwegs	lorsqu'il **commença** à pleuvoir. als es zu regnen begann.
Papa **écoutait** la radio Vater hörte Rundfunk	lorsque le voleur **pénétra** dans la maison. als der Dieb in das Haus eindrang.
Das „imparfait" drückt eine **nicht abgeschlossene, andauernde** Handlung aus.	Das **passé simple** drückt eine innerhalb dieser laufenden Handlung **punktuelle, abgeschlossene** Handlung aus.

Beginn der Handlung 1 l'imparfait	Eingeschobene Handlung passé simple	Handlung 1 läuft weiter l'imparfait
	innerhalb Handlung 1 vollziehen sich eine oder mehrere neue Handlungen, die innerhalb der Handlung 1 ihren Abschluß finden.	

COURS ELEMENTAIRE

Exercice 1

Conjuguez à toutes les personnes:

je jouai au ping-pong.
je finis la comédie.
j'interrompis le professeur.

j'offris mon assistance.
je parus tout à coup.
je lus le journal.

Exercice 2

Mettez les verbes suivants à la première personne du singulier et à la première et troisième personne du pluriel du passé simple.

accompagner	craindre	mettre	prendre
choisir	croire	offrir	rire
descendre	écrire	paraître	savoir
envoyer	dire	plaindre	venir
aller	lire	pouvoir	tenir
boire	vouloir	sortir	résoudre
connaître	courir	voir	se plaindre

Exercice 3

Mettez le verbe des phrases suivantes à l'imparfait et au passé simple.

Exemple: Il prend les mesures nécessaires.
Il prenait les mesures nécessaires.
Il prit les mesures nécessaires.

1. Il répare sa montre.
2. Nous tentons notre chance.
3. Il me tient au courant.
4. Ils sont ivres.
5. As-tu peur?
6. Je donne suite à votre désir.
7. Faites-vous une proposition acceptable?
8. Il mérite le respect.
9. Je vais en prison.
10. Il ne se rappelle pas sa promesse.

Exercice 4

Décidez s'il faut prendre l'imparfait ou le passé simple.

Monsieur Rougon (se promener) au Bois de Boulogne. Tout à coup un gangster (surgir). Cet homme (essayer) d'arrêter une dame. M. Rougon (aller) dans une cabine téléphonique pour appeler la police. Pendant qu'il (parler) avec un agent de police le gangster (saisir) le sac de la dame. Quand M. Rougon (s'approcher) du gangster, celui-ci (sortir) un revolver de sa poche. M. Rougon (se cacher) derrière un arbre et (faire) signe aux agents de police qui étaient arrivés entre-temps. En voyant plusieurs personnes le gangster (s'enfuir). M. Rougon (continuer) son chemin et (être) heureux d'avoir sauvé la vie de cette dame.

VOCABULAIRE

COURS ELEMENTAIRE

Exercice 1

jouer au ping-pong	Tischtennis spielen
offrir son assistance (f)	seine Hilfe anbieten
paraître tout à coup	plötzlich erscheinen
lire le journal	die Zeitung lesen

Exercice 3

réparer la montre	die Uhr reparieren
tenter la chance	das Glück auf die Probe stellen
tenir qn au courant	jmd. auf dem laufenden halten
être ivre	angeheitert sein
donner suite à un désir	einen Wunsch erfüllen
faire une proposition acceptable	einen annehmbaren Vorschlag machen
mériter le respect	den Respekt verdienen
aller en prison	ins Gefängnis gehen
se rappeler qch	sich an etw. erinnern

Exercice 4

surgir	auftauchen
essayer de faire qch	etw. zu tun versuchen
arrêter qn	jmd. anhalten
la cabine téléphonique	die Telefonzelle
appeler la police	die Polizei anrufen
saisir le sac	die Tasche ergreifen
s'approcher	sich jmd. nähern
sortir un revolver	einen Revolver hervorholen
se cacher	sich verstecken
l'arbre (m)	der Baum
faire signe à qn	jmd. zuwinken
entre-temps	inzwischen
voir	sehen
s'enfuir	fliehen
continuer son chemin	weitergehen
être heureux	sich freuen, glücklich sein
sauver qn	jmd. retten
la vie	das Leben

LE FUTUR — das Futur, die Zukunft

être	avoir	parler	finir	vendre
je serai	j' aurai	je parlerai	je finirai	je vendrai
ich werde sein	ich werde haben	ich werde sprechen	ich werde beenden	ich werde verkaufen
tu seras	tu auras	tu parleras	tu finiras	tu vendras
il sera	il aura	il parlera	il finira	il vendra
elle sera	elle aura	elle parlera	elle finira	elle vendra
nous serons	nous aurons	nous parlerons	nous finirons	nous vendrons
vous serez	vous aurez	vous parlerez	vous finirez	vous vendrez
ils seront	ils auront	ils parleront	ils finiront	ils vendront
elles seront	elles auront	elles parleront	elles finiront	elles vendront

Notez: **Bildung des Futurs**
INFINITIV des Verbs + (Endungen): AI, AS, A, ONS, EZ, ONT

Bei den Verben auf „re" werden die Endungen des Futurs nur an „r"
angehängt. (vend**re** — je vendrai)

L'emploi du futur (simple) — die Anwendung des Futur 1

1. Demain je **sortirai** avec Robert.

   Morgen werde ich mit Robert ausgehen.

2. J'espère qu'il **viendra.**

   Ich hoffe, daß er kommen wird.

3. Le train n'est pas encore entré en gare, il **aura** du retard.

   Der Zug ist noch nicht eingelaufen, er wird Verspätung haben.

4. Tu **rentreras** à huit heures, n'est-ce pas?

   Du wirst um 8 Uhr nach Hause kommen, nicht wahr?

Notez:

Das Futur steht:

1. bei **zukünftigen** Handlungen;

2. **nach Verben,** die in die **Zukunft** weisen (espérer, promettre, compter, supposer etc.);

3. bei einer **Vermutung,** einer **Annahme;**

4. wenn eine Aussage eine **Anordnung** oder **einen Befehl** beinhaltet (Ersatz für die Befehlsform).

Remarques

Die Anwendung des Futurs bei den Bedingungssätzen — Seite 105.
Die Anwendung des Futurs bei den unregelmäßigen Verben — Seiten 85—95.
Die Anwendung des Futurs bei den Verben auf „-oyer", „-uyer" etc. — Seite 80.

LE FUTUR ANTERIEUR — das Futur 2

être	avoir	parler / finir / vendre
j'aurai été ich werde gewesen sein	j'aurai eu ich werde gehabt haben	j'aurai parlé / fini / vendu ich werde gesprochen h.
tu auras été il aura été	tu auras eu il aura eu	tu auras parlé il aura parlé
nous aurons été vous aurez été ils auront été	nous aurons eu vous aurez eu ils auront eu	nous aurons parlé vous aurez parlé ils auront parlé

Notez:

Das Futur 2 wird in der Sprache so gut wie überhaupt nicht angewendet. Das Futur 2 drückt eine **zukünftige** Handlung aus, die sich vor einer **anderen künftigen** Handlung ereignet.

COURS ELEMENTAIRE

Exercice 1

Conjuguez à toutes les personnes:

Je serai en retard.
J'aurai de la chance.
Je poserai plusieurs questions.
Je rentrerai la semaine prochaine.
Je finirai mon travail.
Je choisirai cette carrière.
J'inviterai Robert.

Je vendrai mon appareil photo
(-graphique).
J'aurai été en retard.
J'aurai eu de la chance.
J'aurai posé des questions.
J'aurai fini mon travail.
J'aurai invité Robert.

Exercice 2

Mettez les verbes entre parenthèses au futur:

1. Louis (porter) la lettre à la poste.
2. Il (écouter) la radio.
3. Nous (arriver) à Lyon à huit heures.
4. René (acheter) une bicyclette.
5. Je (parler) avec mes parents.
6. Tu (retourner) bientôt, n'est-ce pas?
7. Ils (quitter) à midi la maison.
8. Papa (raconter) une histoire intéressante.
9. Maman (préparer) le petit déjeuner plus tard.
10. Le professeur (finir) la leçon à dix heures.

Exercice 3

Mettez les phrases de l'exercice 2 aux formes négatives et interrogatives.

Exemple: Louis portera la lettre à la poste.
Louis **ne** portera **pas** la lettre à la poste.
Louis portera-**t-il** la lettre à la poste?
Est-ce que Louis portera la lettre à la poste?

LE FUTUR PROCHE — die nahe Zukunft

je vais écrire la lettre ich werde **gleich** den Brief schreiben **nous allons partir** dans une minute **ils vont téléphoner**	1. Die nahe Zukunft wird gebildet mit: **aller** (Präsens) + **Infinitiv des Verbs** 2. Die nahe Zukunft wird angewendet, wenn etwas „**gleich**" oder „**unmittel-** **bar danach**" geschieht.

Notez: **être sur le point de faire qch**   im Begriff sein, etw. zu tun

Exercice 4

Mettez les verbes entre parenthèses au futur proche:

1. Je (traduire) la lettre.
2. Nous (mettre) la table.
3. Le garçon (apporter) le menu.
4. Il (chanter) une chanson.
5. Le professeur (dicter) le texte.
6. L'élève (conjuguer) les verbes.
7. Je (fumer) une cigarette.
8. Elle (éteindre) la lumière.

Exercice 5

Traduisez en français:

1. Ich werde morgen zur Bank gehen. — 2. Ich hoffe, daß die Bank geöffnet ist. — 3. Er wird sein Geld in der Wechselstube wechseln. — 4. Der Wechselkurs wird demnächst fallen (steigen). — 5. Ich werde gleich 500,— DM in französische Francs umtauschen. — 6. Mein Vater wird bei der Bank ein Konto eröffnen. — 7. Er wird 500,— F einzahlen. — 8. Ich werde gleich 300,— Francs von meinem Konto abheben. — 9. Ich werde morgen den Reisescheck bei der Bank einlösen. — 10. Ich werde den Brief frankieren. — 11. Ich glaube, daß sie den Briefkasten finden wird. — 12. Robert wird gleich das Telegramm aufgeben. — 13. Ich werde gleich nach Paris telefonieren. — 14. Ich werde das Geld an Louis überweisen. — 15. Jean wird das Päckchen zur Post bringen.

COURS MOYEN

Traduisez en français:

1. Lieferung erfolgt so schnell wie möglich. — 2. Wir hoffen, daß Sie unseren Zahlungsbedingungen zustimmen. — 3. Wir hoffen, daß die Qualität Ihren Erwartungen entspricht. — 4. Wir versichern Ihnen, daß wir Ihre Aufträge mit der größten Sorgfalt ausführen werden. — 5. Da wir im Begriff sind, unsere Aufträge zu vergeben, bitten wir Sie, uns ein Angebot zu unterbreiten. — 6. Wir werden Ihnen unverzüglich unsere Preisliste, Kataloge und Muster zuschicken. — 7. Wenn Ihre Bedingungen annehmbar sind, werden wir Ihnen einen größeren Auftrag erteilen. — 8. Da die Engländer starke Konkurrenz machen, werden wir unsere Kalkulation überprüfen. — 9. Wir hoffen, daß dieser niedrige Preis Sie veranlassen wird, uns den Auftrag zu erteilen. — 10. Wir hoffen, daß Sie in unserem Katalog Artikel finden werden, die Ihren Wünschen entsprechen. — 11. Wegen der hohen Produktionskosten werden wir die Preise erhöhen müssen. — 12. Wir sind davon überzeugt, daß unsere Preise mit denen der Konkurrenz standhalten. — 13. Wenn Sie größere Mengen bestellen, werden wir Ihnen einen Rabatt von 10 % auf die Listenpreise gewähren. — 14. Wir können das Angebot nur annehmen, wenn Sie uns einen Kredit von drei Monaten gewähren. — 15. Wir werden unser Bestes tun, um Sie in jeder Hinsicht zufriedenzustellen. — 16. Wir werden die Waren gemäß (entsprechend) Ihren Anweisungen zum Versand bringen. — 17. Die Waren müssen spätestens bis zum 3. 2. geliefert werden. — 18. Wir weisen darauf hin, daß die Waren von erstklassiger Qualität sein müssen.

COURS SUPERIEUR
Traduisez en français:
1. Die Kurse für Obligationen, öffentliche Anleihen, Pfandbriefe und Aktien werden wieder steigen. — 2. Wir werden einen Börsenmakler beauftragen, unsere Dividendenpapiere bestens zu verkaufen und festverzinsliche Wertpapiere zu kaufen. — 3. Die Aktionäre werden sich auf Spekulationsgeschäfte nicht einlassen. — 4. Sie können sicher sein, daß wir weder auf Baisse noch auf Hausse spekulieren werden. — 5. Wir hoffen, daß sich die Kurse erholen werden, damit wir erlittene Verluste ausgleichen können. — 6. Wenn die Kurse weiter nachgeben, werden wir versuchen, unsere Aktien zu verkaufen. — 7. Wir erwarten, daß sich die Kurse weiter behaupten und nächste Woche sogar anziehen werden. — 8. Die Regierung wird die Kurse stützen müssen, um Angstverkäufe zu vermeiden. — 9. Wenn sich die wirtschaftliche Lage stabilisiert, werden wir unser Geld in festverzinslichen Wertpapieren anlegen. — 10. Wenn die Kurse einen absoluten Tiefstand erreichen, werden wir an der Börse Aktien kaufen.

VOCABULAIRE

COURS ELEMENTAIRE
Exercice 1

être en retard [r(ə)tar]	zu spät kommen
choisir une carrière [ʃwazir, karjɛr]	eine Laufbahn wählen

Exercice 2

écouter la radio [ekute, radjo]	Radio hören
retourner [r(ə)turne]	zurückkehren
bientôt [bjɛ̃to]	bald
tard [tar]	spät

Exercice 4

traduire une lettre [tradyir, lɛtr]	einen Brief übersetzen
mettre la table [mɛtr, tabl]	den Tisch decken
apporter le menu [apɔrte, məny]	die Speisekarte (das Menü) bringen
chanter une chanson [ʃɑ̃te, ʃɑ̃sɔ̃]	ein Lied singen
dicter le texte [dikte, tɛkst]	den Text diktieren
éteindre la lumière [etɛ̃dr, lymjɛr]	das Licht ausmachen

Exercice 5

aller à la banque [ale, bɑ̃k]	zur Bank gehen
espérer [ɛspere]	hoffen
changer de l'argent (en) [ʃɑ̃ʒe, arʒɑ̃]	Geld wechseln (in)
le bureau de change [byro, ʃɑ̃ʒ]	die Wechselstube
le cours du change [kur]	der Wechselkurs
descendre, monter [desɑ̃dr, mɔ̃te]	fallen, steigen
ouvrir un compte [uvrir, kɔ̃t]	ein Konto eröffnen
verser [vɛrse]	Geld einzahlen
retirer (de l'argent) [r(ə)tire]	(Geld) abheben
toucher (encaisser) le chèque de voyage [ɑ̃kɛse, vwajaʒ]	den Reisescheck einlösen (einziehen)
affranchir la lettre [afrɑ̃ʃir]	den Brief frankieren
la boîte aux lettres [bwat, lɛtr]	der Briefkasten
envoyer un télégramme [ɑ̃vwaje]	ein Telegramm aufgeben
téléphoner [telefɔne]	telefonieren
virer (transférer) de l'argent [vire, arʒɑ̃]	Geld überweisen

COURS MOYEN

s'effectuer (livraison)	erfolgen (Lieferung)
dès que possible	sobald wie möglich
accepter des conditions	Bedingungen zustimmen
répondre à l'attente de qn	den Erwartungen von jmd. entsprechen
exécuter qch avec le plus grand soin	etw. mit der größten Sorgfalt ausführen
être sur le point de faire qch	im Begriff sein, etw. zu tun
soumettre une offre	ein Angebot unterbreiten
faire une forte concurrence	starke Konkurrenz machen
cela répond à mes désirs	das entspricht meinen Wünschen
en raison de, par suite de	aufgrund von, infolge von
le coût de production	die Produktionskosten
augmenter les prix	die Preise erhöhen
être convaincu (persuadé)	überzeugt sein
soutenir la concurrence	der Konkurrenz standhalten
commander des marchandises (f)	Waren bestellen
faire de son mieux	sein Bestes tun
satisfaire qn à tous égards	jmd. in jeder Hinsicht zufriedenstellen
selon les instructions	entsprechend den Anweisungen
livrer (fournir) des marchandises	Waren liefern
faire remarquer	auf etw. hinweisen

COURS SUPERIEUR

les cours (m) des obligations	die Kurse für Obligationen
les emprunts (m)	öffentliche Anleihen
les obligations hypothécaires	die Pfandbriefe
l'action (f)	die Aktie
le courtier en valeurs	der Börsenmakler
vendre au mieux	bestens verkaufen
les valeurs (titres) à revenu variable	Dividendenpapiere
les valeurs (titres) à revenu fixe	festverzinsliche Wertpapiere
les actionnaires (m)	die Aktionäre
se laisser tenter par qch	sich auf etw. einlassen
les opérations spéculatives	die Spekulationsgeschäfte
spéculer à la baisse ou à la hausse	auf (à la) Baisse oder Hausse spekulieren
se rétablir	sich erholen
équilibrer les pertes subies	die erlittenen Verluste ausgleichen
baisser (les cours)	fallen, nachgeben (die Kurse)
maintenir la position	sich behaupten
monter (les cours)	steigen, anziehen (Kurse)
soutenir (supporter) les cours	die Kurse stützen
éviter des ventes de panique	Angstverkäufe vermeiden
se consolider (se stabiliser)	sich stabilisieren
investir (placer) des capitaux	Geld investieren
atteindre un prix extrêmement bas	einen Tiefstand erreichen (die Preise)
la Bourse	die Börse

LE CONDITIONNEL — das Konditional
LE CONDITIONNEL PRESENT — das Konditional 1

être	avoir	parler	finir
je serais ich würde sein	j'aurais ich würde haben	je parlerais ich würde sprechen	je finirais ich würde beenden
tu serais	tu aurais	tu parlerais	tu finirais
il serait	il aurait	il parlerait	il finirait
nous serions	nous aurions	nous parlerions	nous finirions
vous seriez	vous auriez	vous parleriez	vous finiriez
ils seraient	ils auraient	ils parleraient	ils finiraient

LE CONDITIONNEL PASSE — das Konditional 2

être	avoir	parler / finir / vendre
j'aurais été ich wäre gewesen	j'aurais eu ich hätte gehabt	j'aurais parlé / fini / vendu ich hätte gesprochen
tu aurais été	tu aurais eu	tu aurais parlé
il aurait été	il aurait eu	il aurait parlé
nous aurions été	nous aurions eu	nous aurions parlé
vous auriez été	vous auriez eu	vous auriez parlé
ils auraient été	ils auraient eu	ils auraient parlé

Notez: Das Konditional drückt eine Möglichkeit, die Höflichkeit, einen Wunsch oder eine Vermutung aus.

Bildung des Konditionals:
INFINITIV des Verbs + Endungen des Imperfekts

AIS, AIS, AIT, IONS, IEZ, AIENT

aber: vendre — je vendrais

Remarques:

Die Anwendung des Konditionals bei der indirekten Rede — Seite 109.
Die Anwendung des Konditionals bei den Bedingungssätzen — Seite 105.

COURS ELEMENTAIRE

Exercice 1

Conjuguez à toutes les personnes:

je serais en retard
j'aurais peur
j'étudierais l'offre
je choisirais cette carrière
je vendrais ma voiture

j'aurais été en retard
j'aurais eu peur
j'aurais étudié l'offre
j'aurais choisi cette carrière
j'aurais vendu ma voiture

LE PASSÉ COMPOSÉ — das Perfekt, die vollendete Gegenwart

Les formes du passé composé — die Formen des Perfekts

être	avoir	parler
j' ai été ich bin gewesen	j' ai eu ich habe gehabt	j' ai parlé ich habe gesprochen
tu as été	tu as eu	tu as parlé
il a été	il a eu	il a parlé
elle a été	elle a eu	elle a parlé
nous avons été	nous avons eu	nous avons parlé
vous avez été	vous avez eu	vous avez parlé
ils ont été	ils ont eu	ils ont parlé
elles ont été	elles ont eu	elles ont parlé

finir	vendre	aller
j' ai fini ich habe beendet	j' ai vendu ich habe verkauft	je suis allé(e) ich bin gegangen
tu as fini	tu as vendu	tu es allé(e)
il a fini	il a vendu	il est allé
elle a fini	elle a vendu	elle est allée
nous avons fini	nous avons vendu	nous sommes allés (es)
vous avez fini	vous avez vendu	vous êtes allé (e, s, es)
ils ont fini	ils ont vendu	ils sont allés
elles ont fini	elles ont vendu	elles sont allées

Notez:

1. Der Franzose bildet das passé composé mit:

   > **avoir** + **2. Partizip des Verbs** (j'ai parlé)
   > **être** + **2. Partizip des Verbs** (je suis allé)
   > (wie im Deutschen bis auf „courir" usw. — j'ai couru)

2. Das 2. Partizip der Verben auf: „**er**", „**ir**" und „**re**" wird gebildet:

Verben auf	er	ir	re
2. Partizip	é	i	u

3. Die Partizipien der unregelmäßigen Verben werden in den meisten Fällen anders gebildet. (Siehe unregelmäßige Verben Seiten 85—95.)

4. Die mit „**avoir**" verbundenen Partizipien werden **bis auf einige Fälle** (siehe Seite 44) **nicht** verändert.

5. Die mit „**être**" verbundenen Partizipien (allé usw.) werden **stets** verändert und richten sich in Geschlecht und Zahl nach dem dazugehörigen Hauptwort oder Fürwort. (Ausnahme: siehe Seite 47)

Notez les verbes qui s'emploient avec «être»:

aller	gehen, fahren	**rester**	bleiben
arriver	ankommen	**retourner**	zurückkehren
entrer	eintreten	**revenir**	zurückkommen
partir	abreisen, aufbrechen	**sortir**	ausgehen
parvenir	gelangen	**tomber**	fallen
rentrer	zurückkehren	**venir**	kommen
		u. a.	

Die Verben der **Bewegung** werden fast ausnahmslos mit „**être**" verbunden.

Notez les verbes avec «être» et «avoir»

Transitiver Gebrauch	**Intransitiver Gebrauch**
Elle **a** monté (descendu) l'escalier. Sie ist die Treppe hinauf-(hinunter-) gegangen.	Ils **sont** montés dans le train. Sie sind in den Zug eingestiegen.
Nous **avons** descendu les bicyclettes dans la cave. Wir haben die Fahrräder in den Keller gebracht.	Ils **sont** descendus à Tours. Sie sind in Tours ausgestiegen.
	Le thermomètre **est** descendu à zéro. Das Thermometer ist auf Null gefallen.
J'**ai** sorti les allumettes de ma poche. Ich habe die Streichhölzer aus meiner Tasche geholt.	Nicole **est** sortie. Nicole ist ausgegangen.
Il **a** rendu le livre. Er hat das Buch zurückgegeben.	Ils se **sont** rendus à Paris. Sie haben sich nach Paris begeben.

Diese Verben werden mit „**avoir**" verbunden, wenn ein **direktes Objekt** (Akkusativ) folgt; **sonst** werden sie mit „**être**" verbunden.

L'emploi du passé composé — die Anwendung des Perfekts

	Notez:
	Der Franzose wendet das **Perfekt** an:
1. Robert **est parti** ce matin. Janine **a fait** ses bagages.	1. wenn sich etw. **vor kurzem ereignet hat,** eine Handlung **vor kurzem zu Ende ging;**
2. Mme. Curie **a découvert** le radium.	2. wenn eine Handlung in der **Vergangenheit abgeschlossen** wurde, sich aber bis in die **Gegenwart** auswirkt.

Notez:

1. Ein Unterschied in der Anwendung des Perfekts besteht zwischen dem Französischen und Deutschen **nicht.**
2. Das Perfekt drückt etwas **Vollendetes, Abgeschlossenes** aus. (Im Englischen muß das Imperfekt stehen.)
3. In der **Umgangssprache,** in **Briefen** und **Theaterstücken** hat das Perfekt (passé composé) das passé simple **abgelöst.** Auch das Imperfekt (imparfait) wird in der Umgangssprache gern durch das Perfekt wiedergegeben.

COURS ELEMENTAIRE

Exercice 1

Conjuguez à toutes les personnes:

j'ai été à l'hôtel de ville.
j'ai eu peur.
j'ai appelé Robert.
j'ai saisi l'occasion.

j'ai perdu courage.
je suis parti(e) hier soir.
je suis arrivé(e) avant-hier.
je suis sorti(e) dimanche.

Exercice 2

Mettez les verbes entre parenthèses au passé composé:

1. Je ... mon portefeuille. **(oublier)**
2. Marcel ... à la lettre de son père. **(répondre)**
3. Louise ... que les taxis parisiens sont différents des taxis londoniens. **(remarquer)**
4. Nous ... une excursion aujourd'hui. **(faire)**
5. Ils ... dans un restaurant français. **(manger)**
6. Nous ... nos amis anglais à Orly. **(attendre)**
7. Je ... une mauvaise nuit. **(passer)**
8. Elle ... bien (mal). **(dormir)**
9. Ils ... de consulter le docteur. **(décider)**
10. Marc ... des médicaments. **(acheter)**
11. Je ... dire que Papa ... une panne. **(entendre, avoir)**
12. Mme. Muller ... en vacances. **(partir)**
13. Tu ... des livres sterling en francs, n'est-ce pas? **(changer)**
14. Les touristes ... et ... les Champs-Elysées. **(monter, descendre)**
15. Elle ... une carte postale à son fiancé. **(écrire)**
16. Je ... votre annonce dans le Monde. **(lire)**
17. Maman ... la boîte de camembert et la bouteille d'eau minérale. **(ouvrir)**
18. Nicole et Pierre ... un voyage en auto-stop. **(faire)**
19. Hier nous ... votre télégramme. **(recevoir)**
20. Notre tante ... l'accident **(voir)** qui s'est passé hier soir.

Exercice 3

Mettez le verbe au passé composé:

Exemple: il **prend** un billet aller et retour
          il **a pris** un billet aller et retour

1. Il téléphone à son amie.
2. Je ne vous comprends pas, vous parlez trop vite.
3. Il connaît les Folies-Bergères.
4. Il commence à pleuvoir.
5. Nous décidons d'aller passer l'après-midi au Louvre.
6. Nicole apporte un plan de Paris.
7. Ils prennent le métro et non l'autobus.
8. Le train arrive quai 3.
9. Le rapide pour Nice part à neuf heures.
10. Nous changeons (de train) à Orléans.
11. M. Renoir prend le petit dejeuner au wagon-restaurant.
12. Elle laisse ses bagages à la consigne.
13. Jean fait enregistrer sa malle.
14. Le porteur porte les valises au train pour Toulouse.
15. Marcel va au bureau de renseignements.

venir de faire qch — soeben etw. getan haben

Nous **venons de** recevoir votre lettre du 3 mai. Wir **haben soeben** Ihr Schreiben vom 3. Mai erhalten. Je **viens de** fumer une cigarette. Ich **habe soeben** eine Zigarette geraucht. ·	**Notez:** Handlungen oder Vorgänge, die **soeben vorangegangen sind,** werden durch „**venir de"** (im Präsens) wiedergegeben.

Exercice 4

Remplacez le passé composé par «venir de»

Exemple: **j'ai écrit** une lettre à la maison Fourgez.
         je viens d'écrire une lettre à la maison Fourgez.

1. Le douanier a examiné ma valise.
2. Il a reçu le mandat-postal.
3. Ils ont quitté le bureau de change.
4. Elle a terminé son travail.
5. Nous avons appelé un taxi par téléphone.
6. Nous avons traversé la frontière.
7. J'ai touché mon chèque de voyage.
8. Pierre a passé l'examen.
9. Nous avons reçu votre lettre recommandée.
10. J'ai transmis un télégramme par téléphone.

Le passé composé d'un verbe pronominal — das Perfekt reflexiver Verben

je	**me suis**	lavé**(e)**	
tu	**t'es**	lavé**(e)**	**Notez:**
il	**s'est**	lavé	
elle	**s'est**	lavée	Die **rückbezüglichen Verben** bilden
nous	**nous sommes**	lavés **(es)**	im Gegensatz zum Deutschen das Perfekt mit:
vous	**vous êtes**	lavé **(e, s, es)**	**être**
ils	**se sont**	lavés	
elles	**se sont**	lavées	

se décider	— sich entschließen	**se réfugier**	— sich flüchten
se promener	— spazierengehen	**s'habiller**	— sich ankleiden
se réveiller	— aufwachen	**s'endormir**	— einschlafen
se coucher	— zu Bett gehen	**s'appeler**	— heißen
s'arrêter	— anhalten	**se lever**	— aufstehen
s'efforcer	— sich bemühen	**se permettre**	— sich erlauben
s'en aller	— weggehen	**se vendre bien**	— sich gut verkaufen
s'empresser	— sich beeilen	**s'asseoir**	— sich setzen
se moquer de	— sich lustig machen über	**se baigner**	— (im Freien) baden

Exercice 5

Traduisez en français:

1. Wir haben uns entschlossen, in Paris zu bleiben. — 2. Wir haben uns bemüht, Sie zufriedenzustellen. — 3. Sie ist früh aufgestanden. — 4. Wir sind spät eingeschlafen. — 5. Sie sind um 11 Uhr ins Bett gegangen. — 6. Wir haben uns mit warmem Wasser gewaschen. — 7. Der Zug hat in Vouvray gehalten. — 8. Ich habe mich beeilt, um pünktlich zu sein. — 9. Meine Eltern sind weggegangen. — 10. Sie hat sich über mich lustig gemacht.

Exercice 6

Faites d'autres phrases avec les verbes pronominaux mentionnés à la page 40.

COURS MOYEN

Traduisez en français:

1. Wir haben Ihre Anfrage vom 3. d. M. erhalten und danken Ihnen dafür. — 2. Wir haben soeben Ihr Schreiben vom 10. 5. erhalten, dessen Inhalt wir mit Interesse zur Kenntnis genommen haben. — 3. Wir haben Ihnen einige namhafte Firmen als Referenzen aufgegeben. — 4. Wir haben Ihren Auftrag in Arbeit genommen. — 5. Wir sind leider nicht in der Lage, Ihren Auftrag zu den genannten Bedingungen auszuführen, da die Preise in den letzten Wochen beträchtlich gestiegen sind. — 6. Wir haben Ihr Angebot erhalten, dessen Bedingungen unannehmbar sind. — 7. Die Waren sind heute per Eilgut (per Luftpost) zum Versand gebracht worden. Wir hoffen, daß sie rechtzeitig bei Ihnen eintreffen werden. — 8. Wir haben Ihrem Konto 250 Francs gutgeschrieben; wir haben Ihr Konto mit 250 Francs belastet. — 9. Wir freuen uns zu erfahren, daß unser Angebot Sie veranlaßt hat, uns weitere Aufträge zu erteilen. — 10. Wir haben unsere ganze Sorgfalt auf die Ausführung Ihres Auftrags verwandt. — 11. Wir haben die Sendung geprüft und müssen Ihnen leider mitteilen, daß sie Grund zur Beanstandung gegeben hat. — 12. Wir haben den Auftrag annulliert, da wir für die Waren keine Verwendung haben. — 13. Die Sendung traf in schlechtem Zustand ein, was unserer Meinung nach auf schlechte Verpackung zurückzuführen ist. — 14. Beim Prüfen der Sendung haben wir festgestellt, daß die Qualität den uns zugesandten Mustern nicht entspricht. — 15. Beim Wiegen der Sendung haben wir festgestellt, daß 5 Kilo fehlen. — 16. Die Firma hat die Annahme der Sendung verweigert, da die Waren unverkäuflich sind. — 17. Wir haben die Waren behalten, da uns die Firma einen Preisnachlaß von 20 % gewährt hat. — 18. Wir haben Schadenersatz gefordert.

COURS SUPERIEUR

1. Der Wirtschaftsminister hat angekündigt, daß der Wechselkurs des Franc ab morgen freigegeben wird. — 2. Die französische Regierung hat diese Maßnahme ergriffen, um den Export zu fördern und Arbeitsplätze zu sichern. — 3. Die Energiekrise hat der französischen Wirtschaft schweren Schaden zugefügt. — 4. Dieser Schritt Frankreichs hat gezeigt, daß Europa weit davon entfernt ist, eine bedeutende Rolle in der Weltpolitik zu spielen. — 5. Die Regierung hat das Kreditvolumen eingeschränkt, um die Inflation zu bekämpfen. — 6. Vergangene Woche hat ein 48stündiger Generalstreik stattgefunden, um auf den Aufruf der CGT hin gegen die Inflation zu protestieren. — 7. Die Energiekrise, die die europäischen Staaten getroffen hat, wird sich eventuell weiter verschlimmern. — 8. Im Elysée-Palast hat man sich sehr skeptisch über die Möglichkeit der Verwirklichung der Wirtschafts- und Währungsunion geäußert. — 9. Viele Mitgliedstaaten der EG haben erklärt, daß für die „Neun" die Verwirklichung des Regionalfonds die letzte Chance ist, die EG zu retten. — 10. Die französische Regierung hat wissen lassen, daß sie sich der Errichtung eines Regionalfonds nicht in den Weg stellen werde.

VOCABULAIRE

COURS ELEMENTAIRE

Exercice 1

avoir peur [pœr]	Angst haben
saisir l'occasion [sezir ɔkazjɔ̃]	die Gelegenheit ergreifen
perdre courage	den Mut verlieren
avant-hier [jɛr]	vorgestern

Exercice 2

répondre à une lettre	einen Brief beantworten
faire une excursion [ɛkskyrsjɔ̃]	einen Ausflug machen
consulter le docteur [kɔ̃sylte]	den Arzt aufsuchen
avoir une panne	eine Panne haben
partir en vacances [vakɑ̃s]	auf Ferien gehen
changer des DM en Francs	DM in Franc umtauschen, wechseln
faire un voyage en auto-stop [ɔ(o)tɔstɔp]	eine Reise per Anhalter machen
recevoir un télégramme [rəsvwar]	ein Telegramm erhalten

Exercice 3

prendre un billet aller — retour [prɑ̃dr, bijɛ]	eine Hin- und Rückfahrkarte lösen
pleuvoir [pløvwar]	regnen
utiliser qch [ytilize]	etw. benutzen
le rapide [rapid]	der Schnellzug
changer (de train)	umsteigen
la consigne [kɔ̃siɲ]	die Gepäckaufbewahrung
faire enregistrer la valise [ɑ̃rʒistre]	den Koffer aufgeben
le bureau de renseignements [rɑ̃sɛɲmɑ̃]	die Auskunft

Exercice 4

le mandat-postal [mɑ̃daı	die Postanweisung
le bureau de change	die Wechselstube
traverser la frontière [frɔ̃tjɛr]	die Grenze überqueren
toucher un chèque de voyage [tuʃe]	einen Reisescheck einlösen
la lettre recommandée [r(ə)kɔmɑ̃de]	der Einschreibebrief
transmettre un télégramme [trɑ̃smɛtr]	ein Telegramm aufgeben

Exercice 5

se décider à faire qch [deside]	sich entschließen, etw. zu tun
s'efforcer de	sich bemühen
satisfaire qn [satisfɛr]	jmd. zufriedenstellen

COURS MOYEN

recevoir une demande (d'offres)	eine Anfrage erhalten
remercier qn de qch	jmd. für etw. danken
citer qn en référence	jmd. als Referenz aufgeben
les prix ont augmenté	die Preise sind gestiegen
être en mesure de ...	in der Lage sein
par grande vitesse, par avion	per Eilgut, per Luftpost
débiter un compte de	ein Konto belasten (mit)
créditer un compte de ...	einem Konto ... gutschreiben
inciter qn à faire qch	jmd. veranlassen, etw. zu tun
apporter toute son attention	seine ganze Aufmerksamkeit verwenden
vérifier un envoi	eine Sendung prüfen
donner lieu à réclamation	Grund zur Beanstandung geben
annuler une commande	einen Auftrag annullieren
faire usage de	Gebrauch machen von, Verwendung haben für
en mauvais état	in schlechtem Zustand
l'emballage défectueux	unsachgemäße, fehlerhafte Verpackung
correspondre aux échantillons⎫ répondre aux échantillons ⎭	den Mustern entsprechen
peser l'envoi	die Sendung wiegen
refuser l'envoi	die Annahme der Sendung verweigern
être invendable	unverkäuflich sein
garder (retenir) les marchandises	die Waren behalten
accorder une réduction	einen Preisnachlaß gewähren
subir une perte	einen Verlust erleiden
réclamer des dommages-intérêts	Schadenersatz fordern
remplacer les marchandises	Waren ersetzen

COURS SUPERIEUR

le ministre des affaires économiques	der Wirtschaftsminister
le cours du franc va flotter	der Wechselkurs des Franc wird freigegeben
encourager l'exportation	den Export fördern
protéger le marché du travail	Arbeitsplätze sichern
la crise de l'énergie	die Energiekrise
porter un grave préjudice à qch	einen schweren Schaden zufügen
la démarche	der Schritt
être loin de qch	von etw. weit entfernt sein
jouer un rôle important	eine bedeutende Rolle spielen
la politique mondiale	die Weltpolitik
protester contre qch	gegen etw. protestieren
affecter qn	jmd. betreffen, in Mitleidenschaft ziehen
s'aggraver	sich verschlimmern
se montrer bien sceptique	sich sehr skeptisch äußern
la réalisation de l'Union Economique et Monétaire	die Verwirklichung der Wirtschafts- und Währungsunion
le fonds de développement régional	der Regionalfonds
offrir la dernière chance	die letzte Chance bieten
sauver la CEE	die EWG retten
s'opposer à qch	sich in den Weg stellen, widersetzen

43

L'accord du participe — die Veränderung des Partizips (1)

1. Phase

1. Nous avons accepté l'invitation. Il n'a pas eu de chance. 2. Ils sont partis à Paris. Les élèves ont été interrogés par le professeur.	**Notez:** 1. Das mit „**avoir**" verbundene 2. Partizip (participe passé) wird in der Regel **nicht** verändert. 2. Das mit „**être**" verbundene 2. Partizip **wird verändert** und richtet sich in **Geschlecht** und **Zahl** nach dem **dazugehörigen Subjekt** (Hauptwort oder Fürwort).

COURS ELEMENTAIRE

Exercice 1

Ecrivez le participe dans les phrases suivantes:

1. Nous avons (acheter) des chaussures.
2. Il a (prendre) le métro pour aller à l'Opéra.
3. Nous avons (avoir) un accident grave.
4. Ils ont (être) à la Tour Eiffel.
5. Elle est (descendre) à la station Pigalle.
6. Gisèle est (sortir) avec son fiancé.
7. L'agent de police a (attraper) le voleur.
8. Ma sœur a (flirter) avec Robert.
9. Ils m'ont (emmener).
10. Maman et papa sont (aller) au Louvre.

2. Phase

ATTENTION!	Das mit „**avoir**" verbundene 2. Partizip wird verändert, wenn ihm ein **Akkusativ** vorangeht, und zwar als:
Louis a répondu à **mes lettres que** j'ai écrites. Akkus. La **voiture que** j'ai achetée Akkus. marche bien. **aber:** Louis **qui** a répondu à mes lettres habite à Londres.	**RELATIVPRONOMEN — „que"** „que" bezieht sich auf „lettres" bzw. „voiture". Entsprechend ändert sich das 2. Partizip in **Geschlecht** und **Zahl.** „qui" ist Nominativ — hier tritt **keine** Veränderung des 2. Partizips ein.

COURS ELEMENTAIRE

Exercice 2

Ecrivez le participe dans les phrases suivantes:

1. La voiture que j'ai (acheter) est excellente.
2. Les touristes que nous avons (rencontrer) étaient des Anglais.
3. Le patron qui m'a (envoyer) à la banque s'appelle Grounod.
4. Les voyages que nous avons (faire) étaient intéressants.
5. Nous exécuterons avec le plus grand soin les ordres que vous avez (passer).
6. Les marchandises que vous avez (livrer) sont excellentes.
7. Nous avons (recevoir) l'offre que vous avez (faire, soumettre).
8. Les articles que nous avons (vérifier, examiner) ne sont pas à notre convenance.
9. La réclamation que vous avez (faire) est justifiée.
10. Le contrat que j'ai (signer) était annulé.

3. Phase

ATTENTION!	Das mit „avoir" verbundene 2. Partizip wird verändert, wenn ihm ein **Akkusativ** vorangeht, und zwar als:
Nous avons accepté l'offre. Nous l'avons acceptée. Akkus. J'ai écrit ces lettres. Je **les** ai écrites. Akkus. Il **nous** a vus. Akkus.	**VERBUNDENES PERSONALPRONOMEN** (la, les, vous, nous etc.) Das 2. Partizip verändert sich in **Geschlecht** und **Zahl** entsprechend dem 4. Fall (Akkusativ) des **vorangehenden Personalpronomens.**

COURS ELEMENTAIRE

Exercice 3

Changez les phrases conformément à l'exemple:

Exemple: il a montré la photo.

il l'a montrée.

1. Papa a vendu sa voiture.
2. Pierre a trouvé l'adresse de M. Müller.

3. Nous avons rencontré les étrangers.

4. J'ai découvert la faute.

5. Nicole a lu ces livres.

6. Mon cousin a envoyé deux paquets.

7. L'élève a conjugué les verbes.

8. Ils ont lavé les voitures.

9. Il a passé l'examen.

10. Nous avons cherché les enfants.

4. Phase

ATTENTION!	Das mit „avoir" verbundene 2. Partizip wird verändert, wenn ihm ein **Akkusativ** vorangeht, und zwar als:
Quelles lettres ont-ils Akkus. écrites? **Quelle voiture** as-tu Akkus. achetée?	INTERROGATIVPRONOMEN (quelle, quels, quelles) Das 2. Partizip richtet sich in **Geschlecht** und **Zahl** nach dem **vorangehenden Akkusativ** (Interrogativpronomen).

COURS ELEMENTAIRE

Exercice 4

Posez des questions avec: **quel, quelle, quels, quelles** conformément à l'exemple.

Exemple: j'ai traduit cette phrase.
 Quelle phrase as-tu traduite?

1. Il a choisi cette offre.

2. Claude a rendu ces livres.

3. J'ai acheté ces fleurs.

4. Nous avons visité ce musée.

5. Elle a chanté cette chanson.

6. Ils ont refusé cette invitation.

7. J'ai lu cette annonce.

8. Nous avons loué cette maison.

9. Ils ont corrigé ces fautes.

5. Phase

ATTENTION!	Vorsicht bei der Veränderung des mit „être" verbundenen 2. Partizips bei den **reflexiven Verben!**
1. Ils **se** sont rencontrés à Akkus. Paris. 2. Ma mère s'est acheté **une voiture.** Akkus. 3. La voiture **que** ma mère Akkus. s'est achetée coûte cher. **Quelle maison** s'est-il Akkus. achetée?	**Notez:** Die **reflexiven Verben** werden **in den zusammengesetzten Zeiten** (Perfekt usw.) im Gegensatz zum Deutschen (haben!) mit „être" verbunden! 1. Steht das vorangehende Reflexivpronomen im **Akkusativ,** so **wird** das Partizip verändert. 2. **Folgt** dem Partizip **ein Akkusativobjekt,** so steht das Reflexivpronomen im **Dativ;** das Partizip wird **nicht** verändert. 3. Geht dem reflexiven Verb ein **Akkusativ voran:** a) **Relativpronomen,** b) **Interrogativpronomen,** so **richtet** sich das Partizip in Geschlecht und Zahl nach diesem **vorangehenden Akkusativ.**

Remarque: Weitere Anwendungsmöglichkeiten des Partizips — Seite 99.

COURS ELEMENTAIRE

Exercice 5

Décidez si le participe du verbe doit être changé ou non:

1. Nous nous sommes décidé   à revenir demain.

2. Ces livres se sont bien vendu

3. Ils se sont cassé   le bras.

4. Il s'est efforcé   de faire de son mieux.

5. Ils se sont empressé   d'expédier les marchandises.

6. Nous nous sommes acheté   des billets d'entrée pour le cinéma.

7. Nous nous sommes adressé   à notre professeur.

8. Ils se sont lavé   les mains.

9. Quels livres se sont-ils acheté   ?

10. Les livres qu'ils se sont acheté   sont très intéressants.

Traduisez en français:

1. a) Der Zollbeamte, der das Gepäck kontrolliert hat, wünschte jedem eine gute Reise.

   b) Er hat es im Abteil kontrolliert.

   c) Welches Gepäck hat der Zollbeamte kontrolliert?

2. a) Pierre, der bei der „Air France" zwei Plätze nach Paris gebucht hat, nahm eine Taxe zum Flugplatz.

   b) Er hat sie bei der „Air France" gebucht.

   c) Wieviel Plätze hat er gebucht?

3. a) M. Rougon, der in Orly einen Wagen gemietet hat, ist auf Geschäftsreise.

   b) Er hat ihn in Orly gemietet.

   c) Welchen Wagen hat M. Rougon gemietet?

4. a) Der Einschreibebrief, den ich gestern aufgegeben habe, ist bei der Firma erst am Montag eingegangen.

   b) Ich habe ihn gestern aufgegeben.

   c) Welcher Einschreibebrief ist erst am Montag eingegangen?

5. a) Alice, die mich gestern angerufen hat, hat eine Verabredung mit Marcel.

   b) Sie hat mich gestern angerufen.

   c) Welche Kollegin hat dich gestern angerufen?

6. a) Die Reiseschecks, die Sie bei der „Crédit Lyonnais" gekauft haben, werden von jeder Bank eingelöst.

   b) Wir haben sie bei dieser Bank eingelöst.

   c) Welche Reiseschecks haben Sie nicht eingelöst?

7. a) Sie haben für die französischen Francs, die Sie in DM gewechselt haben, einen guten Kurs bekommen.

   b) Wir haben sie in DM gewechselt.

   c) Welches ist der offizielle Kurs?

8. a) Ich hole den Koffer ab, den ich gestern aufgegeben habe.

   b) Er hat ihn auf dem „Gare du Nord" aufgegeben.

   c) Welchen Koffer hat er aufgegeben?

COURS MOYEN

Traduisez en français:

1. Wir haben uns entschlossen, Ihnen einen Probeauftrag zu erteilen. — 2. Die Auskünfte, die wir erhalten haben, waren sehr günstig; wir haben über die betreffende Firma Auskünfte eingeholt. — 3. Wir haben der auf dem beigefügten Bogen genannten Firma einen Kredit in Höhe von 20.000 francs gewährt; wir haben ihn ihr sofort eingeräumt. — 4. Welches Angebot haben Sie angenommen, dieses oder jenes? — 5. Welche Bedingungen sind von dem Importeur geändert worden? — 6. Die Waren, die wir geprüft haben, wurden unterwegs leicht beschädigt. — 7. Beim Begleichen der Rechnung ist Ihnen ein Irrtum unterlaufen. — 8. Wir werden den Wechsel, den Sie auf uns gezogen haben, am Verfalltag einlösen. — 9. Wir haben die Bank angewiesen, den Betrag von 150 francs auf Ihr Konto zu überweisen. — 10. Der Wechsel, den Sie akzeptiert haben, wird am 10. Mai fällig. — 11. Die Beträge, die Sie überwiesen haben, werden Ihrem Konto belastet. — 12. Wir haben die Rechnung, die wir vorgestern erhalten haben, pünktlich beglichen. — 13. Die Firma ist ihren finanziellen Verpflichtungen immer pünktlich nachgekommen. — 14. Die Tratte ist von der Crédit Lyonnais diskontiert (indossiert) worden. — 15. Ich habe heute 500,— francs auf Ihr Konto eingezahlt und füge die Quittung bei. (Einschreiben!) — 16. Wir haben Ihre Überweisung erhalten, wofür wir Ihnen danken. — 17. Wir bitten Sie, die beiden Schecks, die uns die Fa. Mauriac zum Ausgleich der Rechnung zugesandt hat, bei der Deutschen Bank einzuziehen. — 18. Ich habe einen Bar-(Verrechnungs-)scheck ausgestellt, den meine Bank bei Vorlage einlösen wird. — 19. Das Akkreditiv, das die Crédit Lyonnais eröffnet hat, ist unwiderruflich.

COURS SUPERIEUR

Traduisez en français:

1. Die Bundesregierung hat die DM aufgewertet, um der „importierten" Inflation zu begegnen. — 2. Die Bundesbank hat den Diskontsatz erhöht, um die Konjunktur zu dämpfen. — 3. Welche Maßnahmen hat die Regierung ergriffen, um die Preise wieder in den Griff zu bekommen? — 4. Die französische Regierung hat sich dem Vorschlag der „Neun", den französischen Franc zu floaten, widersetzt. — 5. Es ist u. a. das Ziel der Wirtschaftspolitik, den Lebensstandard, der in den letzten Jahren erheblich gestiegen ist, ständig zu verbessern. — 6. Großbritannien, das am 1. 1. 1973 der EG beigetreten ist, leidet unter wilden Streiks und Arbeitslosigkeit. — 7. Es ist der Regierung nicht gelungen, die Handelsbilanz auszugleichen, da der Import im letzten Jahr stark zugenommen hat. — 8. Die Regierung hat sich des Instruments der Offenmarktpolitik bedient, um der Wirtschaft Geld zu entziehen. — 9. Es ist die passive Zahlungsbilanz, die der Regierung in den vergangenen Jahren Sorgen bereitet hat. — 10. Der Zehnerklub hat es abgelehnt, die DM, den Franc, den Yen usw. aufzuwerten, bevor sich Nixon nicht dazu entschlossen hat, den Dollar abzuwerten. — 11. Die Finanzminister haben auf der Weltwährungskonferenz in Nairobi alle Anstrengungen unternommen, um ein neues Weltwährungssystem zu schaffen. — 12. Die Wechselkurse der einzelnen Länder wurden auf der Konferenz einer gründlichen Prüfung unterzogen. — 13. Welche Währungen sind in den letzten Jahren auf- bzw. abgewertet worden? — 14. Der Vorstand der Aktiengesellschaft hat beschlossen, das Grundkapital zu erhöhen, um die Produktivität zu steigern. — 15. Viele Leute haben Aktien gekauft, da die Dividenden im letzten Jahr gestiegen sind.

VOCABULAIRE

COURS ELEMENTAIRE
Exercice 1

avoir un accident grave	einen schweren Unfall haben
attraper le voleur	den Dieb fangen, ergreifen
emmener qn	jmd. mitnehmen

Exercice 2

le patron	der Chef
exécuter (passer) un ordre (commande)	einen Auftrag ausführen (erteilen)
livrer les marchandises	die Waren liefern
recevoir (soumettre) une offre	ein Angebot erhalten (unterbreiten)
vérifier les articles (m)	die Artikel prüfen
être à la convenance de	jmd. zusagen, gefallen

Exercice 3

découvrir la faute	den Fehler finden (entdecken)

Exercice 4

choisir une offre	ein Angebot aussuchen
refuser une invitation	eine Einladung ablehnen

Exercice 5

se vendre bien	sich gut verkaufen lassen
se casser le bras	sich den Arm brechen
s'efforcer (de)	sich bemühen
faire de son mieux	sein Bestes tun
s'empresser (de)	sich beeilen
expédier les marchandises	die Waren zum Versand bringen

Exercice 6

examiner les bagages	das Gepäck kontrollieren
souhaiter	wünschen
retenir deux places	zwei Plätze buchen
louer une voiture	einen Wagen mieten
être en voyage d'affaires	auf Geschäftsreise sein
la lettre recommandée	der Einschreibebrief
appeler qn	jmd. anrufen
avoir un rendez-vous	eine Verabredung haben
payer un chèque de voyage	einen Reisescheck einlösen (Bank)
toucher ~	(selbst) einen Reisescheck einlösen
le cours	der Kurs
changer des DM en Francs	DM in Franc wechseln, umtauschen
aller chercher la valise	den Koffer abholen
faire enregistrer la valise	den Koffer aufgeben

COURS MOYEN

un ordre à titre d'essai	ein Probeauftrag
se renseigner sur qn	über jmd. Auskunft einholen
la maison en question	die betreffende Firma
la fiche	der Zettel
être légèrement endommagé	leicht beschädigt sein
pendant le transport	auf dem Transport, unterwegs
régler une facture	eine Rechnung begleichen
faire une erreur, se tromper	sich irren
payer la lettre de change (honorer ~)	den Wechsel einlösen

à l'échéance	am Fälligkeitstag
tirer une traite (sur)	einen Wechsel (Tratte) ziehen (auf)
virer un montant	einen Betrag überweisen
accepter la traite	den Wechsel akzeptieren
devenir exigible, venir (arriver) à échéance	fällig werden
débiter un compte de 50 F	ein Konto belasten mit 50 Francs
remplir les engagements	den Verpflichtungen nachkommen
escompter (endosser) une traite	einen Wechsel diskontieren (indossieren)
verser un montant	einen Betrag einzahlen
joindre le reçu	die Empfangsbestätigung (Quittung) beifügen
le virement	die Überweisung
encaisser le chèque	den Scheck einziehen (Bank)
en règlement de la facture	zum Ausgleich der Rechnung
remplir un chèque barré (non-barré)	einen Verrechnungsscheck (Barscheck) ausstellen
sur présentation	bei Vorlage
le crédit documentaire	das Akkreditiv
être irrévocable	unwiderruflich sein

COURS SUPERIEUR

revaloriser le DM	die DM aufwerten
empêcher (prévenir) qch	etw. verhindern
l'inflation importée	die importierte Inflation
augmenter le taux d'escompte	den Diskontsatz erhöhen
freiner le boom économique	den Boom (die Hochkonjunktur) dämpfen
maîtriser la montée (la hausse) des prix	die Preise wieder in den Griff bekommen
s'opposer à la proposition	sich dem Vorschlag widersetzen
faire flotter le Franc	den Kurs des Franc freigeben (floaten)
entrer dans la Communauté Européenne	der EG beitreten
souffrir de grèves «sauvages»	unter wilden Streiks leiden
le chômage	die Arbeitslosigkeit
la politique économique	die Wirtschaftspolitik
avoir pour but	das Ziel sein
améliorer le niveau de vie	den Lebensstandard verbessern
équilibrer la balance commerciale	die Handelsbilanz ausgleichen
employer la politique d'open-market	die Offenmarktpolitik anwenden
retirer des capitaux de la circulation	der Wirtschaft Geld entziehen
la balance des paiements déficitaire	die passive Zahlungsbilanz
le groupe des Dix	der Zehnerklub
dévaluer, revaloriser le DM	die DM abwerten, aufwerten
acheter des actions	Aktien kaufen
les cours (m) des changes	die Wechselkurse
soumettre à un examen approfondi	einer gründlichen Prüfung unterziehen
la conférence monétaire	die Währungskonferenz
la monnaie	die Währung
la direction	der Vorstand
la société anonyme	die Aktiengesellschaft
le capital social	das Grundkapital
accroître la productivité	die Produktivität steigern
le dividende	die Dividende

LE PLUS-QUE-PARFAIT — LE PASSÉ ANTERIEUR
das 1. und 2. Plusquamperfekt

Im Französischen gibt es im Gegensatz zum Deutschen zwei Plusquamperfekte:

le plus-que-parfait — le passé antérieur

Der Franzose wendet eine dieser beiden Zeiten an, wenn auch im Deutschen das Plusquamperfekt steht.

Les formes — die Formen

	le plus-que-parfait	le passé antérieur
avoir	j'avais eu ich hatte gehabt tu avais eu il avait eu nous avions eu vous aviez eu ils avaient eu	j'eus eu ich hatte gehabt tu eus eu il eut eu nous eûmes eu vous eûtes eu ils eurent eu
	le plus-que-parfait	le passé antérieur
être	j'avais été ich war gewesen tu avais été il avait été nous avions été vous aviez été ils avaient été	j'eus été ich war gewesen tu eus été il eut été nous eûmes été vous eûtes été ils eurent été
	le plus-que-parfait	le passé antérieur
donner	j'avais donné ich hatte gegeben tu avais donné il avait donné nous avions donné vous aviez donné ils avaient donné	j'eus donné ich hatte gegeben tu eus donné il eut donné nous eûmes donné vous eûtes donné ils eurent donné
	le plus-que-parfait	le passé antérieur
aller	j'étais allé(e) ich war gegangen tu étais allé(e) il était allé nous étions allés (es) vous étiez allé (s, e, es) ils étaient allés	je fus allé(e) ich war gegangen tu fus allé(e) il fut allé nous fûmes allés (es) vous fûtes allé (s, e, es) ils furent allés

L'emploi — die Anwendung

1. a) Il **avait fini** le travail quand ses parents sont rentrés. Er hatte die Arbeit beendet, als seine Eltern nach Hause kamen. b) Je t'aurais donné la voiture, si tu me l'**avais demandée.** Ich hätte dir den Wagen gegeben, wenn du mich darum gebeten hättest. c) Il disait qu'il m'**avait vu** à l'Opéra. Er sagte, daß er mich in der Oper gesehen hätte.	**Notez:** 1. **Der Franzose verwendet das Plusquamperfekt:** a) wenn ein Vorgang bereits vor einem anderen in der Vergangenheit stattgefunden hat, **wobei die beiden Handlungen zeitlich eine längere Zeit auseinanderliegen;** b) bei den **Bedingungssätzen** (si-Sätzen). Siehe Seite 105. c) bei der **indirekten Rede.** Siehe Seite 109.
2. Quand il **eut fait** ses devoirs il est allé au cinéma. Als er seine Schularbeiten gemacht hatte, ging er ins Kino. J'ai mis la table aussitôt qu'il **eut terminé** son travail. Ich deckte den Tisch, sobald er seine Arbeit beendet hatte.	2. Der Franzose verwendet das **passé antérieur,** wenn ein Vorgang **kurz** vor einem anderen in der Vergangenheit stattgefunden hat. Es steht insbesondere nach: **lorsque, quand** — als **après que** — nachdem **dès que** **aussitôt que** } — sobald (als) **à peine ... que** — kaum, als

COURS ELEMENTAIRE

Exercice 1

Conjuguez à toutes les personnes:

j'avais fumé	j'eus fumé
j'avais écrit	j'eus écrit
j'avais traduit	j'eus traduit
j'étais allé	je fus allé

Exercice 2

Mettez les verbes entre parenthèses au temps convenable:

Exemple: il **(quitter)** déjà la salle quand je **(arriver)**
il **avait** déjà **quitté** la salle quand je **suis arrivé.**

1. Il me **(montrer)** les factures quand il **(finir).**
2. Quand ils **(boire)** quelques whiskys ils **(être)** ivres.
3. Il **(aller)** dans un bistro lorsqu'il **(quitter)** le cinéma.
4. Nous nous **(coucher)** quand nous **(arriver)** à l'auberge de jeunesse.
5. Papa **(écrire)** une lettre à l'oncle Jules avant d'aller au bureau.
6. Quand je **(payer)** les marchandises je **(obtenir)** la quittance.
7. Nous **(aller)** sur le quai 2 aussitôt que nous **(prendre)** les billets.
8. Nous **(hisser)** le drapeau lorsque nous **(atteindre)** le sommet.
9. Nous **(émigrer)** aussitôt que nous **(vendre)** notre maison.
10. Quand il **(recevoir)** la facture il la **(régler).**

53

COURS ELEMENTAIRE

Exercice 2

montrer la facture	die Rechnung zeigen
(prendre) boire un whisky	einen Whisky trinken
l'auberge de jeunesse	die Jugendherberge
payer les marchandises (f)	die Waren bezahlen
obtenir la quittance	die Quittung erhalten
hisser le drapeau	die Fahne hissen
atteindre le sommet	den Gipfel erreichen
émigrer	auswandern
régler la facture	die Rechnung begleichen

LE PASSIF — das Passiv, die Leideform

Les temps du passif — die Zeiten des Passivs

le présent	je **suis** examiné(e) par le professeur ich werde von dem Lehrer geprüft
l'imparfait	j'**étais** examiné(e) par le professeur ich wurde von dem Lehrer geprüft
le passé simple	je **fus** examiné(e) par le professeur ich wurde von dem Lehrer geprüft
le futur (simple)	je **serai** examiné(e) par le professeur ich werde von dem Lehrer geprüft werden
le conditionnel présent	je **serais** examiné(e) par le professeur ich würde von dem Lehrer geprüft werden
le passé composé	j'**ai été** examiné(e) par le professeur ich bin von dem Lehrer geprüft worden
le plus-que-parfait	j'**avais été** examiné(e) par le professeur ich war von dem Lehrer geprüft worden
le passé antérieur	j'**eus été** examiné(e) par le professeur ich war von dem Lehrer geprüft worden
le conditionnel passé	j'**aurais été** examiné(e) par le professeur ich wäre von dem Lehrer geprüft worden

Notez: Tableaux de conjugaison page 202

1. Das Passiv wird gebildet mit:

être + 2. Partizip (Participe passé)

2. Das Partizip richtet sich in Geschlecht und Zahl nach dem dazugehörigen Substantiv bzw. Pronomen.
3. Das deutsche „**von**" beim Passiv wird hauptsächlich durch „**par**" wiedergegeben.

Ausnahmen: être accompagné **de,** être entouré **de,** être suivi **de,** être aimé **de** etc.

L'emploi du passif — die Anwendung des Passivs

	Notez:
La maison **est construite par** M. Rougon.	1. Der Franzose verwendet nur **wenig** das Passiv, da es nur **begrenzte** Ausdrucksmöglichkeiten hat.
Das Haus wird von M. Rougon gebaut.	2. Im Präsens und Imperfekt wird das Passiv **nur** verwandt, wenn **der Handelnde** genannt wird. Ist dies nicht der Fall, so wird der Satz **aktivisch (on . .)** ausgedrückt.
(M. Rougon construit la maison.)	
On construit cette maison.	
La voiture **est endommagée.**	
Der Wagen ist (Zustand) beschädigt.	3. Der Franzose bedient sich wie der Deutsche gern der **reflexiven Form** anstelle des Passivs.
L'adresse **s'écrit** avec un seul «d» en français.	4. Paul est aimé de Gisèle.

Adresse wird im Französischen mit einem „d" geschrieben. (... schreibt sich mit ...)

Les marchandises **se vendent** bien.

Die Waren werden gut verkauft. (... lassen sich gut verkaufen.)

4. Paul   est aimé de   Gisèle.
Objekt

Gisèle   aime   Paul
Subjekt

Das **Objekt** des Passivsatzes wird zum **Subjekt** des Aktivsatzes, die Zeit bleibt dieselbe. Bei der Verwandlung eines Aktivsatzes in einen Passivsatz wird das **Objekt** des Aktivsatzes zum **Subjekt** des Passivsatzes.

Notez: Der Franzose bevorzugt in Wort und Schrift das „Aktiv"!

COURS ELEMENTAIRE

Exercice 1

Mettez les verbes suivants:
1. à la première personne du singulier
2. à la 3e personne du singulier   **du présent, du futur simple**
3. à la première personne du pluriel   et **du passé composé**

Exemple: **être invité par son (ses) ami(s).**
1. **je suis invité** par mon ami.
   il est invité par son ami.
   nous sommes invités par nos amis.
2. **je serai invité** par mon ami.
   il sera invité par son ami.
   nous serons invités par nos amis.
3. **j'ai été invité** par mon ami.
   il a été invité par son ami.
   nous avons été invités par nos amis.

1. être accompagné de Robert.
2. être interrogé par l'agent de police.
3. être appelé par son frère.
4. être aimé de tout le monde.
5. être construit par l'architecte.
6. être aidé par la mère.
7. être traduit par Charles.
8. être examiné par le professeur.
9. être invité par Nicole.
10. être présenté par Monsieur le Directeur.

Mettez les phrases suivantes au passif:

Exemple: **le professeur a interrogé beaucoup d'élèves**
Beaucoup d'élèves ont été interrogés par le professeur.

1. Nicole a compris la question.
2. Un architecte français a construit cette maison.
3. Oncle Jules m'appelle.
4. La guerre a détruit beaucoup de villes.
5. Robert fera ses devoirs demain.
6. Nous l'avons accompagné à la gare.
7. Un étranger a suivi la jeune fille.
8. Tout le monde l'aime.
9. Gisèle appelle son ami.
10. Robert m'invite chaque année.
11. Ma mère m'a attendue à sept heures.
12. Je l'attendrai à l'Opéra.
13. Nous les avons vus à Nice.
14. Tous les élèves apprendront le vocabulaire de cette leçon.
15. Ma tante soignera Paul.

Exercice 3

Mettez les phrases suivantes à l'actif:

Exemple: **L'avertissement a été compris par tout le monde.**
Tout le monde a compris l'avertissement.

1. Les touristes ont été accompagnés d'un guide.
2. Gisèle est aimée de Paul.
3. Robert est attendu par Nicole.
4. La rue a été réparée par les ouvriers.
5. Jean n'a pas été vu au cinéma.
6. Les devoirs ont été faits par les élèves.
7. La maison sera construite par un architecte allemand.
8. Jules sera soigné par sa mère.
9. Les étudiants sont examinés par leur professeur.
10. Mon père a été guéri par un médecin.

COURS MOYEN

Traduisez en français:

1. Diese Artikel werden von der Fa. Roussel nicht mehr hergestellt. — 2. Die Lieferzeit ist von dem Exporteur genau eingehalten worden. — 3. Ihr Angebot wird von dem Kunden angenommen werden. — 4. Jeder Artikel wird bei Eingang der Waren geprüft. — 5. Die Initiative ist von dem Importeur zum richtigen Zeitpunkt ergriffen worden. — 6. Kataloge und Preislisten werden an Sie mit gleicher Post abgesandt. — 7. Die Devisenbewirtschaftung wird nächsten Monat aufgehoben. — 8. Die Geschäftsbeziehungen wurden mit der englischen Firma wiederaufgenommen. — 9. Die Preise sind bereits scharf kalkuliert worden. — 10. Die Rechnung wurde von dem Kunden sofort beglichen. — 11. Die Bank wurde angewiesen, den Betrag sofort zu überweisen. — 12. Diese Waren werden auf dem französischen Markt gut verkauft. — 13. Das Angebot des italienischen Exporteurs wurde nicht berücksichtigt. — 14. Dieser Irrtum läßt sich leicht erklären. — 15. Wie wird dieses Wort geschrieben und ausgesprochen?

COURS SUPERIEUR

Traduisez en francais:

1. Die Bilanz wird termingerecht aufgestellt und geprüft werden. — 2. Aktiva und Passiva konnten in diesem Jahr ausgeglichen werden. — 3. Die Bilanz soll im vergangenen Jahr frisiert worden sein. — 4. Die Zahlungsbilanz ist in diesem Jahr durch den starken Touristenverkehr fast ausgeglichen worden. — 5. Die zweifelhaften Forderungen sind bis jetzt noch nicht eingetrieben worden. — 6. Die Maschinen sind inzwischen voll abgeschrieben worden. — 7. Der Abschreibungssatz ist vor kurzem geändert worden, da die Maschinen veraltet sind. — 8. Die stillen Reserven sind wegen der Rezession aufgelöst worden. — 9. Das Eigen- und Fremdkapital (Aktienkapital) dieser Gesellschaft ist aufgrund der erforderlichen Investitionen beträchtlich erhöht worden. — 10. Der Verlust von 1972 ist durch den Gewinn dieses Jahres ausgeglichen worden. — 11. Die Struktur der variablen Kosten (Materialkosten, Personalkosten, Herstellungskosten) und die der fixen Kosten haben sich stark verändert. — 12. Ein Teil des Gewinns ist den freien (gesetzlichen) Rücklagen zugeführt worden.

VOCABULAIRE

COURS ELEMENTAIRE

Exercice 1

être invité, inviter qn	eingeladen werden, jmd. einladen
être accompagné, accompagner qn	begleitet werden, jmd. begleiten
interroger qn	jmd. verhören, vernehmen, befragen
aider qn	jmd. helfen
présenter qn	jmd. vorstellen

Exercice 2

la guerre	der Krieg
détruire	zerstören
suivre qn	jmd. folgen
soigner qn	jmd. pflegen, für jmd. sorgen

Exercice 3

l'avertissement (m)	die Warnung, Mahnung
le guide	der Fremdenführer
l'ouvrier	der Arbeiter
guérir qn	jmd. heilen

COURS MOYEN

observer le délai de livraison	den Liefertermin einhalten
vérifier un article	einen Artikel prüfen
la réception des marchandises	der Eingang der Waren
prendre l'initiative de (f)	die Initiative ergreifen
par le même courrier	mit gleicher Post
le contrôle des devises	die Devisenbewirtschaftung
abolir qch	etw. abschaffen
reprendre les relations d'affaires	die Geschäftsbeziehungen wieder-aufnehmen
calculer au plus juste	äußerst scharf kalkulieren
régler la facture	die Rechnung begleichen
considérer l'offre (f)	ein Angebot berücksichtigen, in Erwägung ziehen
aviser la banque	die Bank anweisen
virer un montant	einen Betrag überweisen
se vendre bien	sich gut verkaufen lassen

COURS SUPERIEUR

l'actif et le passif	Aktiva und Passiva
établir le bilan	die Bilanz aufstellen
en temps voulu, à échéance	termingerecht
maquiller le bilan	die Bilanz frisieren
équilibrer la balance des paiements	die Zahlungsbilanz ausgleichen
grâce à l'accroissement du tourisme	durch den starken Touristenverkehr
les créances douteuses	die zweifelhaften Forderungen
recouvrir qch	etw. eintreiben
amortir les machines	die Maschinen abschreiben
le taux d'amortissement	der Abschreibungssatz
être déprécié (démodé)	entwertet (veraltet) sein
les réserves cachées	die stillen Reserven
liquider qch	etw. auflösen
le capital propre (étranger)	das Eigenkapital (das Fremdkapital)
le capital social	das Grundkapital
le déficit, le bénéfice	der Verlust, der Gewinn
la structure des coûts (frais) variables	die Struktur der variablen Kosten
les frais de matériel	die Materialkosten
les frais de personnel	die Personalkosten
les frais de fabrication	die Produktionskosten
une part des bénéfices	ein Teil des Gewinns
les réserves légales	die gesetzlichen Rücklagen

L'IMPÉRATIF — der Imperativ, die Befehlsform
Les formes de l'impératif — die Formen des Imperativs

VERBEN	2. Pers. Singular	1. Pers. Plural	2. Pers. Plural
donner	donne gib!	donnons laßt uns geben wir wollen geben	donnez gebt!
finir	finis beende!	finissons laßt uns beenden wir wollen beenden	finissez beendet!
vendre	vends verkaufe!	vendons wir wollen verkaufen	vendez verkauft!
avoir	aie habe!	ayons wir wollen haben laßt uns haben	ayez habt!
être	sois sei!	soyons laßt uns sein wir wollen sein	soyez seid!

Notez:
Der Imperativ wird mit der **2. Person Singular** und der **1. und 2. Person Plural Präsens** des Verbs gebildet.

L'emploi de l'impératif — die Anwendung des Imperativs

1. **Montrez**-moi votre passeport.
Zeigen Sie mir Ihren Reisepaß.
Soyez plus calme.
Seien Sie leiser (ruhiger)!
Lisons
Wir wollen lesen.
Ne **parlez** pas.
Sprechen Sie nicht!

Notez:
1. Der Imperativ drückt einen **Befehl, eine Aufforderung** oder **ein Verbot** aus.

2. a) **Faites** attention, il y a certainement des difficultés à surmonter.
Passen Sie auf, es gibt sicher Schwierigkeiten zu überwinden.
b) **Passez** de bonnes vacances sur la Côte d'Azur.
Verleben Sie schöne Ferien an der Côte d'Azur.

2. Der Imperativ kann ebenfalls ausdrücken:
a) **einen Ratschlag,**
b) **einen Wunsch.**

3. **Veuillez** me donner la craie.
Würden Sie mir bitte die Kreide geben?
Ayez la bonté de m'aider.
Haben Sie die Güte (seien Sie bitte so gut), mir zu helfen.
Donnez-moi la craie, **s'il vous plaît.**

3. **Höflichkeitsformen** des Imperativs sind:

veuillez | würden Sie
ayez la bonté| so gut sein

s'il vous plaît — bitte

4. Vous **viendrez** demain, n'est-ce pas? Sie werden morgen kommen, nicht wahr? (!) Vous **réparerez** la voiture aussitôt que possible, n'est-ce pas? (!) Tu **feras** cela, n'est-ce pas? (!) Du wirst das machen, nicht wahr? (!)	4. Der Imperativ, d. h. ein Befehl, kann auch durch das **Futur** ausgedrückt werden.

COURS ELEMENTAIRE

Exercice 1

Mettez les phrases suivantes à l'impératif en utilisant les formules convenables:

Exemple: **ouvrir la fenêtre**
Ouvre la fenêtre.
Ouvre la fenêtre, **s'il te plaît.**
Ouvrons la fenêtre.
Ouvrez la fenêtre, **s'il vous plaît.**
Veuillez ouvrir la fenêtre.
Ayez la bonté d'ouvrir la fenêtre.

1. être plus soigneux
2. ne pas avoir peur
3. être sage
4. épeler ce mot
5. parler plus haut
6. finir cette comédie
7. choisir une carrière
8. vendre la maison
9. prendre courage
10. descendre les Champs-Elysées
11. aller plus vite
12. lire le texte
13. traduire cette phrase
14. parler plus bas
15. écrire ce mot
16. être plus tranquille
17. inviter Gisèle
18. courir plus vite
19. s'en aller
20. boire

Exercice 2

Traduisez en français:

1. Seien Sie doch bitte so freundlich und zeigen mir die Bilder. — 2. Beantworten Sie bitte die Frage. — 3. Schreiben Sie bitte den Brief. — 4. Wir wollen das Haus kaufen. — 5. Seien Sie doch bitte ruhig. — 6. Laßt uns die Metro nehmen. — 7. Seien Sie doch nicht so dumm. — 8. Sie werden es ihm sagen, nicht wahr? (!) — 9. Dürfte ich Sie bitten, mir die Zeitung zu geben. — 10. Würden Sie mir bitte den Weg zum Bahnhof zeigen.

VOCABULAIRE

COURS ELEMENTAIRE

Exercice 1

être soigneux [swaɲə]	sorgfältig sein
être sage [saʒ]	artig, weise, besonnen
épeler le mot [ɛple]	das Wort buchstabieren
se hâter ['ate]	sich beeilen
se faire une idée	sich eine Vorstellung machen

Exercice 2

être tranquille [trãkil]	ruhig sein

LES VERBES TRANSITIFS ET INTRANSITIFS
die transitiven und intransitiven Verben

1. Pierre écrit **une lettre**.
    direktes Objekt
 	
·Pierre schreibt einen Brief.
 	
Nicole chante **une chanson**.
    direktes Objekt
 	
Nicole singt ein Lied.
	Notez:
	1. **Transitive Verben** haben ein **direktes Objekt** nach sich.

2. Elle obéit **à ses parents**.
    präpositionales Objekt
 	
Sie gehorcht ihren Eltern.
 	
Il part **pour la campagne**.
    präpositionales Objekt
 	
Er fährt aufs Land.
	2. **Intransitive Verben** haben ein **präpositionales Objekt** nach sich.

Les verbes transitifs — die transitiven Verben

Notez:
Im Deutschen stehen folgende Verben im Gegensatz zum Französischen in Verbindung mit einem Dativobjekt oder einem präpositionalen Objekt:

aider qn **assister** qn	— jmd. helfen	**fuir** qn, qch	— vor jmd. (etw.) fliehen
applaudir qn	— jmd. Beifall spenden	**menacer** qn	— jmd. drohen
conseiller qch à qn	— jmd. raten	**raconter** qch	— von etw. erzählen
contredire qn	— jmd. wider- sprechen	**se rappeler** qn	— sich an jmd. er- innern
craindre qn (qch)	— sich vor jmd. fürchten	**se rappeler** qch	— sich an etw. er- innern
croire qn	— jmd. glauben	**remercier** qn (de qch)	— sich bei jmd. (für etw.) bedanken
écouter qn	— jmd. zuhören	**rencontrer** qn	— jmd. begegnen
féliciter qn	— jmd. beglück- wünschen	**servir** qn	— jmd. dienen
flatter qn	– jmd. schmeicheln	**suivre** qn etc.	— jmd. folgen

Les verbes intransitifs — die intransitiven Verben

demander à qn	— jmd. fragen, bitten um
s'intéresser à qn (qch)	— sich für jmd. (etw.) interessieren
parler à qn	— jmd. sprechen
répondre à qch	— etw. beantworten

s'attendre à qch	— gefaßt sein auf
mentir à qn	— jmd. belügen
survivre à qn (qch)	— jmd. (etw.) überleben
réfléchir à qch	— über etw. nachdenken

s'agir de	— sich handeln um
s'apercevoir de qch	— etw. bemerken, eine Sache gewahr werden
avoir besoin de qch	— etw. benötigen, brauchen
désespérer de qch	— verzweifeln an
se douter de qch	— etw. ahnen
s'étonner de qch	— sich wundern über
jouir de qch	— etw. genießen

se méfier de qch	— sich vor etw. in acht nehmen
se méfier de qn	— jmd. mißtrauen
se moquer de qn	— sich über jmd. lustig machen
se moquer de qch	— sich über etw. lustig machen
s'occuper de qch	— sich mit etw. beschäftigen
se plaindre de qn	— sich beklagen über
profiter de qch	— aus etw. einen Nutzen ziehen
remercier qn de qch	— jmd. für etw. danken
rire de qn (qch)	— über jmd. (etw.) lachen
se soucier de qn (qch)	— sich sorgen, kümmern um jmd. (etw.)

Les verbes transitifs et intransitifs — die transitiven und intransitiven Verben

Intransitiv	Transitiv
Il **est** déjà **descendu.** Er ist bereits hinuntergegangen. Il **est sorti** à minuit. Er ist 12 Uhr nachts ausgegangen. Qu'est-ce qui s'est passé? Was ist geschehen? Nous **sommes montés** au sommet. Wir haben den Gipfel bestiegen.	Il a descendu **les bagages.** Er hat das Gepäck heruntergeholt (heruntergebracht). Il a sorti **le briquet** de sa poche. Er hat das Feuerzeug aus der Tasche geholt. Nous avons passé **les vacances** en Italie. Wir haben die Ferien in Italien verbracht.
Notez: Es folgt kein direktes Objekt; deshalb wird das Verb mit „être" verbunden.	Il a monté **les bagages** au grenier. Er hat das Gepäck auf den Boden gebracht.

COURS ELEMENTAIRE

Traduisez en français:

1. Ich habe meiner Mutter beim Packen der Sachen geholfen. — 2. Sie haben dem Sieger des Wettbewerbs Beifall gespendet. — 3. Wir haben Robert geraten, auf den Kompromißvorschlag einzugehen. — 4. Er wagte es nicht, seinem Vater zu widersprechen. — 5. Jean hört seinem Freund zu, der gerade eine Rede hält. — 6. Wir beglückwünschten unseren Chef zu seinem Erfolg. — 7. Er versteht es, den Frauen zu schmeicheln. — 8. Er drohte M. Giscard, vom Vertrag zurückzutreten. — 9. Ich erinnere mich gern an die schönen Abende bei Ihnen. — 10. Er dankte seinem Freund für das schöne Geschenk. — 11. Scotland Yard folgte M. Rougon, der das Versteck des Gangsters kannte. — 12. Ich bat meinen Vater um einen Rat. — 13. Er pflegt meine Briefe sofort zu beantworten. — 14. Ich weiß, daß er seine Eltern belügt. — 15. Wir benötigen diesen Kredit dringend. — 16. Es handelt sich um die Auskunft, die Sie mir gegeben haben. — 17. Ich zweifle an seinem Wort. — 18. Ich wundere mich über nichts. — 19. Diese Schule genießt einen ausgezeichneten Ruf. — 20. Ich rate Ihnen, sich vor Marcel in acht zu nehmen. — 21. Er pflegt sich über jeden lustig zu machen. — 22. Er hat aus allem einen Nutzen gezogen. — 23. Man sollte nicht über seine Drohungen lachen. — 24. Er kümmert sich um seine kranke Mutter. — 25. Er hat sich über die Rücksichtslosigkeit von Jacques beklagt. — 26. Wir sind die Champs-Elysées auf- und abgegangen. — 27. Er hat die gestohlene Uhr aus der Tasche geholt. — 28. Er ist in den Keller (hinunter)-gegangen. — 29. Wir sind gestern abend ausgegangen. — 30. Sie hatten den Abend im Kino verbracht.

COURS MOYEN

Traduisez en français:

1. Der Fabrikant hat dem Exporteur geholfen, die Waren auf dem englischen Markt erfolgreich einzuführen. — 2. Wir raten unseren Geschäftsfreunden, ihren Auftrag umgehend zu erteilen, da die Preise in Kürze steigen werden. — 3. Wir bedanken uns für Ihre Glückwünsche anläßlich der Eröffnung unseres Geschäftes. — 4. Wir bedauern, daß wir Ihnen in diesem Punkt widersprechen müssen. — 5. Wir beeilen uns, Ihr Schreiben vom 5. d. M. zu beantworten, für das wir Ihnen danken. — 6. Wir sind an Ihren Artikeln sehr interessiert. — 7. Wir benötigen 500 Flaschen Bordeaux-Wein bis spätestens zum 10. Oktober. — 8. Wir sind über die Art und Weise, in der Sie unseren Auftrag ausgeführt haben, sehr verwundert. — 9. Wir werden uns mit der Beanstandung vom 3. d. M. umgehend befassen. — 10. Können Sir mir sagen, worum es sich hierbei handelt?

COURS SUPERIEUR

Traduisez en français:

1. Die Liberalisierungspolitik der Regierung hat den freien Warenaustausch zum Ziel. — 2. Um den Handel zu liberalisieren, ist es erforderlich, die Währungen frei konvertierbar zu machen und die Zölle und Handelsschranken zu beseitigen. — 3. Der bilaterale Handel ist nach dem Krieg bald durch den multilateralen Handel abgelöst worden. — 4. Die internationale Arbeitsteilung hat zu einer Ausweitung des Welthandels geführt. — 5. Exportländer betreiben oft Dumping, um den ausländischen Konkurrenz auf Auslandsmärkten standhalten zu können. — 6. Um inländische Hersteller vor dem Dumping zu schützen, ergreifen Regierungen Antidumpingmaßnahmen. — 7. Um den Außenhandel zu erleichtern, unterzeichneten sehr viele Staaten im Jahre 1947 das GATT. — 8. Um die Zahlungsbilanz auszugleichen, hat sich die Regierung zur Bewirtschaftung der Devisen entschlossen. — 9. Die Regierung hat das Pfund Sterling abgewertet, um den Export zu fördern. — 10. China hat ein Embargo auf die Einfuhr nationalchinesischer Erzeugnisse verhängt.

VOCABULAIRE

COURS ELEMENTAIRE

emballer les affaires	die Sachen einpacken
le lauréat, le vainqueur	der Sieger
le concours	der Wettbewerb
applaudir	Beifall spenden
conseiller qch à qn	jmd. etw. raten
accepter un compromis	auf einen Kompromiß eingehen
oser	wagen
contredire qn	jmd. widersprechen
faire un discours	eine Rede halten
féliciter qn	jmd. beglückwünschen
le succès	der Erfolg
flatter qn	jmd. schmeicheln
menacer qn	jmd. drohen
annuler le contrat	vom Vertrag zurücktreten
remercier qn	jmd. danken
la cachette	das Versteck
demander un conseil	um einen Rat bitten
avoir besoin de qch	etw. benötigen
le crédit	der Kredit
il s'agit de	es handelt sich um
donner (fournir) un renseignement	eine Auskunft erteilen
douter de qch	an etw. zweifeln
s'étonner (de)	sich wundern (über)
jouir d'une réputation excellente	einen ausgezeichneten Ruf genießen
se méfier de qn	sich vor jmd. in acht nehmen
se moquer de	sich lustig machen über
profiter de qch	aus einer Sache einen Nutzen ziehen
la menace	die Drohung
prendre soin de qch, s'occuper de qn	sich um (etw.) jmd. kümmern
se plaindre de	sich beklagen über
la brutalité	die Rücksichtslosigkeit

COURS MOYEN

introduire des marchandises	Waren einführen
conseiller qch à ses correspondants	seinen Geschäftsfreunden raten
la félicitation	der Glückwunsch
à l'occasion de	anläßlich
contredire qn	jmd. widersprechen
avoir besoin de qch	etw. benötigen
être étonné (surpris)	verwundert (überrascht) sein
s'occuper de qch	sich mit etw. befassen
la réclamation	die Reklamation, Beanstandung

COURS SUPERIEUR

la politique de libéralisation	die Liberalisierungspolitik
avoir pour but	zum Ziel haben
échanger librement	frei austauschen (freier Waren-austausch)
rendre les monnaies convertibles	die Währungen konvertierbar machen
supprimer les barrières douanières et commerciales	die Zoll- und Handelsschranken beseitigen
le commerce bilatéral (multilatéral)	der bilaterale (multilaterale) Handel
être remplacé par qch	abgelöst werden durch etw.
la division du travail	die Arbeitsteilung
une expansion du commerce	eine Ausweitung des Handels
provoquer qch	etw. verursachen, führen zu
soutenir la concurrence	der Konkurrenz standhalten
pratiquer le dumping	Dumping betreiben
protéger qn de qch	jmd. vor etw. schützen
prendre des mesures anti-dumping	Antidumpingmaßnahmen ergreifen
faciliter le commerce international	den Außenhandel erleichtern
l'Accord Général sur les Tarifs douaniers et le Commerce	das GATT
équilibrer la balance des paiements	die Zahlungsbilanz ausgleichen
contrôler les devises	die Devisen kontrollieren
dévaluer la livre anglaise	das engl. Pfund abwerten
encourager l'exportation	den Export fördern
mettre un embargo sur qch	ein Embargo verhängen auf

LES VERBES IMPERSONNELS — die unpersönlichen Verben

Il pleut. Es regnet.	**Notez:**
Il neige. Es schneit.	Die unpersönlichen Verben beziehen sich hauptsächlich auf **Zeitangaben** u. **Naturerscheinungen.**
Il gèle. Es friert.	**il faut** — es ist nötig, man muß
Il fait chaud (froid). Es ist warm (kalt).	**il fait beau** — es ist schön **il fait mauvais** — es ist schlechtes Wetter **il fait beau temps** — es ist schönes Wetter
Il est quatre heures. Es ist vier Uhr.	**il fait du vent** — es ist windig **il fait sombre** — es ist dunkel
Il faut tenir compte de son âge. Man muß auf sein Alter Rücksicht nehmen.	**quelle heure est-il?** — wieviel Uhr ist es? **il est huit heures** — es ist 8 Uhr **il est midi (minuit)** — es ist 12 Uhr, Mittag, Mitternacht **il est temps de** — es ist Zeit **il y a** — es gibt, es befindet sich **il me faut qch** — ich brauche etw.

En français des verbes personnels — en allemand des verbes impersonnels

je manque de qch qch me manque	— mir fehlt etw., ich benötige etw.
j'ai chaud (froid)	— mir ist warm (kalt)
je vais bien (mal)	— mir geht es gut (schlecht)
je suis heureux (content)	— es freut mich
je suis fâché que	— es ärgert mich, daß
j'arrive ⎫ je réussis ⎬ à faire qch	— es gelingt mir, etw. zu tun
on sonne	— es läutet

COURS ELEMENTAIRE

Exercice 1

Répondez aux questions suivantes:

Quand utilisez-vous:

un parapluie? des skis? le chauffage central? des lunettes de soleil? un costume de sport?

Exercice 2

Traduisez en français:

1. Es fehlt mir 1 Franc, um das Schloß besichtigen zu können. — 2. Kann ich mir die Jacke ausziehen? Mir ist warm. — 3. Es freut mich zu hören, daß es Ihnen gut geht. — 4. Es ärgert mich, daß er mir nichts gesagt hat. — 5. Es gelang mir, Marcel von der Richtigkeit unseres Vorhabens zu überzeugen. — 6. Es läutet, würden Sie bitte aufmachen. — 7. Wir werden auf die schlechte wirtschaftliche Lage von Herrn Müller Rücksicht nehmen. — 8. Schau, es schneit! — 9. Es ist sechs Uhr, du mußt aufstehen! — 10. Es ist Zeit aufzubrechen.

VOCABULAIRE

COURS ELEMENTAIRE

Exercice 1

le parapluie	der Regenschirm
le chauffage central	die Zentralheizung
les lunettes de soleil	die Sonnenbrille
un costume de sport	ein Sportanzug

Exercice 2

enlever le veston	die Jacke ausziehen
je suis fâché	es ärgert mich
convaincre qn	jmd. überzeugen
l'exactitude	die Richtigkeit
la situation économique	die wirtschaftliche Lage
tenir compte de	Rücksicht nehmen auf
partir	aufbrechen

LE SUBJONCTIF — der Konjunktiv

La formation du subjonctif — die Bildung des Konjunktivs

LE SUBJONCTIF PRESENT — der Konjunktiv Präsens

Règle fondamentale — Grundregel

Subjonctif présent		
Man.hängt an den **Stamm** der **3. Pers. Plural Präsens**		die **Endungen**
ils **ferm**/ent	que je ⎞ **ferm-**	**E**
ils **finiss**/ent	tu ⎪ **finiss-**	**ES**
ils **vend**/ent	il ⎟ **vend-**	**E**
ils **cour**/ent	nous ⎧ **cour-**	**IONS**
ils **conduis**/ent	vous ⎨ **conduis-**	**IEZ**
ils **connaiss**/ent	ils ⎩ **connaiss-**	**ENT**

Man merke sich:

Diese Regel gilt ebenfalls für die Bildung des Konjunktivs Präsens der unregelmäßigen Verben.

Eine Ausnahme machen lediglich folgende Verben: aller, avoir, être, faire, falloir, pouvoir, savoir und vouloir.

Le présent de «être» et «avoir» — das Präsens von „être" und „avoir"

être		avoir	
que je	sois	que j'	aie
que tu	sois	que tu	aies
qu'il	soit	qu'il	ait
qu'elle	soit	qu'elle	ait
que nous	soyons	que nous	ayons
que vous	soyez	que vous	ayez
qu'ils	soient	qu'ils	aient
qu'elles	soient	qu'elles	aient

Formation spéciale — Sonderformen

aller	que j'aille	— que nous allions	— qu'ils aillent
faire	que je fasse	— que nous fassions	— qu'ils fassent
falloir	qu'il faille (impersonnel: il faut)		
pouvoir	que je puisse	— que nous puissions	— qu'ils puissent
savoir	que je sache	— que nous sachions	— qu'ils sachent
valoir	que je vaille	— que nous valions	— qu'ils vaillent
vouloir	que je veuille	— que nous voulions	— qu'ils veuillent

COURS ELEMENTAIRE

Exercice 1

Conjuguez les verbes suivants à toutes les personnes:

a) parler, choisir, vendre, montrer, finir, rendre, accompagner

b) produire, dire, recevoir, connaître, croire, partir, venir, voir, écrire, tenir, craindre, envoyer, tenir

c) faire, avoir, aller, être, vouloir, savoir, pouvoir, valoir

Exercice 2

Traduisez les formes suivantes en français:

1. daß wir sprechen	16. daß ich muß
2. daß du beendest	17. daß ihr ausgeht
3. daß er raucht	18. daß er schreibt
4. daß ich komme	19. daß er macht
5. daß sie wählen	20. daß du liest
6. daß sie schreibt	21. daß wir öffnen
7. daß wir hören	22. daß ich kann
8. daß du zuhörst	23. daß sie nehmen
9. daß sie gehen	24. daß du lernst
10. daß er trinkt	25. daß wir erhalten
11. daß sie kennen	26. daß sie wissen
12. daß ihr lauft	27. daß er hält
13. daß du fürchtest	28. daß sie sieht
14. daß sie glauben	29. daß ich will
15. daß wir sagen	30. daß du kommst

LE SUBJONCTIF IMPARFAIT — der Konjunktiv Imperfekt

Man merke sich:

1. Der Konjunktiv Imperfekt ist nur noch in literarischen Texten zu finden, in der Umgangssprache wird er durch den Konjunktiv Präsens ersetzt. (Der Konjunktiv Imperfekt stirbt aus.)

2. **Die Bildung des Konjunktivs Imperfekt:**
   Bei allen Verben verwende man die **2. Person Singular** des **„passé simple"** und ersetze „s" durch **„sses"** (z. B. que tu pri**sses,** que tu fu**sses**).

passé simple	subjonctif imparfait
tu aimas	que j'aimasse
tu finis	que je finisse
tu offris	que j'offrisse
tu reçus	que je reçusse
tu rendis	que je rendisse

Les conjugaisons

parler	finir	rendre
que je parlasse	que je finisse	que je rendisse
que tu parlasses	que tu finisses	que tu rendisses
qu'il parlât	qu'il finît	qu'il rendît
que nous parlassions	que nous finissions	que nous rendissions
que vous parlassiez	que vous finissiez	que vous rendissiez
qu'ils parlassent	qu'ils finissent	qu'ils rendissent

recevoir	être	avoir
que je reçusse	que je fusse	que j'eusse
que tu reçusses	que tu fusses	que tu eusses
qu'il reçût	qu'il fût	qu'il eût
que nous reçussions	qu'elle fût	qu'elle eût
que vous reçussiez	que nous fussions	que nous eussions
qu'ils reçussent	que vous fussiez	que vous eussiez
	qu'ils fussent	qu'ils eussent
	qu'elles fussent	qu'elles eussent

Exercice 3

Conjuguez à toutes les personnes:
fermer, montrer, finir, obéir, descendre, comprendre, connaître, croire

Exercice 4

Mettez les formes de l'exercice No. 2 au subjonctif imparfait.

LE SUBJONCTIF PASSÉ (ACTIF)
der Konjunktiv Perfekt (Aktiv)

LE SUBJONCTIF PLUS-QUE-PARFAIT (ACTIF)
der Konjunktiv Plusquamperfekt (Aktiv)

le subjonctif passé	le subjonctif plus-que-parfait
que j'aie été daß ich gewesen sei	**que j'eusse été** daß ich gewesen wäre
que j'aie eu daß ich gehabt habe	**que j'eusse eu** daß ich gehabt hätte
que j'aie parlé daß ich gesprochen habe	**que j'eusse parlé** daß ich gesprochen hätte
que je sois parti(e) daß ich abgereist sei	**que je fusse parti(e)** daß ich (ab-)gereist wäre
que je me sois décidé(e) daß ich mich entschlossen habe	**que je me fusse décidé(e)** daß ich mich entschieden hätte

LE SUBJONCTIF PASSIF — der Konjunktiv Passiv

Présent	**que je sois demandé(e)** daß ich gefragt werde	
Imparfait	**que je fusse demandé(e)** daß ich gefragt würde	**Man merke sich:** Das Passiv (Konjunktiv) wird gebildet mit:
Passé (composé)	**que j'aie été demandé(e)** daß ich gefragt worden sei	ETRE (Konjunktiv) + **2. Partizip.**
Plus-que-parfait	**que j'eusse été demandé(e)** daß ich gefragt worden wäre	

Exercice 5

Conjuguez à toutes les personnes:

que j'aie été	que j'eusse été
que j'aie eu	que j'eusse eu
que j'aie appelé	que j'eusse appelé
que je sois sorti(e)	que je fusse sorti(e)
que je me sois décidé(e)	que je me fusse décidé(e)

Exercice 6

Mettez les verbes des phrases suivantes à l'imparfait, au passé composé et au plus-que-parfait.

1. (qu') il soit interrogé par l'agent de police.
2. (que) je sois examiné par mon professeur.
3. (qu') ils soient accompagnés de M. Marcel.
4. (qu') il soit aidé par sa mère.
5. (qu') elle soit aimée de tout le monde.
6. (que) nous soyons présentés aux étrangers.
7. (que) vous soyez examiné par le directeur.
8. (qu') elles soient attendues à l'Opéra.
9. (que) Gisèle soit soignée par son ami.
10. (que) la voiture soit réparée par le mécanicien.

Exercice 7

Traduisez en français en mettant les phrases à l'interrogatif:

1. er glaubt(e), daß sie gesungen habe (hätte) — 2. sie glaubt(e), daß wir gewählt haben (hätten) — 3. er glaubt(e), daß sie es verstanden haben (hätten) — 4. er glaubt(e), daß ihr gegangen seid (wäret) — 5. er gaubt(e), daß du es gehört hast (hättest) — 6. er glaubt(e), daß er sich entschlossen habe (hätte) — 7. er glaubt(e), daß ihr es beendet habt (hättet) — 8. er glaubt(e), daß du es gelernt hast (hättest) — 9. er gaubt(e), daß sie angekommen seien (wären)

L'emploi du subjonctif — die Anwendung des Konjunktivs

> Der Konjunktiv ist der Modus der **Willensäußerung, der Möglichkeit, der Annahme, der Unwahrscheinlichkeit, der zweifelnden Aussage** und des **persönlichen Empfindens.**
>
> **Man merke sich:**
>
> 1 Der Konjunktiv drückt sich **im Gesicht** eines Menschen aus — **es bestehen Zweifel an etwas.**
> 2. Man hat eine Idee — **die Verwirklichung ist ungewiß.**
> 3. Man drückt eine **persönliche** Vorstellung (Gedanken) aus. **Die Verwirklichung ist ungewiß.**

Je préfère qu'il **vienne** demain. Ich ziehe es vor, daß er morgen kommt. Je désire qu'il **fasse** ses devoirs tout de suite. Il permet que je **dise** la vérité.	**Man merke sich:** Der Konjunktiv der Willensäußerung steht im Nebensatz nach Verben, die einen **Wunsch, Befehl,** ein **Verbot,** eine **Absicht** oder eine **Erlaubnis** beinhalten.

Solche Verben sind:

vouloir	— wollen	permettre	— erlauben
souhaiter	— wünschen	prier	— bitten
désirer	— wünschen	attendre que	— abwarten bis
préférer	— bevorzugen	éviter	— vermeiden
aimer mieux	— etw. lieber wollen	empêcher	— verhindern
demander	— verlangen	tolérer	— dulden
défendre	— verbieten	tenir à ce que	— darauf Wert legen, daß
commander	— befehlen	exiger u. a.	— fordern

Il faut que tu **traduises** la phrase encore une fois. Il est nécessaire que vous **soyez** plus tranquilles.	**Man merke sich:** Der Konjunktiv steht nach den unpersönlichen Verben, die eine **Forderung, Billigung, Mißbilligung** usw. ausdrücken.

Solche Verben sind:

il faut que	— es ist nötig	il importe que	— es ist wichtig
il convient que	— es schickt sich	il est nécessaire que	— es ist notwendig
il est bon que	— es ist gut	il est important que	— es ist wichtig
il est juste que	— es ist gerecht	il vaut mieux que	— es ist besser
il est naturel que	— es ist natürlich	il est temps que	— es ist Zeit
il est essentiel que	— es ist wesentlich		

Je suis heureux qu'il **revienne** demain. Nous regrettons que votre frère **soit** malade. Nous sommes étonnés que vous ne **sachiez** davantage de français.	**Man merke sich:** Der Konjunktiv steht nach Verben, die eine **Furcht, Freude,** eine **Gemütsbewegung,** ein **persönliches Empfinden** beinhalten.

Solche Verben sind:

être heureux être content	} — sich freuen	c'est dommage	— es ist schade
être ravi être enchanté	} — entzückt sein	se plaindre (de)	— sich beklagen (über)
avoir peur craindre	} — fürchten	regretter	— bedauern, bereuen
être surpris	— überrascht sein	être triste	— betrübt sein
être étonné	— erstaunt sein	se réjouir (de)	— sich freuen (über)
s'étonner	— sich wundern	avoir honte de	— sich schämen
je suis fâché	— es tut mir leid, ich bin böse	u. a.	

Nach „**bejahendem**" craindre steht im Nebensatz vor dem Zeitwort ein unübersetzbares „**ne**": je crains qu'elle **ne** soit pas absente. Aber: je ne crains pas qu'elle soit absente.

Je doute qu'il me **connaisse.** Ich bezweifle, daß er mich kennt. Il est possible qu'il **ait** raison. Es ist möglich, daß er recht hat. Il se peut que Paul **soit** malade. Es ist möglich, daß Paul krank ist.	**Man merke sich:** Der Konjunktiv der persönlichen Stellungnahme oder der zweifelnden Aussage steht nach Ausdrücken des **Sagens** und **Denkens. Diese besagen, daß etwas zweifelhaft ist.** Ist eine Aussage als sicher oder wahrscheinlich zu werten, so steht der Indikativ.

Solche Verben sind:

douter	— zweifeln	il est douteux	— es ist zweifelhaft
ignorer	– nicht wissen	il est possible	— es ist möglich
il se peut	— es ist möglich	il est impossible	— es ist unmöglich
il semble	— es scheint	u. a.	

Crois-tu qu'il **réussisse** l'examen?

Je ne pense pas qu'il **parte**.

Man merke sich:
Der Konjunktiv steht, wenn die Verben des Sagens, Denkens und Glaubens in der **verneinten** oder **fragenden** Form stehen und der Nebensatz mit „que" eine **Ungewißheit** enthält.

Konjunktiv:	wenn etw. unsicher ist
Indikativ:	wenn etw. sicher, gewiß ist

affirmer assurer }	— versichern	penser	— denken, glauben
dire	— sagen	prétendre	— behaupten
avouer	— eingestehen	soutenir	— behaupten
déclarer	— erklären	savoir	— wissen
croire	— glauben	être d'avis	— der Meinung sein
jurer	— schwören	s'imaginer se figurer }	— sich einbilden
ignorer	— nicht wissen		

---

1. Je travaille afin que mon fils **ait** de l'argent.
2. Je lis jusqu'à ce qu'il **vienne**.
   Je lis avant qu'il ne **vienne**.
3. Je prends mon parapluie de peur qu'il **ne pleuve**.
   Ich nehme meinen Regenschirm aus Angst, daß es regnet.
4. Nous sortons quoiqu'il **fasse** bien chaud.
   Nous sortons à moins qu'il ne **fasse** (pas) trop chaud.
5. Nous sortirons pourvu qu'il (à condition qu'il) ne **pleuve** pas.
   Nous sortirons à condition qu'il **fasse** beau.
6. Parlez de façon qu'on **puisse** vous comprendre.

Man merke sich:
Der Konjunktiv steht nach folgenden Konjunktionen:
1. **afin que pour que** } — damit (ABSICHT)
2. **en attendant que** — bis daß
   avant que (ne) — bevor
   jusqu'à ce que — bis daß
3. **de peur que** — aus Angst, daß
   de crainte que ne ...
4. **quoique bien que** } — obwohl
   à moins que ne ... — sofern, nicht
5. **pourvu que** — vorausgesetzt, daß
   à condition que — unter der Bedingung, daß
6. **de façon que de manière que de telle sorte que** } — so, daß
   u. a.

Nach den Konjunktionen:

quand, lorsque, comme — als, **dès que, aussitôt que** — sobald als, **après que** — nachdem, **pendant que** — während, **à peine** ... **que** — kaum, **parce que** — weil, **puisque** — da ja, **si** — wenn

steht der **Indikativ**.

a) C'est le **seul** chèque que nous **ayons.** Das ist der einzige Scheck, den wir haben. b) Il n'y a **personne** qui **soit** aussi riche que lui. Es gibt niemanden, der so reich ist wie er. c) **En quoi** que ce **soit** je t'aiderai. Was auch immer es sei, ich werde dir helfen. **Où qu**'il **soit,** je le trouverai. Wo er auch sein mag, ich werde ihn finden.	**Man merke sich:** Der Konjunktiv steht in **Relativsätzen,** wenn a) ein **Superlativ, le premier, le dernier, seul** etc. vorangehen; b) Ausdrücke wie „**rien**", „**personne**" vorangehen; c) folgende Wörter vorangehen: **qui que** — wer auch immer **quoi que** — was auch immer **quelque que** — welcher auch immer **où que** — wo auch immer

Valeur des temps du subjonctif dans les subordonnés

Die Zeiten des Konjunktivs in Nebensätzen (Zeitenfolge)

In Nebensätzen hängt die Zeit des Konjunktivs von der Zeit des Verbs im Hauptsatz ab. (Zeitenfolge)

Hauptsatz	Nebensatz	Beispiel
Präsens oder **Futur**	**Präsens** bei derzeitiger oder zukünftiger Handlung **Perfekt** bei abgeschlossener Handlung	Je **doute** qu'ils **aient** assez de courage. Ich bezweifle, daß sie genügend Mut haben. Demain je vous **demanderai** que vous **restiez** ici. Je **doute** qu'ils **aient eu** assez de courage. Demain **j'exigerai** que vous **ayez terminé** le travail à 7 heures.
Imperfekt, Perfekt oder **Konditional**	**Imperfekt**[1] gleichzeitige Handlung **Plusquamperfekt** vorangehende Handlung	Je **voudrais** qu'il **eût** assez de courage. Je **souhaiterais** qu'elle **fût arrivée** à temps.

[1] In diesem Fall setzt sich der Konjunktiv Präsens immer mehr durch.

WO IMMER AUCH MÖGLICH, VERSUCHE MAN, DEN KONJUNKTIV DURCH DEN INDIKATIV ODER DURCH EINEN INFINITIV(SATZ) ZU ERSETZEN!
(Il faut que tu viennes. = Tu dois venir. Il prétend qu'il me connaisse. = Il prétend me connaître.)

Accordez les verbes entre parenthèses:

Exemple: je veux que tu (prendre) l'avion.
je veux que tu **prennes** l'avion.

1. Je préfère que tu (faire) la vaisselle.
2. Nous souhaitons que vous (ranger) vos affaires tout de suite.
3. Il demande que nous (prendre) le métro au lieu de l'autobus.
4. Il permet que je (faire) du ski nautique, n'est-ce pas?
5. Il souhaite que les nouvelles (être) bonnes.
6. J'aime mieux que vous (manger) du riz et (boire) du thé.
7. Nous voulons qu'il nous (tenir) au courant.
8. Je préfère qu'elle (prendre) ses vacances en Angleterre cette année.
9. Il demande que nous nous (arrêter) au premier poste d'essence.
10. Paul veut que Janine (finir) cette comédie.
11. Il faut que vous (prendre) des mesures.
12. Il est nécessaire qu'il lui (dire) la vérité.
13. Il est temps que tu le (savoir).
14. Il importe qu'il (décrire) l'assassin.
15. Nous sommes heureux qu'il (atteindre) le but.
16. Je suis content qu'il ne (perdre) pas de vue son but.
17. J'espère que cela vous (mener) jusqu'au bout.
18. Je crains qu'il ne (oublier) le billet.
19. Nous avons peur qu'il ne (réussir) pas à l'examen.
20. Je suis fâché que tu (attendre) si longtemps.
21. C'est dommage que cette voiture ne vous (convenir) pas.
22. Je regrette que vous ne (arriver) pas plus tôt.
23. Nous sommes surpris qu'ils (venir) nous chercher à l'aéroport.
24. Je suis enchanté qu'elle me (avoir) écrit.
25. Il est possible qu'il ne (revenir) plus.
26. Il se peut qu'elle (partir) demain.
27. Crois-tu qu'il y (aller)?
28. Je ne crois pas qu'ils (vouloir) sortir ce soir.
29. Es-tu d'avis qu'il (pouvoir) nous aider?
30. Est-ce qu'il craint qu'elle ne (s'être) trompée?
31. Pensez-vous qu'il(s) (connaître) tous les détails de cette affaire?
32. Voulez-vous qu'il (faire) son devoir?
33. Est-ce qu'il espère que son frère (revenir) de l'expédition.
34. Je suis heureux que vous (accepter) mon invitation..
35. Il faudra que tu (prendre part) à la conférence.
36. Nous restons à Paris, jusqu'à ce que l'affaire (être) dans le sac.
37. Vous devez écrire de façon que je (pouvoir) lire votre lettre.
38. Elle apprend l'anglais afin qu'elle (pouvoir) comprendre les Anglais.
39. Je vais consulter le docteur avant qu'il ne (être) trop tard.
40. Quoiqu'il (savoir) son métier il n'a pas beaucoup de succès.
41. Faites cela de manière à ce qu'il ne se (plaindre) pas de vous.
42. J'achèterai la voiture à condition que vous en (réduire) le prix.
43. Je lui obéis de peur qu'il ne (dire) cela à mes parents.
44. Paris est la plus belle ville que je (voir).
45. Marcel était le dernier qui (quitter) la partie.
46. C'est le livre le plus intéressant que je (lire).
47. Louis était le premier qui (avoir) nouvelle de l'accident.
48. Il est le seul ami que je (avoir) à Paris.
49. Qui que ce (être), il sera arrêté.
50. Où que tu (aller), je t'accompagnerai.

COURS MOYEN

Traduisez en français:

1. Der Exporteur wünscht, daß ein bestätigtes, unwiderrufliches Akkreditiv zu seinen Gunsten eröffnet wird. — 2. Wir legen Wert darauf, daß der Liefertermin genau eingehalten wird. — 3. Vermeiden Sie bitte, daß der Kunde von diesem Vorfall erfährt. — 4. Wir bedauern zu hören, daß die Sendung Grund zur Beanstandung gegeben hat. — 5. Wir sind erstaunt, daß die Qualität keinesfalls so gut wie früher ist. — 6. Wir befürchten, daß wir den Kunden verlieren. — 7. Wir bedauern, daß diese Ware unverkäuflich ist. — 8. Wir glauben nicht, daß die Firma Schadensersatz fordert. — 9. Es ist unbedingt erforderlich, daß die Zollbestimmungen genau befolgt werden. — 10. Wir sind erfreut zu hören, daß die Devisenbewirtschaftung aufgehoben worden ist. — 11. Der Importeur beschwert sich darüber, daß die Qualität der Waren nicht den zugesandten Mustern entspricht. — 12. Es ist möglich, daß die Versicherungsgesellschaft für den Schaden aufkommt. — 13. Wir möchten erst einmal Auskunft über die betreffende Firma einholen, bevor wir uns entschließen, ihr einen Kredit zu gewähren. — 14. Wir werden die Waren unter der Bedingung behalten, daß Sie uns einen Preisnachlaß von 20 % gewähren. — 15. Es ist möglich, daß der Importeur Sie für den erlittenen Schaden haftbar macht. — 16. Glauben Sie, daß die Waren auf dem Transport beschädigt worden sind? — 17. Wir bezweifeln, daß die Sendung rechtzeitig eintrifft. — 18. Wir wünschen, daß die Bank den Scheck einzieht. — 19. Wir bedauern, daß der Auftrag nicht mit der erforderlichen Sorgfalt ausgeführt worden ist. — 20. Es ist wichtig, daß eine umfangreiche Werbung für diesen neuen Artikel gestartet wird.

COURS SUPERIEUR

Traduisez en français:

1. Es ist notwendig, daß die Firma eine intensive Werbekampagne durchführt, um den Umsatz zu steigern. — 2. Es ist wichtig, daß Sie mit Hilfe von Werbefilmen, Plakaten, Lichtreklame, Schaufensterauslagen, Warenproben, Werbeschreiben, Postwurfsendungen, Werbeblättern, Rundschreiben, Fernsehwerbung usw. werben, um Ihre Artikel auf dem Markt bekannt zu machen. — 3. Viele Arbeiter fürchten, daß sie ihre Arbeitsplätze verlieren, da viele Industriebetriebe auf Automation umstellen. — 4. Die Gewerkschaften legen Wert darauf, daß die Löhne der wirtschaftlichen Entwicklung ständig angepaßt werden. — 5. Die Gewerkschaften fordern, daß in der Bundesrepublik Deutschland das Mitbestimmungsrecht eingeführt wird. — 6. Die Gewerkschaften fürchten, daß es zwecklos ist, Lohnforderungen mit Hilfe von wilden Streiks durchzusetzen. — 7. Obwohl der Arbeitgeber- und Arbeitnehmerverband bereit waren, Tarifverhandlungen aufzunehmen, scheiterten diese. — 8. Die Regierung fürchtet, daß Arbeitslosigkeit unvermeidbar ist. — 9. Die Arbeiter nahmen die Arbeit unter der Bedingung wieder auf, daß die Direktion die Löhne um 10 % erhöht. — 10. Es ist möglich, daß die Gewerkschaften einen Streik ausrufen und daß sich die Betriebsleitung entschließt, die Arbeiter auszusperren. — 11. Es ist möglich, daß die deutsche Industrie die Nachfrage wegen der Ölkrise nicht decken kann. — 12. Glauben Sie, daß das Sozialprodukt aufgrund der Rezession zurückgeht?

VOCABULAIRE

COURS ELEMENTAIRE

Exercice 6

interroger qn	jmd. befragen, verhören
soigner qn	jmd. pflegen
le mécanicien	der Mechaniker

Exercice 8

faire la vaisselle	abwaschen
ranger les affaires	die Sachen in Ordnung bringen, etw. erledigen
faire du ski nautique	Wasserski laufen
tenir qn au courant de	jmd. auf dem laufenden halten
le poste d'essence	die Tankstelle
prendre des mesures	Maßnahmen ergreifen
décrire l'assassin	den (Meuchel)mörder beschreiben
atteindre le but	das Ziel erreichen
mener jusqu'au bout	zum Ziel führen
réussir (à)	gelingen
réussir à l'examen	das Examen bestehen
convenir	zusagen, gefallen
être d'avis	der Meinung sein
prendre part à	teilnehmen an
connaître son métier	seine Sache (Beruf) beherrschen
réduire le prix	den Preis senken
quitter la partie	die Party verlassen
avoir des nouvelles de qch (qn)	Nachricht von etw. (jmd.) erhalten

COURS MOYEN

ouvrir un crédit documentaire confirmé et irrévocable	ein bestätigtes, unwiderrufliches Akkreditiv eröffnen
en faveur de	zugunsten von
tenir à	Wert legen auf
observer le délai de livraison	den Liefertermin einhalten
éviter qch	etw. vermeiden
l'incident, l'affaire	der Zwischenfall, die Angelegenheit
donner lieu à réclamation	Grund zur Beanstandung geben
être étonné (surpris)	erstaunt (überrascht) sein
être invendable	unverkäuflich sein
réclamer des dommages-intérêts	Schadenersatz fordern
observer rigoureusement les formalités douanières	die Zollbestimmungen genau einhalten
abolir le contrôle des devises	die Devisenbewirtschaftung aufheben
être conforme à (répondre à) qch	einer Sache entsprechen

payer (supporter) le dommage	für den Schaden aufkommen
prendre des renseignements sur	Auskunft einholen über
garder (retenir) les marchandises	die Waren behalten
accorder une réduction	einen Preisnachlaß gewähren
rendre qn responsable de	jmd. verantwortlich (haftbar) machen für
la perte subie	der erlittene Schaden, Verlust
être endommagé	beschädigt sein
encaisser le chèque	den Scheck einziehen
exécuter qch avec le plus grand soin	etw. mit der größten Sorgfalt ausführen
une campagne de publicité (lancer)	eine Werbekampagne (durchführen)

COURS SUPERIEUR

augmenter le chiffre d'affaires	den Umsatz steigern
le film publicitaire	der Werbefilm
l'affichage (m)	Plakate (Plakatierung)
la publicité lumineuse	die Lichtreklame
les étalages (m)	die Schaufensterauslagen
la lettre publicitaire	das Werbeschreiben
l'envoi postal collectif	die Postwurfsendung
la publicité télévisée	Fernsehwerbung
le poste, le travail	der Arbeitsplatz, die Stelle
être en train (de)	im Begriff sein, dabei sein
convertir la production	die Produktion umstellen
l'automation (f)	die Automation
le syndicat	die Gewerkschaft
tenir à	Wert legen auf
les syndicats ouvriers	die Arbeitnehmerverbände
le droit de cogestion	das Mitbestimmungsrecht
être inutile	zwecklos sein
réclamer des salaires plus élevés	höhere Löhne fordern
la grève sauvage	der wilde Streik
le syndicat patronal	der Arbeitgeberverband
ouvrir des négociations tarifaires	Tarifverhandlungen aufnehmen
échouer	scheitern
être inévitable	unvermeidbar sein
reprendre le travail	die Arbeit wiederaufnehmen
augmenter les salaires (m)	die Löhne erhöhen
lancer l'ordre de grève	zum Streik aufrufen
faire un lock-out	jmd. aussperren
satisfaire la demande	die Nachfrage decken
la crise de l'énergie	die Ölkrise, Energiekrise
le produit national brut	das Bruttosozialprodukt
diminuer	zurückgehen, sich vermindern

VERBES EN «ER» (PARTICULARITES)
Besonderheiten in der Rechtschreibung

1. Verbes en «-cer», «-ger» — Verben auf „-cer", „-ger"

Infinit. Präs.	placer	manger
Indik. Präs.	je place, il place nous plaçons, ils placent	je mange, il mange nous mangeons, ils mangent
Imperfekt	je plaçais, nous placions	je mangeais, nous mangions
Futur	je placerai, nous placerons	je mangerai etc.
Partizipien	plaçant, placé	mangeant, mangé

Notez:

1. Die Verben auf „-cer" erhalten ein **cédille** vor „a" und „o".
2. Die Verben auf „-ger" erhalten ein „e" nach „g", vor „a" und „o".
3. **Ebenso:**

annoncer	— ankündigen	diriger	— lenken, leiten, richten
commencer	— beginnen	s'engager	— sich verpflichten
menacer	— bedrohen	plonger	— tauchen
placer	— setzen, stellen, legen	partager songer	— teilen — träumen
prononcer	— aussprechen	changer	— ändern, wechseln
remplacer	— ersetzen	corriger	— verbessern
u. a.		u. a.	

2. Verbes en «-yer», «-ayer» — Verben auf „-yer", „-ayer"

Infinit. Präs.	nettoyer	payer
Indik. Präs.	je nettoie, il nettoie nous nettoyons, ils nettoient	je paie, il paie nous payons, ils paient
Imperfekt	je nettoyais, nous nettoyions	je payais, nous payions
Futur	je nettoierai, ns. nettoierons	je payerai (paierai)
Partizipien	nettoyant, nettoyé	payant, payé

Notez:

1. Die Verben auf „-yer" verändern das „y" in „i" **vor** einem **stummen** „e".
2. Für die Verben auf „-ayer" gilt **dasselbe,** obwohl auch die Schreibweise mit dem „y" nicht falsch ist.
3. **Ebenso:**

envoyer	— schicken	ennuyer	— langweilen
employer	— anwenden, verwenden	essayer	— versuchen
			u. a.

3. Verbes en «-eler» — Verben auf „-eler"

Infinit. Präs.	appeler	peler
Indik. Präs.	j'appelle, il appelle nous appelons, ils appellent	je pèle, il pèle nous pelons, ils pèlent
Imperfekt	j'appelais, nous appelions	je pelais, nous pelions
Futur	j'appellerai, ns. appellerons	je pèlerai, nous pèlerons
Partizipien	appelant, appelé	pelant, pelé

Notez:

1. Die Verben auf „-eler" verdoppeln das „l" vor einer Silbe, die ein **stummes** „e" enthält.
   Ausnahmen: geler, peler, modeler u. a. — diese verdoppeln das „l" **nicht,** das „e" verändert sich zu „è".
2. **Ebenso** wie **appeler** wird **épeler** (buchstabieren) konjugiert.

4. Verbes en «-eter» — Verben auf „-eter"

Infinit. Präs.	jeter	acheter
Indik. Präs.	je jette, il jette nous jetons, ils jettent	j'achète, il achète nous achetons, ils achètent
Imperfekt	je jetais, nous jetions	j'achetais, nous achetions
Futur	je jetterai, nous jetterons	j'achèterai, nous achèterons
Partizipien	jetant, jeté	achetant, acheté

Notez:

1. Die Verben auf „-eter" verdoppeln das „t" vor einer Silbe, die ein **stummes** „e" enthält.
   Ausnahme: acheter, racheter u. a.

5. D'autres verbes contenant des particularités

Infinit. Präs.	peser	préférer
Indik. Präs.	je pèse, il pèse nous pesons, ils pèsent	je préfère, il préfère nous préférons, ils préfèrent
Imperfekt	je pesais, nous pesions	je préférais, nous préférions
Futur	je pèserai, nous pèserons	je préférerai, ns. préférerons
Partizipien	pesant, pesé	préférant, préféré

Notez:

1. **Die Verben mit einem stummen „e"** in der Stammsilbe wandeln das **stumme „e"** in stammbetonten Formen in **offenes „e" (è)** um.

   Solche Verben sind:

peser	— wiegen	acheter	— kaufen
lever	— (auf-)heben	semer	— säen
geler	— frieren	peler	— schälen
emmener	— wegführen, mitnehmen	modeler	— modellieren
		amener	— herbeiführen u. a.

2. **Die Verben mit geschlossenem „e" (é) und folgendem Konsonanten in der letzten Stammsilbe** verwandeln das „é" in **stammbetonten** Formen in „è". Im Futur und Konditional behalten sie die Schreibung „é" bei.

   Solche Verben sind:

préférer	— bevorzugen	céder	— nachgeben
répéter	— wiederholen	posséder	— besitzen
espérer	— hoffen	révéler	— enthüllen u. a.

COURS ELEMENTAIRE

Exercice

Faites des phrases en employant:

    a) la première personne du singulier du présent
    b) la première personne du pluriel du présent
    c) la troisième personne du pluriel du présent
    d) la première personne du singulier de l'imparfait
    e) la première personne du singulier du futur
    f) la première personne du pluriel du futur

Exemple:	**acheter des escalopes**

a) **j'achète** des escalopes
b) **nous achetons** des escalopes
c) **ils achètent** des escalopes
d) **j'achetais** des escalopes
e) **j'achèterai** des escalopes
f) **nous achèterons** des escalopes

1. manger de la viande
2. annoncer l'arrivée du train
3. remplacer des marchandises
4. changer de train
5. corriger les fautes
6. payer cette somme
7. nettoyer les pièces
8. envoyer un chèque de voyage
9. appeler le chef de cuisine
10. peler des pommes de terre
11. peser la valise
12. répéter la question

13. posséder une langue étrangère
14. révéler un secret
15. préférer l'autoroute
16. acheter des fleurs
17. emmener Robert
18. lever des difficultés
19. employer la règle
20. prononcer le mot
21. jeter un coup d'œil
22. partager le gâteau
23. changer de l'argent
24. essayer la robe

VOCABULAIRE

COURS ELEMENTAIRE

l'escalope (f)	das Schnitzel
la viande	das Fleisch
annoncer qch	etw. ankündigen
remplacer des marchandises	Waren ersetzen
changer de train	umsteigen
payer la somme	den Betrag bezahlen
nettoyer les pièces	die Zimmer reinigen
peler des pommes de terre	Kartoffeln schälen
peser	wiegen
posséder une langue étrangère	eine Fremdsprache beherrschen
révéler un secret	ein Geheimnis enthüllen
l'autoroute (f)	die Autobahn
jeter un coup d'œil	einen Blick werfen
lever des difficultés	die Schwierigkeiten beseitigen
partager le gâteau	den Gewinn (Kuchen) teilen

LES VERBES IRREGULIERS — die unregelmäßigen Verben

Auch bei den unregelmäßigen Verben gibt es gewisse Gesetzmäßigkeiten, die das Erlernen dieser Verben erleichtert. Man präge sich folgende Formen fest ein, aus denen sich, bis auf wenige Ausnahmen, alle weiteren ableiten lassen.

Règles élémentaires

Man verwendet:

1. **den Stamm des Infinitivs zur Ableitung des Futur I und Konditional I**

Infinitiv	Futur I	Konditional I
apprendr(e)	j'apprendrai	j'apprendrais
traduir(e)	je traduirai	je traduirais
boir(e)	je boirai	je boirais

2. **den Stamm der 1. Person Plural Präsens zur Ableitung des Imperfekts und des Partizip Präsens**

1. Pers. Plural Präsens	Imperfekt	Partizip Präsens
nous **appren**(ons)	j'apprenais	apprenant
nous **traduis**(ons)	je traduisais	traduisant

3. **den Stamm der 3. Person Plural Präsens zur Ableitung des Konjunktiv Präsens**

3. Person Plural Präsens (Indikativ)	Konjunktiv Präsens
ils **apprenn**(ent)	que j'apprenne que nous apprenions
ils **traduis**(ent)	que je traduise que nous traduisions

4. **die 2. Person Singular passé simple zur Ableitung des Konjunktiv Imperfekt**

2. Person Singular passé simple	Konjunktiv Imperfekt
tu appris	que j'apprisse
tu traduisis	que je traduisisse

5. Die Endungen des **Imperfekts, Futurs** und **Konditionals** sind **die gleichen** wie bei den **regelmäßigen Verben.**

LISTE DES VERBES IRREGULIERS

A. Les verbes en «er»

Infinitif	Indicatif présent	Subjonctif présent	Futur	Passé simple	Passé composé Part. présent	Analogique	Exercices
aller gehen, fahren	je **vais** tu **vas** il **va** nous allons vous allez ils **vont** Imp.: **va, allons,** **allez**	que j'**aille** que tu **ailles** que ns. allions qu'ils **aillent**	j'**irai** nous **irons**	j'**allai** nous all**âmes** ils all**èrent**	je **suis** allé, e allant	s'en aller — weggehen (je m'en suis allé, e) **Imp.:** va-t'en allons-y allez-vous-en	er geht nicht gehen sie? du wirst gehen gingt ihr? du bist gegangen sie waren gegangen wir sind weggegangen
envoyer schicken	j'envoie nous envoyons ils envoient	que j'envoie q. ns. envoyions qu'ils envoient	j'**enverrai**	j'envoyai ns. envoyâmes ils envoyèrent	j'ai envoyé envoyant	renvoyer — zurückschicken, entlassen	du schickst nicht schickten wir er wird schicken du würdest schicken

B. Les verbes en «ir»

Infinitif	Indicatif présent	Subjonctif présent	Futur	Passé simple	Passé composé Part. présent	Analogique	Exercices
acquérir erwerben	j'acqui**ers** nous acqué**rons** ils acqui**èrent**	que j'acqui**ère** q. ns. acquérions qu'ils acqui**èrent**	j'acquerrai	j'**acquis** ns. acqu**îmes** ils acqu**irent**	j'ai **acquis** acquérant	conquérir — erobern s'enquérir de — sich erkundi- gen nach	du erwirbst sie erwerben nicht er wird erwerben sie haben erworben
bouillir sieden, kochen	je bous tu bous nous bouillons ils bouillent	que je bouille q. ns. bouillions	je bouillirai	je bouillis ns. bouillîmes ils bouillirent	j'ai bouilli bouillant		du kochst nicht sie kochten wir werden kochen er hatte gekocht
courir laufen	je cours tu cours il court nous courons ils courent	que je coure q. ns. courions	je courrai nous courrons	je courus ns. cour**ûmes** ils cour**urent**	j'ai couru courant	accourir — herbeieilen parcourir — durcheilen, -lese concourir à — mitwirken recourir à — Zuflucht nehme	läuft er? er eilte herbei sie wird laufen ihr würdet laufen wir sind gelaufen

Infinitif	Indicatif présent	Subjonctif présent	Futur	Passé simple	Passé composé Part. présent	Analogique	Exercices
couvrir bedecken	je couvre nous couvrons ils couvrent	que je couvre q. ns. couvrions	je couvrirai	je couvris ns. couvrîmes ils couvrirent	j'ai **couvert** couvrant	ouvrir — öffnen découvrir — entdecken offrir — anbieten souffrir — leiden	du öffnest er entdeckte sie werden anbieten sie haben gelitten wir haben geöffnet
cueillir pflücken	je cueille nous cueillons ils cueillent	que je cueille q. ns cueillions	je cueillerai	je cueillis ns. cueillîmes ils cueillirent	j'ai cueilli cueillant	accueillir — empfangen, aufnehmen (Pers.) recueillir — ernten, sammeln	pflückst du? sie pflückten nicht er wird pflücken sie haben empfangen
dormir schlafen	je dors nous dormons ils dorment	que je dorme q. ns. dormions	je dormirai	je dormis ns. dormîmes ils dormirent	j'ai dormi dormant	s'endormir — einschlafen partir — abreisen sentir — fühlen sortir — (hin-)ausgehen servir — bedienen	schläft er? gehst du aus? er reiste ab du wirst bedienen wir sind abgereist
fuir fliehen	je fuis nous fuyons ils fuient	que je fuie que ns. fuyions qu'ils fuient	je fuirai	je fuis nous fuîmes ils fuirent	j'ai fui fuyant	s'enfuir — entfliehen	du fliehst nicht er floh wir würden fliehen sie sind geflohen
haïr hassen	je hais nous haïssons ils haïssent	que je haïsse q. ns. haïssions que ils haïssent	je haïrai	je hais nous haïmes ils haïrent	j'ai haï haïssant		ich werde hassen er haßt du haßtest sie haben gehaßt
mentir lügen	je mens nous mentons ils mentent	que je mente	je mentirai	je mentis nous mentîmes ils mentirent	j'ai menti mentant	se répentir — bereuen dormir — schlafen s'endormir — einschlafen partir — abreisen sortir — ausgehen consentir — einwilligen	lügt er? er willigte ein ihr schlieft sie sind ausgegangen

Infinitif	Indicatif présent	Subjonctif présent	Futur	Passé simple	Passé composé Part. présent	Analogique	Exercices
mourir sterben	je meurs nous mourons ils meurent	que je meure q. ns. mourions qu'ils meurent	je mourrai	je mourus ns. mourûmes ils moururent	il est mort mourant	se mourir — im Sterben liegen	er stirbt sie sterben er wird sterben sie sind gestorben
offrir anbieten	j'offre nous offrons ils offrent	que j'offre	j'offrirai	j'offris nous offrîmes ils offrirent	j'ai offert offrant	couvrir — bedecken découvrir — entdecken souffrir — leiden ouvrir — öffnen	du bietest an wir werden bedecken ihr öffnet er hat angeboten
ouvrir öffnen	j'ouvre nous ouvrons ils ouvrent	que j'ouvre q. ns. ouvrions	j'ouvrirai	j'ouvris nous ouvrîmes ils ouvrirent	j'ai ouvert ouvrant	siehe: offrir s'ouvrir — sich öffnen	öffnen Sie er würde öffnen sie hatten geöffnet
partir abreisen	je pars nous partons ils partent	que je parte que ns. partions	je partirai	je partis nous partîmes ils partirent	je suis parti partant	siehe: dormir repartir — wieder abreisen	du reist ab reiste er ab? wirst du abreisen? sie waren abgereist
sentir fühlen	je sens nous sentons ils sentent	que je sente	je sentirai	je sentis nous sentîmes ils sentirent	j'ai senti sentant	siehe: dormir consentir — einwilligen ressentir — lebhaft empfinden	fühlst du? wir fühlten wir haben gefühlt
servir (be-)dienen	je sers nous servons ils servent	que je serve que ns. servions	je servirai	je servis nous servîmes ils servirent	j'ai servi servant	siehe: dormir	bedienst du? ich bediente sie wird bedienen er hat bedient
sortir ausgehen	je sors nous sortons ils sortent	que je sorte que ns. sortions	je sortirai	je sortis nous sortîmes ils sortirent	je suis sorti sortant	siehe: mentir	er geht aus sie gehen nicht aus wirst du ausgehen? ich würde ausgehen sie ist ausgegangen

Infinitif	Indicatif présent	Subjonctif présent	Futur	Passé simple	Passé composé Part. présent	Analogique	Exercices
tenir halten	je tiens tu tiens il tient nous tenons ils tiennent	que je tienne que ns. tenions qu'ils tiennent	je tiendrai	je tins nous tînmes ils tinrent	j'ai tenu tenant	appartenir — gehören contenir — enthalten entretenir — unterhalten maintenir — aufrechterhalten, beibehalten obtenir — erlangen, erhalten retenir — zurückhalten, behalten, sich merken soutenir — unterstützen, behaupten détenir — gefangenhalten s'abstenir — sich enthalten	sie halten nicht er gehört sie haben erhalten wir werden bei-behalten du hieltest ich würde unterstützen sie hatten erhalten sie wird halten es gehört er unterhielt
tressaillir erbeben	je tressaille ns. tressaillons ils tressaillent	que je tressaille q. ns. tressaillions	je tressaillirai	je tressaillis ns. tressaillîmes	j'ai tressailli	assaillir — anfallen	sie erbeben sie werden erbeben
venir kommen	je viens nous venons ils viennent	que je vienne que ns. venions qu'ils viennent	je viendrai	je vins nous vînmes ils vinrent	je suis venu, e venant	convenir — passen, zusagen devenir — werden intervenir — sich einmischen, eingreifen parvenir — gelangen, erreichen prévenir qn — jmd. zuvorkommen, benachrichtigen provenir — herrühren, stammen von revenir — zurückkommen se souvenir de — sich erinnern an	kommst du? sie erreichen nicht das sagt mir zu sie mischten sich ein er wird zurückkommen du würdest kommen sie wurden ihr seid gekommen sie haben sich erinnert wir werden eingreifen du kamst
vêtir kleiden	je vêts tu vêts il vêt nous vêtons ils vêtent	que je vête que ns. vêtions	je vêtirai	je vêtis nous vêtîmes ils vêtirent	j'ai vêtu vêtant	revêtir — bekleiden se dévêtir — sich entkleiden	er kleidet wir haben gekleidet sie werden bekleidet du kleidetest ich würde bekleiden

C. Les verbes en «re»

Infinitif	Indicatif présent	Subjonctif présent	Futur	Passé simple	Passé composé Part. présent	Analogique	Exercices
absoudre lossprechen	j'absous nous absolvons ils absolvent	que j'absolve q. ns. absolvions	j'absoudrai	nicht gebräuchlich	j'ai absous (absoute) absolvant	dissoudre — auflösen résoudre — beschließen, lösen (résolu)	wir sprechen los sie lösten auf er wird lossprechen sie haben aufgelöst
atteindre erreichen	j'atteins nous atteignons ils atteignent	que j'atteigne que nous atteignions	j'atteindrai	j'atteignis ns. atteignîmes ils atteignirent	j'ai atteint atteignant	siehe: craindre ceindre — umgürten restreindre — beschränken peindre — malen	du erreichst er erreicht sie werden erreichen wir haben erreicht
battre schlagen	je bats nous battons ils battent	que je batte q. ns. battions	je battrai	je battis nous battîmes ils battirent	j'ai battu battant	combattre — kämpfen débattre — debattieren, diskutieren se débattre — zappeln rabattre — vom Preis abziehen	er kämpft sie kämpften ich würde kämpfen sie hat geschlagen wir werden diskutieren
boire trinken	je bois nous buvons ils boivent	que je boive q. ns. buvions qu'ils boivent	je boirai	je bus nous bûmes ils burent	j'ai bu buvant		trinkt er? sie trank wir werden trinken sie haben getrunken
conclure schließen (Vertrag)	je conclus nous concluons ils concluent	que je conclue q. ns. concluions	je conclurai	je conclus ns. conclûmes ils conclurent	j'ai conclu concluant	exclure — ausschließen inclure — einschließen aber: inclus, e	sie schließen aus wir schließen sie werden ausschließen ihr habt geschlossen
conduire führen (Wagen selbst fahren)	je conduis nous conduisons ils conduisent	que je conduise que nous conduisions	je conduirai	je conduisis ns. conduisîmes ils conduisirent	j'ai conduit conduisant	se conduire — sich benehmen introduire — einführen produire — erzeugen réduire — senken, vermindern induire — verleiten zu séduire — verführen construire — bauen détruire — zerstören déduire — folgern instruire — unterrichten traduire — übersetzen	er führt sie wurden erzeugt sie sind gesenkt worden wir haben zerstört du wirst bauen sie unterrichten sie werden verführt werden er hat sich gut benommen ihr würdet einführen

Infinitif	Indicatif présent	Subjonctif présent	Futur	Passé simple	Passé composé Part. présent	Analogique	Exercices
connaître kennen	je connais il connaît ns. connaissons ils connaissent	q. je connaisse que nous connaissions	je connaîtrai	je connus ns. connûmes ils connurent	j'ai connu connaissant	reconnaître — wieder-anerkennen paraître — erscheinen, scheinen apparaître — erscheinen, auftauchen comparaître — vor der Behörde erscheinen disparaître — verschwinden	du kennst nicht wir werden an-erkennen sie sind erschienen sie verschwanden ich würde ver-schwinden ihr habt gekannt
coudre nähen	je couds nous cousons ils cousent	que je couse q. ns. cousions	je coudrai	je cousis ns. cousîmes ils cousirent	j'ai cousu cousant	découdre — auftrennen recoudre — wiederzusammen-nähen	du nähst sie nähten wir werden nähen du hast genäht
craindre fürchten	je crains tu crains il craint nous craignons ils craignent	que je craigne q. ns. craignions	je craindrai ns. craindrons	je craignis ns. craignîmes ils craignirent	j'ai craint craignant	(se) plaindre — (sich) beklagen atteindre — erreichen ceindre — umgürten éteindre — auslöschen (Licht) peindre — malen restreindre — beschränken teindre — färben joindre — verbinden, zusammenfügen rejoindre qn — jmd. einholen, sich jmd. an-schließen	fürchtet er? wir fürchteten sie haben ausgelöscht ihr werdet fürchten sie würden erreichen er hat sich beklagt sie beschränkten sie färben sie hat verbunden er hatte gefürchtet
croire glauben	je crois il croit nous croyons ils croient	que je croie que ns. croyions	je croirai	je crus nous crûmes ils crurent	j'ai cru croyant		glaubst du? sie glaubte ihr werdet glauben sie haben geglaubt
croître wachsen	je crois nous croissons ils croissent	que je croisse q. ns. croissions	je croîtrai nous croîtrons	je crûs nous crûmes ils crûrent	j'ai crû (crue, crus, crues) croissant	accroître — zunehmen décroître — abnehmen s'accroître — größer werden, anwachsen	sie wachsen er wuchs sie wird wachsen sie sind gewachsen

Infinitif	Indicatif présent	Subjonctif présent	Futur	Passé simple	Passé composé Part. présent	Analogique	Exercices
cuire kochen	je cuis nous cuisons ils cuisent	que je cuise q. ns. cuisions	je cuirai	je cuisis ns. cuisîmes ils cuisirent	j'ai cuit cuisant		kocht er? sie kochten du wirst kochen er hat gekocht
dire sagen	je dis nous disons vous dites ils disent	que je dise que ns. disions	je dirai	je dis nous dîmes ils dirent	j'ai dit disant	redire — noch einmal sagen **2. Pers. Pl. auf -disez haben:** contredire qn — jmd. widersprechen interdire — untersagen, verbieten prédire — voraussagen médire de qn von jmd. Böses reden confire — einmachen	sagt ihr? ihr sagtet du wirst sagen sie würden sagen hat er gesagt? sie sagen voraus er untersagte sie haben widersprochen
écrire schreiben	j'écris nous écrivons ils écrivent	que j'écrive q. ns. écrivions	j'écrirai	j'écrivis ns. écrivîmes ils écrivirent	j'ai écrit écrivant	décrire — beschreiben (s')inscrire — (sich) einschreiben prescrire — vor-, verschreiben souscrire — unterschreiben (bildlich)	schreibt er? du beschriebst wir werden schreiben sie haben verschrieben ich würde schreiben
faire machen	je fais nous faisons ils font (vous faites)	que je fasse que ns. fassions	je ferai	je fis nous fîmes ils firent	j'ai fait faisant	contrefaire — nachahmen défaire — auspacken, aufmachen satisfaire — zufriedenstellen	macht ihr? sie machten nicht du wirst machen er hat nachgeahmt
joindre verbinden	je joins nous joignons ils joignent	que je joigne q. ns. joignions	je joindrai	je joignis ns. joignîmes ils joignirent	j'ai joint joignant	siehe: craindre rejoindre — wieder einholen	wir verbinden sie haben verbunden sie verband
lire lesen	je lis nous lisons ils lisent	que je lise que nous lisions	je lirai	je lus nous lûmes ils lurent	j'ai lu lisant	élire — wählen, auslesen relire — noch einmal lesen réélire — wiederwählen	lesen sie? du last ihr würdet lesen er hat gelesen

Infinitif	Indicatif présent	Subjonctif présent	Futur	Passé simple	Passé composé Part. présent	Analogique	Exercices
mettre setzen, stellen, legen	je mets tu mets il met nous mettons ils mettent	que je mette q. ns. mettions	je mettrai	je mis nous mîmes ils mirent	j'ai mis mettant	se mettre à — etw. beginnen admettre — zugeben, zulassen commettre — begehen (Selbstmord) émettre — senden (Rundfunk) permettre — erlauben promettre — versprechen compromettre — kompromittieren, bloßstellen remettre — übergeben soumettre — unterbreiten transmettre — übermitteln	gibst du zu sie erlaubten sie wird versprechen sie haben unterbreitet ich würde übermitteln er setzte sie werden erlauben sie sind unterbreitet worden sie hatte bloßgestellt
moudre mahlen	je mouds ns. moulons	que je moule q. ns. moulions	je moudrai	je moulus n. moulûmes	j'ai moulu moulant		du mahlst er hat gemahlen
naître geboren werden	il naît ils naissent	qu'il naisse qu'ils naissent	il naîtra ils naîtront	je naquis ns. naquîmes	je suis né(e) naissant		er wird geboren sie wurden geboren
plaire gefallen	je plais il plaît nous plaisons ils plaisent	que je plaise q. ns. plaisions	je plairai nous plairons	je plus nous plûmes ils plurent	j'ai plu plaisant	déplaire — mißfallen se complaire à faire qch Gefallen daran finden, etwas zu tun	das gefällt mir ihr gefällt sie werden gefallen sie haben gefallen sie gefielen
prendre nehmen	je prends nous prenons ils prennent	que je prenne q ns. prenions qu'ils prennent	je prendrai	je pris nous prîmes ils prirent	j'ai pris prenant	apprendre — lernen, lehren, erfahren comprendre — verstehen entreprendre — unternehmen reprendre — zurücknehmen surprendre — überraschen	nimmt er? sie lernten er ist überrascht worden du würdest verstehen sie hat genommen ich hatte erfahren

Infinitif	Indicatif présent	Subjonctif présent	Futur	Passé simple	Passé composé Part. présent	Analogique	Exercices
résoudre beschließen, lösen	je résous nous résolvons ils résolvent	que je résolve q. ns. résolvions	je résoudrai ns. résoudrons	je résolus ns. résolûmes	j'ai résolu (résous) résolvant		du beschließt sie beschlossen wir werden beschließen sie haben beschlossen
rire lachen	je ris nous rions ils rient	que je rie que nous riions qu'ils rient	je rirai nous rirons	je ris nous rîmes ils rirent	j'ai ri riant	sourire — lächeln	er lacht ihr lachtet sie würden lachen wir haben gelacht
suffire genügen	je suffis nous suffisons ils suffisent	que je suffise q. ns. suffisions	je suffirai	je suffis nous suffîmes ils suffirent	j'ai suffi suffisant	confire — einmachen	das genügt sie haben genügt das wird genügen
suivre folgen	je suis nous suivons ils suivent	que je suive que ns. suivions	je suivrai	je suivis ns. suivîmes ils suivirent	j'ai suivi suivant	poursuivre — verfolgen s'ensuivre — daraus folgen	folgst du? sie folgten du wirst folgen sie sind gefolgt
se taire schweigen, verstummen	je me tais il se tait ns. ns. taisons ils se taisent	que je me taise q. ns. ns. taisions	je me tairai	je me tus ns. ns. tûmes ils se turent	je me suis tu(e) se taisant	taire — verschweigen	wir schweigen sie schwieg ich werde schweigen er hat geschwiegen
vaincre siegen	je vaincs il vainc nous vainquons ils vainquent	que je vainque que nous vainquions	je vaincrai ns. vaincrons	je vainquis ns. vainquîmes ils vainquirent	j'ai vaincu vainquant	convaincre — überzeugen	du siegst ihr siegtet sie wird siegen sie haben gesiegt

Infinitif	Indicatif présent	Subjonctif présent	Futur	Passé simple	Passé composé Part. présent	Analogique	Exercices
vivre leben	je vis nous vivons ils vivent	que je vive que ns. vivions	je vivrai nous vivrons	je vécus nous vécûmes ils vécurent	j'ai vécu vivant	revivre — wiederaufleben survivre à qn — jmd. über-┐leben	er lebt du lebtest ihr habt gelebt sie werden leben

D. Les verbes en «oir»

Infinitif	Indicatif présent	Subjonctif présent	Futur	Passé simple	Passé composé Part. présent	Analogique	Exercices
apercevoir erblicken, bemerken	j'aperçois ns. apercevons ils aperçoivent	que j'aperçoive que nous apercevions qu'ils aperçoivent	j'apercevrai	j'aperçus ns. aperçûmes ils aperçurent	j'ai aperçu apercevant	s'apercevoir de — merken percevoir — wahrnehmen décevoir — täuschen concevoir — verstehen	er bemerkt wir bemerkten ihr werdet bemerken du hast bemerkt
s'asseoir sich setzen	je m'assieds ns. ns. asseyons ils } s'assoient s'asseyent	que je m'asseye q. ns. ns. asseyions q. ils s'asseyent	je m'assiérai ns. ns. assiérons	je m'assis ns. ns. assîmes ils s'assirent	je me suis assis(e) asseyant	asseoir — setzen	sie setzten sich wir setzten uns ich würde mich setzen sie haben sich gesetzt
devoir müssen	je dois nous devons ils doivent	que je doive que ns. devions qu'ils doivent	je devrai nous devrons	je dus nous dûmes ils durent	j'ai dû devant		du mußt ich mußte du wirst müssen ihr habt gemußt
falloir nötig sein	il faut	qu'il faille	il faudra	il fallut	il a fallu		es ist nötig es war nötig es wird nötig sein
mouvoir bewegen	je meus nous mouvons ils meuvent	que je meuve q. ns. mouvions	je mouvrai ns. ns. mouvrons	je mus nous mûmes ils murent	j'ai mû (mue, mus) mouvant	pleuvoir — regnen émouvoir — erregen, bewegen (aber: ému, e) promouvoir — befördern aber: promu, e	er bewegt sie bewegten ich würde bewegen sie haben bewegt
pleuvoir regnen	il pleut	qu'il pleuve	il pleuvra	il plut	il a plu pleuvant		es regnet es regnete es hat geregnet

Infinitif	Indicatif présent	Subjonctif présent	Futur	Passé simple	Passé composé Part. présent	Analogique	Exercices
pouvoir können	je peux il peut nous pouvons ils peuvent	que je puisse q. ns. puissions qu'ils puissent	je pourrai ns. pourrons	je pus nous pûmes ils purent	j'ai pu pouvant		kannst du? sie konnte wir werden können du hast gekonnt
recevoir empfangen, erhalten	je reçois nous recevons ils reçoivent	que je reçoive q. ns. recevions qu'ils reçoivent	je recevrai ns. recevrons	je reçus ns. reçûmes ils reçurent	j'ai reçu recevant		sie erhalten du erhieltest wir werden erhalten sie haben erhalten
savoir wissen	je sais nous savons ils savent **Imperativ:** sache, sachons, sachez	que je sache q. ns. sachions **Part. Präs.:** sachant	je saurai nous saurons	je sus nous sûmes ils surent	j'ai su sachant		weiß er? du wußtest er wird wissen sie würden wissen sie hat gewußt
valoir gelten	je vaux il vaut nous valons ils valent	que je vaille que ns. valions qu'ils vaillent	je vaudrai nous vaudrons	je valus ns. valûmes ils valurent	j'ai valu valant	prévaloir — überwiegen	das gilt das galt sie gelten sie werden gelten sie haben gegolten
voir sehen	je vois il voit nous voyons ils voient	que je voie que ns. voyions	je verrai nous verrons	je vis nous vîmes ils virent	j'ai vu voyant	revoir — wiedersehen prévoir — voraussehen	siehst du? sie sahen ihr werdet sehen wir haben gesehen ich werde wiedersehen
vouloir wollen	je veux il veut nous voulons ils veulent **Imperativ:** veuille - veux veuillez - voulez	que je veuille q. ns. voulions qu'ils veuillent	je voudrai nous voudrons	je voulus nous voulûmes ils voulurent	j'ai voulu voulant	en vouloir à qn — jmd. böse sein	will er? wir wollten du wirst wollen er hat gewollt ich würde wollen du willst nicht

COURS ELEMENTAIRE

Exercice 1

Traduisez en français:

1. wir werden radfahren — 2. sie würden übersetzen — 3. sie sind hergestellt worden — 4. er wird vorgestellt werden — 5. sie werden eingeführt werden — 6. sie waren gebaut worden — 7. er erkannte wieder — 8. sie hat sich beklagt — 9. du hast geglaubt — 10. ihr werdet müssen — 11. ihr sagt nicht — 12. daß du bedienst — 13. du bedienst — 14. sie sind ausgegangen — 15. hat er geschrieben? — 16. wir werden schreiben — 17. du würdest schicken — 18. du wirst machen — 19. daß er macht — 20. sie hatten gelesen — 21. er wird zugelassen werden — 22. wir versprachen — 23. sie haben sich erlaubt — 24. sie ist geöffnet worden — 25. es regnet — 26. du verstehst nicht — 27. daß er versteht — 28. hat er gelernt? — 29. du erhältst — 30. wir haben bemerkt — 31. wir werden beschließen — 32. sie beschlossen — 33. du wirst wissen — 34. er hat gewußt — 35. daß er weiß — 36. ihr werdet erhalten — 37. sie erhalten nicht — 38. sie enthalten — 39. du wirst kommen — 40. daß du kommst — 41 ist er gelaufen? — 42. daß sie laufen — 43 wir haben uns gesetzt — 44. du kämpfst — 45. haben sie gekämpft? — 46. ihr würdet trinken — 47. er hatte getrunken — 48. wir haben beigefügt — 49. wir werden zerstören — 50 er erschien — 51. sie sind erschienen — 52. du warst gelaufen — 53. daß er läuft — 54. sie fürchtet sich — 55. sie glauben nicht — 56. bedienst du? — 57. ihr habt versprochen — 58. daß er kann — 59. daß ihr wollt — 60. daß sie sollen

Exercice 2

Mettez les verbes entre parenthèses à l'indicatif présent, au futur, au passé composé et au subjonctif présent.

Exemple: | il (dire) la vérité. | **il a dit** la vérité. |
| **il dit** la vérité. | **qu'il dise** la vérité. |
| **il dira** la vérité. | |

1. Nous (produire) des tissus.
2. Il (traduire) la phrase.
3. Ils (écrire) une dictée.
4. Elle (servir) un client.
5. Je (sortir) le briquet de ma poche.
6. Ils (aller) à la piscine.
7. Je ne (pouvoir) le comprendre.
8. Tu (faire) tes devoirs?
9. Je (apprendre) le poème par cœur.
10. Il me (permettre) de participer à l'excursion.
11. Ils (venir) de Paris.
12. Il (souffrir) de maux de tête.
13. Nous (offrir) nos services.
14. Elles se (plaindre) de la qualité inférieure.
15. Il (devenir) médecin.
16. Tu (devoir) payer.
17. Il (remettre) la lettre au professeur.
18. Ces étudiants (obtenir) une bourse.
19. Les touristes (faire) un tour de la ville.
20. Ils (vouloir) m'emmener aux Etats-Unis.

COURS MOYEN

Traduisez en français:

1. Wir haben Ihr Angebot vom 5. d. M. erhalten, dessen Inhalt wir zur Kenntnis genommen haben. — 2. Im Januar sind die Preise für einige Artikel stark herabgesetzt worden. — 3. Wir erwarten, daß Sie die Ware zu den günstigsten Be-

dingungen herstellen. — 4. Diese Waren werden nur noch auf besondere Bestellung hergestellt. — 5. Der Exporteur hat die Reklamation anerkannt. — 6. Der Importeur hat uns mitgeteilt, daß die Qualität nicht den Mustern entspricht. — 7. Wir werden die Waren als Frachtgut (Eilgut) versenden. — 8. Er hat die letzte Sendung beanstandet. — 9. Wir werden von Ihrem Angebot Gebrauch machen. — 10. Ich erlaube mir, Ihnen meine Dienste als Vertreter anzubieten. — 11. Hiermit teilen wir Ihnen mit, daß wir in der City von London ein Geschäft eröffnet haben. — 12. Die auf dem beigefügten Zettel genannte Firma hat uns Ihren Namen als Referenz aufgegeben. — 13. Alle erforderlichen Einzelheiten sind in dem illustrierten Katalog beschrieben. — 14. Wir geben zu, daß uns bei der Ausführung des Auftrags ein Irrtum unterlaufen ist. — 15. Das Angebot, das Sie uns am 5. d. M. unterbreitet haben, können wir leider nicht annehmen. — 16. Dieser Artikel wird in einigen Wochen auf dem Markt erscheinen. — 17. Der Importeur hat uns mitgeteilt, daß die Zollformalitäten inzwischen geändert worden sind. — 18. Er hat uns Lieferung bis spätestens zum 15. d. M. fest zugesagt. — 19. Die Verschiffungsdokumente (das Konnossement, das Ursprungszeugnis, die Zollfaktura) sind gestern der Deutschen Bank übergeben worden. — 20. Wir freuen uns, Ihnen mitzuteilen, daß das Dessin unseren Kunden zusagt.

COURS SUPERIEUR

Traduisez en français:

1. Die Industriestaaten der Welt werden einem neuen Weltwährungssystem zustimmen, das echte Paritäten garantiert. — 2. Die Maßnahmen, die die Regierung zur Dämpfung der Konjunktur ergriffen hatte, wurden durch den Dollarzufluß neutralisiert. — 3. Das Problem des Zahlungsausgleichs ist auf gütliche Weise gelöst worden. — 4. Der Wirtschaftsminister hat zugegeben, daß die Zahl der Arbeitslosen höher ist als erwartet. — 5. Der Bundeskanzler hat zugesagt, daß die Steuern 1975 gesenkt werden. — 6. Der Finanzminister dagegen befürchtet, daß die Steuern wegen des rückläufigen Bruttosozialprodukts erhöht werden müssen. — 7. Nach dem 2. Weltkrieg wurde die Industrie vieler westlicher Staaten mit Marshallplangeldern wiederaufgebaut. — 8. Viele Betriebe müssen kurzarbeiten, da die Umsätze beträchtlich gefallen sind. — 9. Die Gewerkschaft hat ihren Mitgliedern mitgeteilt, daß die Tarifverhandlungen erfolgreich verlaufen seien. — 10. Der Landwirtschaftsminister glaubt, daß die Schwierigkeiten auf dem europäischen Agrarmarkt überwunden werden können.

VOCABULAIRE

COURS ELEMENTAIRE

Exercice 2

fabriquer (produire) des tissus	Stoffe produzieren
servir un client	einen Kunden bedienen
sortir le briquet de	das Feuerzeug herausholen aus
aller à la piscine	ins Schwimmbad gehen
apprendre un poème par cœur	ein Gedicht auswendig lernen
participer à qch	an etw. teilnehmen
souffrir de maux de tête	Kopfschmerzen haben
offrir ses services	seine Dienste anbieten
obtenir une bourse	ein Stipendium erhalten
faire un tour de ville	eine Stadtrundfahrt machen
emmener qn	jmd. mitnehmen

COURS MOYEN

prendre bonne note de qch	etw. zur Kenntnis nehmen
accepter la réclamation	die Reklamation anerkennen
correspondre aux échantillons	den Mustern entsprechen
en grande (petite) vitesse (f)	per Eilgut (Frachtgut)
faire une réclamation au sujet de	etw. beanstanden
faire usage de qch	von etw. Gebrauch machen
offrir ses services	seine Dienste anbieten
le représentant	der Vertreter
ouvrir un commerce (magasin)	ein Geschäft eröffnen
citer en référence	als Referenz angeben
décrire les détails	die Einzelheiten beschreiben
se tromper	sich irren
faire une erreur (commettre ~)	ein Irrtum (ist unterlaufen)
changer les formalités douanières	die Zollformalitäten ändern
entre-temps	inzwischen
les documents d'expédition	die Verschiffungsdokumente
le connaissement	das Konnossement
le certificat d'origine	das Ursprungszeugnis
la police d'assurance	die Versicherungspolice
la facture douanière	die Zollfaktura
convenir, être à la convenance de	zusagen, gefallen

COURS SUPERIEUR

le système monétaire international	das internationale Währungssystem
garantir des parités réelles	echte Paritäten garantieren
freiner le boom	die Hochkonjunktur dämpfen
neutraliser qch	etw. neutralisieren
l'afflux des dollars	der Dollarzufluß
le clearing	der Zahlungsausgleich
résoudre à l'amiable	etw. auf gütliche Weise lösen
le ministre des affaires économiques	der Wirtschaftsminister
le chômage	die Arbeitslosigkeit
prévoir qch	etw. vorhersehen, erwarten
le Chancelier de la République Fédérale	der Bundeskanzler
les impôts (m)	die Steuern
le ministre des finances	der Finanzminister
être en train de régresser	rückläufig sein
le produit national brut	das Bruttosozialprodukt
l'Union soviétique	die Sowjetunion
une centrale nucléaire	ein Atomkraftwerk
conclure une convention commerciale	einen Handelsvertrag schließen
reconstruire qch	etw. wiederaufbauen
l'entreprise industrielle	Industriebetrieb
travail à horaire réduit	kurzarbeiten
la diminution des ventes	Umsatzrückgang
les syndicats (m)	die Gewerkschaften
les négociations tarifaires	die Tarifverhandlungen
être couronné de succès	von Erfolg gekrönt sein
le ministre de l'aqriculture	der Landwirtschaftsminister
surmonter des difficultés	Schwierigkeiten überwinden
le marché agricole	der Agrarmarkt

LE PARTICIPE — das Partizip
LE GÉRONDIF — das Gerundium

I. Les formes du participe et du gérondif
die Formen des Partizips und des Gerundiums

	actif	passif
1. le participe présent das Partizip Präsens das 1. Partizip	demandant finissant vendant voyant	étant demandé étant fini étant vendu étant vu
2. le gérondif das Gerundium	en demandant en finissant en vendant en voyant	
3. le participe passé das Partizip Perfekt das 2. Partizip	(ayant) demandé (ayant) fini (ayant) vendu (ayant) vu	(ayant été) demandé (ayant été) fini (ayant été) vendu (ayant été) vu

Notez:

zu 1: Das **Partizip Präsens** wird gebildet, indem man an den Stamm der **1. Person Plural Präsens** die Endung „ant" anhängt.

zu 2: Das **Gerundium** wird gebildet, indem man **vor** das **1. Partizip** die Präposition „en" setzt.

zu 3: Das **Partizip Perfekt** wird gebildet:

Verben auf	er	ir	re	oir
Verb	donner	finir	vendre	recevoir
2. Partizip	donné	fini	vendu	reçu
Endung	é	i	u	u

Das Partizip Perfekt (2. Partizip) der unregelmäßigen Verben muß im Zusammenhang mit den unregelmäßigen Verben gelernt werden.

99

II. L'emploi du participe présent — die Anwendung des Partizip Präsens

1. C'étaient des films **intéressants.** Das waren interessante Filme. C'est une expression de la langue **courante.** Das ist ein Ausdruck der Umgangssprache.	**Notez:** 1. Das 1. Partizip wird als **Verbaladjektiv** (Attribut) verwendet. In diesem Fall **bezieht** es sich auf ein **Hauptwort** und richtet sich in **Zahl** und **Geschlecht** nach diesem. **Das Verbaladjektiv wird verändert!**
2. a) Ce sont des films **intéressant** tout le monde. Das sind Filme, die jeden interessieren. (Ce sont des films qui intéressent tout le monde.) b) **Ayant** eu soif, j'ai bu de la bière. Da ich Durst hatte, habe ich Bier getrunken. (Comme j'ai eu soif j'ai bu de la bière.)	2. Das **1. Partizip** kann als Verb zur **Verkürzung** von folgenden **Nebensätzen** verwendet werden: a) **Relativsätzen,** b) **Kausalsätzen.** Im Gegensatz zum Englischen werden im Französischen Nebensätze seltener durch das Partizip verkürzt. **Das verbale Partizip wird nicht verändert.**

Remarquez:

Man **unterscheide** die **Schreibweise** der **Partizipien** von der der **Adjektive:**

Partizip Präsens		**Adjektiv**	
provoquant	— hervorrufend	provocant	— provozierend
fatiguant	— ermüdend	fatigant	— beschwerlich, anstrengend
différant	— sich unterscheidend	différent	— unterschiedlich
négligeant	— vernachlässigend	négligent	— nachlässig
précédant	— vorangehend	précédent	— vorig(e)
u. a.			

L'emploi du participe passé — die Anwendung des Partizips Perfekt

1. Il a vendu sa maison. Ils ont choisi cet article. Nous sommes partis à Reims. Elle est allée au Louvre.	**Notez:** 1. Das „**participe passé**" wird **verbal** gebraucht. Die mit „**être**" verbundenen Partizipien **werden verändert;** sie richten sich in Geschlecht und Zahl nach dem dazugehörigen Hauptwort oder Fürwort. (Die Veränderung des Partizips in Verbindung mit dem Hilfsverb „avoir" usw. siehe Seite 44.)
2. C'est une chambre meublée. Voici des catalogues illustrés.	2. Das „participe passé" wird **attributiv** gebraucht; in diesem Fall steht es **hinter** dem **dazugehörigen Hauptwort** und richtet sich in Zahl und Geschlecht nach diesem.

Remarque: L'accord du participe — Seite 44.

100

III. L'emploi du gérondif — die Anwendung des Gerundiums

1. **En traversant** la rue il fut arrêté.
   Beim Überqueren der Straße wurde er angehalten.
   En lisant le livre il a bu du vin.
   Beim Lesen des Buches trank er Wein.

2. Il a gagné sa vie **en lavant** des voitures.
   Er verdiente sich seinen Lebensunterhalt durch Wagenwaschen. **(dadurch, daß** er Wagen wusch)

Notez:

1. Wenn **vor** einem deutschen substantivierten Verb die Präposition **„beim"** steht **(beim Waschen),** und die Handlungen **gleichzeitig** ablaufen, so kann man im Französischen das **Gerundium** verwenden.

2. Bei der Bezeichnung der **Art und Weise, des Mittels, einer Bedingung** kann ebenfalls das Gerundium stehen.

Im Gegensatz zum Englischen wird im Französischen das Gerundium wenig angewendet. Der Franzose bevorzugt wie der Deutsche den durch eine Konjunktion eingeleiteten Nebensatz.

COURS ELEMENTAIRE

Exercice 1

Donnez les formes du participe présent et du participe passé et celles du gérondif des infinitifs suivants:

regarder, terminer, choisir, finir, rendre, descendre, aller, apercevoir, devoir, savoir, comprendre, dire, faire, partir.

Exercice 2

Mettez au gérondif les infinitifs suivants

Exemple: arriver
en arrivant

participer, choisir, préparer, recevoir, organiser, aller, boire, traduire, prendre, écrire, lire, descendre, faire.

Exercice 3

Traduisez en français:

1. Beim Fernsehen schlief er ein. — 2. Hier ist ein Katalog, der alle interessierenden Angaben enthält. — 3. Beim Einkaufen traf ich Nicole. — 4. Beim Diktieren des Textes vergaß er die Kommata anzugeben. — 5. Ich hörte M. Rougon zu, der seinen Schülern das Gerundium erklärte. — 6. Ich sah wie Gisèle den Schmetterling fing. — 7. Man lernt eine Fremdsprache, indem man hart arbeitet. — 8. Die Band bereitete den jungen Leuten dadurch Freude, daß sie moderne Tänze spielte. — 9. Beim Abwaschen erinnerte ich mich daran, daß ich mich mit Bernard verabredet hatte. — 10. Beim Fotografieren des Schlosses bemerkte ich, daß mein Fotoapparat kaputt ist. — 11. Da er hungrig war, ging er in ein Restaurant. — 12. M. Bernard, der seinen Schülern Grammatik erklärte, überprüft ihre Kenntnisse.

101

Exercice 4

Faut-il accorder le participe ou non?

1 Elle est allé_ à Toulouse.
2. Ils ont raconté_ une histoire intéressante.
3. La lettre recommandé_ m'est parvenu_ aujourd'hui.
4. Gisèle et Robert sont sorti_.
5. Pierre a sorti_ le briquet de sa poche.
6. Ils ont fait_ du camping.
7. Elles ont descendu_ les Champs-Elysées.
8. C'étaient des voyages organisé_.
9. Les renseignements fourni_ par l'agence (de renseignements) n'étaient pas à notre convenance.
10. Nous avons renvoyé_ les marchandises contesté_.
11. Nous avons soigné_ les hommes blessé_.
12. Il a interrompu_ l'orateur.
13. Ces travaux doivent être terminé_ demain.
14. Ces gens très spécialisé_ ont aidé à dépanner la voiture.
15. C'est une expression de la langue courant_.

D'autres exercices concernant l'accord du participe passé se trouvent à la page 44.

Exercice 5

Mettez au participe les mots entre paranthèses conformément à l'exemple:

Exemple: C'est une bataille ... **(perdre).**
C'est une bataille **perdue.**

1. Nous avons reçu la lettre ... par M. Bernard. **(annoncer)**
2. Je ne connais pas la maison ... sur la fiche ci-jointe. **(mentionner)**
3. Nous avons fait une réclamation pour les marchandises ... **(endommager)**
4. Voilà les enfants ... **(blesser)**
5. Nous avons vérifié la voiture ... par M. Giscard. **(offrir)**
6. L'annonce ... par Julien se trouvait dans le Monde. **(publier)**
7. La jeune fille ... par le professeur était fatiguée. **(examiner)**
8. Nous avons retrouvé les chèques de voyage ... **(perdre)**
9. Nicole, ... par son grand-père, aimait danser. **(élever)**
10. Nous avons vu l'accident ... par le conducteur de la Simca. **(causer)**

COURS MOYEN

Traduisez en français:

1. Das angeforderte Angebot entsprach nicht unseren Erwartungen. — 2. Die von der Firma avisierte Sendung wurde auf dem Transport beschädigt. — 3. Die mit Aufträgen überlastete Firma machte Überstunden. — 4. Die von der Agentur erteilte Auskunft war zufriedenstellend. — 5. Die beschädigten Waren wurden von dem Exporteur ersetzt. — 6. Der von der Firma Roussel indossierte Wechsel wurde nicht eingelöst. — 7. Die von der Firma Gérault beanstandeten Waren werden von einem Fachmann geprüft werden. — 8. Die auf dem beigefügten Zettel genannte Firma hat als Ihre Firma als Referenz aufgegeben. — 9. Das von der Bank eröffnete Akkreditiv war unwiderruflich. — 10. Die im Angebot genannten Preise verstehen sich frei deutsch-französische Grenze (fob, cif, einschließlich seetüchtige Verpackung).

COURS SUPERIEUR

Traduisez en français:

1. Die von der Bundesbank praktizierte Offenmarktpolitik hat zum Ziel, den Geldumlauf zu vermindern oder zu erhöhen. — 2. Der Diskontsatz ist von der Bundesbank um 1 % herabgesetzt worden; so ist es für die Unternehmer wieder leichter, Kredite aufzunehmen. — 3. Die von dieser Gesellschaft emittierten Aktien wurden gut abgesetzt. — 4. Es gibt Wertpapiere, die eine Dividende oder Zinsen erbringen. — 5. Die von einer Bank gewährten Kredite sind kurz- oder langfristig. — 6. Der von der Bank gewährte Kredit muß innerhalb einer bestimmten Frist zurückgezahlt werden. — 7. Die Bank hat die Aktien und Obligationen dieser Gesellschaft zur Zeichnung aufgelegt. — 8. Dieses Haus ist bereits mit einer Hypothek belastet. — 9. Der An- und Verkauf von Wertpapieren wird von Maklern durchgeführt. — 10. Der von den Börsenmaklern festgesetzte Kurs ergibt sich aus Angebot und Nachfrage.

VOCABULAIRE

COURS ELEMENTAIRE

Exercice 3

regarder la télévision	fernsehen
s'endormir	einschlafen
le catalogue	der Katalog
contenir, montrer	enthalten
les indications (f)	die Angaben
faire des achats	einkaufen
dicter les virgules (f)	die Kommata angeben
attraper un papillon	einen Schmetterling fangen
faire plaisir à qn	jmd. Freude bereiten
une danse moderne	ein moderner Tanz
faire la vaisselle	abwaschen
se souvenir de qch	sich an etw. erinnern
avoir un rendez-vous avec qn	mit jmd. ein Rendez-vous haben
photographier	fotografieren
se rendre compte, s'apercevoir de qch	etw. bemerken
qch ne marche plus	etw. ist kaputt
avoir faim	hungrig sein

Exercice 4

la lettre recommandée	der Einschreibebrief
faire du camping	campen
un voyage organisé	eine organisierte (Gesellschafts-)Reise
fournir des renseignements (m)	Auskunft erteilen
être à la convenance de	gefallen, zusagen
renvoyer des marchandises (f)	Waren zurückschicken
faire une réclamation pour	etw. reklamieren, beanstanden
soigner qn	jmd. pflegen
interrompre l'orateur	den Redner unterbrechen
aider qn	jmd. helfen
dépanner la voiture	einen Wagen reparieren, in Gang bringen
la langue courante	die Umgangssprache

perdre une bataille	eine Schlacht verlieren
recevoir une lettre	einen Brief erhalten
sur la fiche ci-jointe	auf dem beigefügten Bogen
endommager qch	etw. beschädigen
blesser qn	jmd. verletzen, verwunden
vérifier qch	etw. prüfen
publier une annonce	eine Annonce herausgeben, veröffentlichen
perdre un chèque de voyage	einen Reisescheck verlieren
causer un accident	einen Unfall verursachen

COURS MOYEN

solliciter une offre	ein Angebot anfordern
répondre à l'attente de qn	den Erwartungen einer Person entsprechen
annoncer un envoi	eine Sendung avisieren
être endommagé	beschädigt sein
pendant le transport	auf dem Transport
être surchargé de commandes	mit Aufträgen überlastet sein
effectuer des heures supplémentaires	Überstunden machen
donner (fournir) des renseignements	eine Auskunft erteilen
remplacer des marchandises	Waren ersetzen
endosser (honorer) une traite	einen Wechsel indossieren (einlösen)
l'expert	der Fachmann
citer qn en référence	jmd. als Referenz angeben
ouvrir un crédit documentaire	ein Akkreditiv eröffnen
les prix s'entendent ...	die Preise verstehen sich ...
emballage maritime compris	einschl. seefester Verpackung

COURS SUPERIEUR

pratiquer la politique d'open market	die Offenmarktpolitik betreiben
la monnaie en circulation	der Geldumlauf
réduire le taux d'escompte	den Diskontsatz herabsetzen
solliciter un crédit	einen Kredit aufnehmen
émettre des actions (f)	Aktien emittieren
se vendre bien	sich gut absetzen lassen
les valeurs, les titres	Wertpapiere
le dividende	die Dividende
l'intérêt, les intérêts (m)	der Zins, die Zinsen
être à court ou à long terme	kurz- oder langfristig sein
rembourser un crédit (accorder)	einen Kredit zurückzahlen (gewähren)
pendant une période déterminée	innerhalb einer festgesetzten Zeit
être grevé d'une hypothèque	mit einer Hypothek belastet sein
offrir qch à la souscription	etw. zur Zeichnung auflegen
réaliser qch	etw. durchführen
l'agent de change ⎱ le courtier en valeurs ⎰	Börsenmakler
résulter de l'offre et de la demande	sich aus Angebot und Nachfrage ergeben

LA SUBORDONNÉE CONDITIONNELLE INTRODUITE PAR «SI»

Die Bedingungssätze

Concordance des temps — die Zeitenfolge

Nebensatz mit „si"	Hauptsatz

1. Si tu **passes** l'examen
  Präsens
  Wenn du das Examen bestehst
	je t'**inviterai** à Paris.
	Futur I
	werde ich dich nach Paris einladen.

2. Si tu **passais** l'examen
  Imperfekt
  Wenn du das Examen beständest
	je t'**inviterais** à Paris.
	Konditional I
	würde ich dich nach Paris einladen.

3. Si tu **avais passé** l'examen
  Plusquamperfekt
 	
  Wenn du das Examen bestanden
  hättest
	je t'**aurais invité** à Paris.
	Konditional II
	
	hätte ich dich nach Paris eingeladen.

Notez:

a) Kann man für **„wenn"** — **„falls"** sagen, so übersetzt man „wenn" mit **„si"**.
Ist „wenn" **zeitlich** gebraucht, so heißt es **„quand"** oder **„lorsque"** = **wann**.

b) Bei den Bedingungssätzen gilt folgende Zeitenfolge:

„si"-Satz	Hauptsatz
PRÄSENS	FUTUR (selten Präsens)
IMPERFEKT	KONDITIONAL I
PLUSQUAMPERFEKT	KONDITIONAL II

c) IM **„SI"-SATZ** STEHT NICHT DAS KONDITIONAL!

COURS ELEMENTAIRE

Exercice 1

Formez des phrases conformément à l'exemple:

Exemple: Si tu (**être**) malade, tu ne (**pouvoir**) pas aller à l'école.
   Si tu **es** malade, tu ne **pourras** pas aller à l'école.

1. Si tu me (**écrire**) une lettre, je te (**répondre**) tout de suite.
2. Si la banque me (**accorder**) un crédit, je (**acheter**) une voiture.
3. Si vous (**passer**) vos vacances à Cannes, nous nous y (**rencontrer**).
4. Si vous (**donner**) un bon pourboire au garçon, il vous (**servir**) promptement.
5. Si tu (**être**) d'accord, je (**signer**) le contrat.
6. Si vous (**avoir**) des difficultés à surmonter, je vous (**aider**).
7. S'il (**saisir**) l'occasion, il (**réussir**).
8. Si tu ne (**tenir**) pas ta promesse, je ne te (**confier**) jamais de secret.
9. S'il (**faire**) beau, nous (**se promener**).
10. S'il (**faire**) froid, nous (**rester**) chez nous.

Exercice 2

Formez des phrases conformément à l'exemple, en utilisant les phrases de l'exercice 1.

Exemple: Si tu **(être)** malade, tu ne **(pouvoir)** pas aller à l'école.
Si tu **étais** malade, tu ne **pourrais** pas aller à l'école.

Exercice 3

Formez des phrases conformément à l'exemple, en utilisant les phrases de l'exercice 1.

Exemple: Si tu **(être)** malade, tu ne **(pouvoir)** pas aller à l'école.
Si tu **avais été** malade, tu n'**aurais pas pu** aller à l'école.

Exercice 4

Traduisez en français:

1. Wenn du das Auto gewaschen hättest, hätte ich dir 3 F gegeben. — 2. Wenn du mich um Verzeihung bitten würdest, würde ich alles vergessen. — 3. Wenn du es riskiert hättest, hättest du gewonnen. — 4. Wenn es regnet, werden wir ins Kino gehen. — 5. Wenn Sie eine Taxe genommen hätten, wären Sie rechtzeitig gekommen. — 6. Wenn er von diesem Angebot Gebrauch machte, würde er einen Nutzen (Gewinn) daraus ziehen. — 7. Wenn Sie ihn zu sehen wünschen, müssen Sie etwas warten. — 8. Wenn Sie früher gekommen wären, hätten Sie ihn angetroffen. — 9. Wenn uns Ihre Bedingungen zusagen, werden wir sie annehmen. — 10. Wenn er uns einen Vorschlag unterbreitet hätte, hätten wir ihn geprüft.

COURS MOYEN

Traduisez en français:

1. Wir werden die Annahme der Waren verweigern, wenn die Sendung in schlechtem Zustand eintrifft. — 2. Wenn die Versandabteilung die Waren mit der erforderlichen Sorgfalt verpackt hätte, wären sie unterwegs nicht beschädigt worden. — 3. Wenn Sie die Waren nicht unterversichert hätten, hätte die Versicherungsgesellschaft den Schaden ersetzt. — 4. Wenn der Agent über langjährige Erfahrungen im Exportgeschäft verfügte, würden wir ihm die Generalagentur übertragen. — 5. Die Firma hätte einen größeren Umsatz erzielt, wenn sich der Pelzhandel von der Krise erholt hätte. — 6. Wenn Sie eine Generalagentur in England errichten, werde ich mich um die freie Stelle bewerben. — 7. Wenn wir die Importlizenzen erhielten, würden wir Ihnen größere Aufträge erteilen. — 8. Wenn die Tratte am Fälligkeitstag nicht eingelöst wird, werden wir gerichtlich gegen Sie vorgehen. — 9. Wenn Sie einen Preisnachlaß von 20 % gewährten, wären wir bereit, die Ware zu behalten. — 10. Wenn die Bank ein bestätigtes, unwiderrufliches Akkreditiv eröffnet hätte, hätten wir den Auftrag ausgeführt. — 11. Wenn Sie unseren Rat befolgt hätten, hätten Sie viel Geld gespart. — 12. Wenn die Sendung Grund zu Beanstandung gäbe, würden wir die Angelegenheit mittels Arbitrage regeln lassen. — 13. Wenn wir einen Verlust erleiden, werden wir Schadenersatz fordern. — 14. Wir würden Sie für den Maschinenschaden haftbar machen, wenn Sie nicht die erforderlichen Sicherheitsmaßnahmen träfen. — 15. Wir hätten den Auftrag annulliert, wenn die Qualität nicht dem Muster entsprochen hätte.

COURS SUPERIEUR

Traduisez en français:

1. Wenn die DM aufgewertet werden würde, würde der Export zurückgehen. — 2. Wenn die Engländer das Pfund abgewertet hätten, hätte die Zahlungsbilanz vielleicht ausgeglichen werden können. — 3. Wenn die Deutsche Bundesbank den Diskontsatz erhöhen würde, wäre es vielleicht möglich, die Inflationsgefahr zu bannen. — 4. Wenn die Aktienkurse fielen, würden viele Aktionäre ihre Aktien verkaufen. — 5. Wenn die Labour Partei die ganze Industrie verstaatlichen würde, würde sie Wähler verlieren oder hinzugewinnen. — 6. Wenn es der Regierung nicht gelingt, das wirtschaftliche Gleichgewicht wiederherzustellen, wird Arbeitslosigkeit unvermeidlich sein. — 7. Wenn die Deutsche Bundesbank weiter restriktive Maßnahmen ergreift, wird der Kapitalmarkt zusammenbrechen. — 8. Das englische Pfund hätte Einbußen erlitten (wäre abgebröckelt), wenn es nicht von der Bank von England gestützt worden wäre. — 9. Wenn die öffentlichen Ausgaben gekürzt werden, wird sich der Boom abschwächen. — 10. Wenn sich die Wirtschaft von der Rezession nicht erholt hätte, wären wir in eine Wirtschaftskrise geraten.

VOCABULAIRE

COURS ELEMENTAIRE

Exercice 1

accorder un crédit	einen Kredit gewähren
signer le contrat	den Vertrag unterschreiben
surmonter des difficultés	Schwierigkeiten überwinden
saisir l'occasion	die Gelegenheit ergreifen
tenir sa promesse	sein Versprechen halten
confier qch à qn	jmd. etw. anvertrauen

Exercice 4

demander pardon	um Verzeihung bitten
risquer qch	etw. riskieren
gagner	gewinnen
faire usage de	von etw. Gebrauch machen
tirer un profit de qch	einen Nutzen aus etw. ziehen
accepter les conditions	die Bedingungen annehmen
soumettre une proposition (faire)	einen Vorschlag unterbreiten (machen)

COURS MOYEN

refuser les marchandises	die Annahme der Waren verweigern
en mauvais état	in schlechtem Zustand
le service d'expédition	die Versandabteilung
emballer qch	etw. einpacken, verpacken
sous-assurer qch	etw. unterversichern
la compagnie d'assurance	die Versicherungsgesellschaft
dédommager qn	jmd. entschädigen
avoir de longues années d'expérience	eine langjährige Erfahrung haben
confier l'agence générale à qn	jmd. die Generalagentur übertragen

atteindre un chiffre d'affaires	einen Umsatz erzielen
la branche de la fourrure	der Pelzhandel
se relever de la crise	sich von der Krise erholen
établir une agence générale	eine Generalagentur errichten
solliciter une place vacante	sich um die freie Stelle bewerben
obtenir la licence d'importation	eine Importlizenz erhalten
honorer une traite (à échéance)	einen Wechsel einlösen (am Fälligkeitstag)
intenter une action en justice	gerichtlich gegen jmd. vorgehen
être prêt à faire qch	bereit sein, etw. zu tun
garder (retenir) les marchandises	die Waren behalten
suivre un conseil	einen Rat befolgen
épargner (économiser) de l'argent	Geld sparen
donner lieu à réclamation	Grund zur Beanstandung geben
faire régler une affaire par arbitrage	eine Angelegenheit per Arbitrage regeln lassen
subir une perte	einen Verlust erleiden
réclamer des dommages-intérêts	Schadenersatz fordern
rendre qn responsable de	jmd. haftbar machen für
l'avarie de machine	der Maschinenschaden
prendre des précautions	Sicherheitsmaßnahmen treffen
annuler une commande	einen Auftrag annullieren
être conforme à (répondre à) qch	einer Sache entsprechen

COURS SUPERIEUR

revaloriser le DM, dévaluer	die DM aufwerten, abwerten
équilibrer la balance des paiements	die Zahlungsbilanz ausgleichen
augmenter le taux d'escompte	den Diskontsatz erhöhen
conjurer le danger d'inflation	die Inflationsgefahr bannen
l'action (f)	die Aktie
le Parti travailliste	die Labour Party
nationaliser l'industrie	die Industrie verstaatlichen
perdre des électeurs	Wähler verlieren
rétablir l'équilibre économique	das wirtschaftliche Gleichgewicht wiederherstellen
le chômage	die Arbeitslosigkeit
prendre des mesures restrictives	Restriktionsmaßnahmen ergreifen
le marché financier ⎫ le marché des capitaux ⎭	der Kapitalmarkt
s'écrouler, s'effondrer	zusammenbrechen
perdre du terrain	Einbußen erleiden
soutenir le Franc	den Franc stützen
réduire les dépenses publiques	die öffentlichen Ausgaben kürzen
se ralentir	sich abschwächen (der Boom)
se remettre de la récession	sich von der Rezession erholen
tomber dans une crise	in eine Krise geraten

CONCORDANCE DES TEMPS — die Zeitenfolge

Die Zeitenfolge spielt bei der indirekten Rede eine bedeutende Rolle. Die Zeit des Verbs im Nebensatz ist von der Zeit des Verbs im Hauptsatz (Bezugsverb) abhängig.

Direkte Rede	Il dit «Je suis malade.» Er sagt: „Ich bin krank".
Indirekte Rede	Il **dit** qu'il est malade. Bezugsverb Er sagt, daß er krank sei.

Notez:

Steht das Bezugsverb im Hauptsatz im:	so folgt im Nebensatz der indirekten Rede		
Präsens (Futur)	Präsens	Perfekt	Futur I
Imperfekt	Imperfekt	Plusquamperfekt	Konditional I

Exemple:

Zeit im Hauptsatz	Zeit im Nebensatz	
PRÄSENS		
je crois **Präsens**	qu'il vient **Präsens**	bei **gleichzeitiger, unvollendeter** Handlung
je crois **Präsens**	qu'il est venu **Perfekt**	bei **abgeschlossener** Handlung
je crois **Präsens**	qu'il viendra **Futur**	bei **zukünftiger** Handlung
IMPERFEKT		
je croyais **Imperfekt**	qu'il venait **Imperfekt**	bei **gleichzeitiger, unvollendeter** Handlung
je croyais **Imperfekt**	qu'il était venu **Plusquamperf.**	bei **abgeschlossener** Handlung
je croyais **Imperfekt**	qu'il viendrait **Konditional I**	bei **zukünftiger** Handlung

Anmerkung: Die Zeitenfolge beim Konjunktiv siehe Scite 75.

COURS ELEMENTAIRE

Exercice 1

Mettez les verbes de la subordonnée au temps convenable:

Exemple:
il **dit/disait** — qu'il **(connaître)** cet homme
il **dit** qu'il **connaît** cet homme
il **disait** qu'il **connaissait** cet homme

1. Il dit/disait — qu'il (trouver) son portefeuille.
2. Il dit/disait — que son père ne (fumer) pas.
3. Il dit/disait — qu'il (partir) pour Paris.
4. Il dit/disait — que le gouvernement (prendre) des mesures convenables.
5. Il dit/disait — qu'ils ne (vouloir) pas courir de risque.
6. Il dit/disait — que le moteur ne (marcher) plus.
7. Ils disent/disaient — qu'ils (être) trop jeunes pour se marier.
8. Il dit/disait — que Julien (être) mort.
9. Il affirme/affirmait — que Madeleine (être) jolie.
10. Il dit/disait — que nous nous (revoir) la semaine prochaine.
11. Il dit/disait — que les prix (augmenter) l'année prochaine.
12. Il dit/disait — que Paris (être) une belle ville.
13. Il dit/disait — qu'il (prendre) les dispositions nécessaires.
14. Il dit/disait — que les prix (être réduit).
15. Il dit/disait — que les renseignements (être fourni) par une banque.

Exercice 2

Traduisez en français:

1. Er sagt(e), daß er mich morgen besuchen werde. — 2. Er sagt(e), daß er seine Schularbeiten gemacht habe. — 3. Er behauptet(e), daß sie verreist sei. — 4. Er sagt(e), daß das leichtsinnig sei. — 5. Er sagt(e), daß er erpreßt worden sei. — 6. Er sagt(e), daß er sein Bestes tun werde. — 7. Er behauptet(e), daß Paul ihn bestochen habe. — 8. Er sagt(e), daß er das Verbrechen begangen habe. — 9. Die Regierung weist (wies) darauf hin, daß die Preise steigen werden. — 10. Er sagt(e), daß er mir helfen werde.

COURS MOYEN

Traduisez en français:

1. Er sagt(e), daß er seinen Verpflichtungen nachkommen werde. — 2. Der Exporteur behauptet(e), daß die Waren ordnungsgemäß verpackt worden seien. — 3. Der Importeur sagt(e), daß er den Exporteur verklagen werde. — 4. Der Spediteur behauptet(e), daß die Rechnung nicht beglichen worden sei. — 5. Er sagt(e), daß er sein Bestes tun werde, um uns zufriedenzustellen. — 6. Die Bank teilt(e) uns mit, daß sie den Wechsel bis zum 1. November prolongiert habe. — 7. Er erklärt(e),

daß er vom Vertrag zurückgetreten sei. — 8. Er sagt(e), daß die Auskunft streng vertraulich behandelt werde. — 9. Er erklärt(e), daß das Schiff mit einer Verspätung von 8 Stunden auslaufen werde. — 10. Der Fabrikant teilt(e) uns mit, daß er uns seine Generalagentur übertragen werde. — 11. Der Agent teilt(e) uns mit, daß er bereit sei, die Agentur zu diesen Bedingungen zu übernehmen. — 12. Er sagt(e), daß er uns auf dem laufenden halten werde. — 13. Der Importeur teilt(e) uns mit, daß er die Importlizenzen erhalten habe. — 14. Er sagt(e), daß er nächsten Monat ein Geschäft in Hamburg eröffnen werde. — 15. Er sagt(e), daß der Umsatz beträchtlich gestiegen sei.

COURS SUPERIEUR

Traduisez en français:

1. Er sagt(e), daß eine Steuer auf Wein erhoben worden sei. — 2. Er sagt(e), daß die Steuern nächstes Jahr erhöht würden. — 3. Die Regierung weist (wies) darauf hin, daß eine Steuererhöhung erforderlich sei. — 4. Er sagt(e), daß er die Steuererklärung abgegeben habe. — 5. Er sagt(e), daß er steuerpflichtig sei. — 6. Er sagt(e), daß er den Steuerbescheid erhalten habe. — 7. Er sagt(e), daß er Einkommensteuer zu zahlen habe. — 8. Man sagt, daß alle Steuern: Lohnsteuer, Einkommensteuer, Körperschaftsteuer, Gewerbesteuer, Erbschaftsteuer, Grundsteuer, Mehrwertsteuer und Vermögensteuer usw. erhöht werden. — 9. Er sagt(e), daß die Zollsätze erhöht worden seien. — 10. Der Zollbeamte sagt(e), daß diese Waren zollpflichtig (zollfrei) seien. — 11. Der Exporteur sagt(e), daß er die Zollformalitäten erledigen werde. — 12. Er sagt(e), daß die Waren verzollt worden seien.

VOCABULAIRE

COURS ELEMENTAIRE

Exercice 1

prendre des mesures convenables	geeignete Maßnahmen ergreifen
courir un risque	ein Risiko laufen, eingehen
se marier	heiraten
augmenter (prix)	steigen (die Preise)
prendre des dispositions	Vorkehrungen treffen
réduire les prix	die Preise senken
fournir des renseignements	Auskunft erteilen

Exercice 2

être imprudent	leichtsinnig sein
faire de son mieux	sein Bestes tun
faire chanter qn	von jmd. etw. erpressen, jmd. erpressen
corrompre qn, graisser la patte à qn	jmd. bestechen

COURS MOYEN

remplir ses engagements	seinen Verpflichtungen nachkommen
soutenir	behaupten
emballer qch convenablement	etw. ordnungsgemäß verpacken
intenter une action contre	jmd. verklagen, einen Prozeß gegen jmd. anstrengen
régler une facture	eine Rechnung begleichen
faire de son mieux	sein Bestes tun
prolonger une traite	einen Wechsel verlängern, prolongieren
traiter un renseignement à titre strictement confidentiel	eine Auskunft streng vertraulich behandeln
partir avec 3 heures de retard	mit 3 Stunden Verspätung auslaufen
confier une agence à qn	eine Agentur übertragen
se charger de l'agence	die Agentur übernehmen
tenir qn au courant	jmd. auf dem laufenden halten
obtenir les licences d'importation	die Einfuhrlizenzen erhalten
ouvrir un commerce (magasin)	ein Geschäft eröffnen
le chiffre d'affaires	der Umsatz

COURS SUPERIEUR

percevoir des droits sur qch	auf etw. Zoll erheben
majorer les impôts	die Steuern erhöhen
déposer la déclaration d'impôts	die Steuererklärung abgeben
être imposable	steuerpflichtig sein
recevoir l'avis d'imposition	den Steuerbescheid erhalten
l'impôt sur le revenu	Einkommensteuer
l'imposition sur les salaires	Lohnsteuer
l'impôt sur les sociétés	Körperschaftsteuer
la patente	die Gewerbesteuer
les droits de succession	die Erbschaftsteuer
l'impôt foncier	die Grundsteuer
la taxe sur le chiffre d'affaires	die Umsatzsteuer
l'impôt sur la fortune	die Vermögensteuer
la taxe sur la valeur ajoutée	die Mehrwertsteuer
le tarif douanier	der Zollsatz
soumettre qch aux droits de douane (douaniers)	zollpflichtig sein
être exempté de droits de douane	zollfrei sein
accomplir les formalités douanières	die Zollformalitäten erledigen
dédouaner qch	etw. verzollen

L'INFINITIF — der Infinitiv

Les temps de l'infinitif — die Zeiten des Infinitivs

l'infinitif	actif	passif
l'infinitif présent Infinitiv Präsens	demander fragen	être demandé(e, s, es) gefragt werden
l'infinitif passé Infinitiv Perfekt	avoir demandé gefragt haben	avoir été demandé(e, s, es) gefragt worden sein

L'infinitif sans préposition — der Infinitiv ohne Präposition

1. **Danser** fait plaisir.
   Tanzen macht Spaß.

2. Je le fais **entrer**.
   Ich lasse ihn eintreten.

   Laisse-moi **entrer**.
   Laß mich eintreten!

   Il peut (veut, doit) **partir**
   maintenant.
   Er kann (will, soll) jetzt aufbrechen.

   Il sait **parler** français.
   Er kann Französisch.

3. J'ai entendu **dire** que Louis a
   causé l'accident.
   Ich habe gehört, daß Ludwig den
   Unfall verursacht hat.
   Nous regardons l'avion **décoller**.
   Wir sehen (zu), wie das Flugzeug
   startet.
   Il voit **venir** ses parents.
   Er sieht seine Eltern kommen.

4. Il faut **parler** plus lentement.
   Man muß langsamer sprechen.
   Le temps semble **s'éclaircir**.
   Das Wetter scheint sich auf-
   zuklären.
   Il vaut mieux **se taire**.
   Es ist besser zu schweigen.

Notez:

Der Infinitiv **ohne Präposition** steht:

1. **als Subjekt,** das vorangeht;

2. nach den **modalen Hilfsverben:**

faire	— lassen, veranlassen
vouloir	— wollen
pouvoir	— können
devoir	— müssen, sollen
laisser	— lassen, zulassen
savoir	— verstehen

3. nach den Verben der **sinnlichen Wahrnehmung:**

écouter	— zuhören
entrendre	— hören
regarder	— zusehen
sentir	— fühlen
voir	— sehen u. a.

4. nach den **unpersönlichen** Ausdrücken:

il faut	— es ist nötig, man muß
il semble	— es scheint
il vaut mieux	— es ist besser
u. a.	

5. Elle aime **passer** ses vacances en Autriche. Nous espérons **rencontrer** Jules ce soir à l'Opéra. Il préfère **garder** le silence. (Sie zieht es vor, den Mund zu halten.)	5. nach folgenden Verben des **Wünschens:** aimer — etw. gern tun aimer mieux — etw. lieber wollen désirer — wünschen espérer — hoffen préférer — bevorzugen aimer faire ⎰ etw. gern tun aimer à faire ⎱ = **(Schriftsprache)**
6. Je crois **l'avoir** vu à Londres. Je ne pense pas vous **quitter** ce soir. Il se rappelle (se figure) **avoir fait** sa connaissance à Paris. Er erinnert sich (bildet sich ein), seine Bekanntschaft in Paris gemacht zu haben.	6. nach den Verben **des Glaubens** und **Denkens:** croire — glauben se figurer — sich einbilden s'imaginer — sich vorstellen penser — denken, glauben se rappeler — sich erinnern
7. Il affirme ne pas **avoir volé** l'argent. Er behauptet, er habe das Geld nicht gestohlen. Elle prétend **être** une artiste. Sie behauptet, Künstlerin zu sein. Ils affirment **avoir** dit la vérité. Sie behaupten, die Wahrheit gesagt zu haben.	7. nach den Verben **des Behauptens und Versicherns:** affirmer — versichern, behaupten assurer — versichern déclarer — erklären dire — sagen prétendre — vorgeben, fälschlich behaupten u. a.
8. Ecoute, Marcel, je vais **voir** Robert. Pierre envoie **chercher** le mécanicien. Elle vient me **présenter** son fiancé.	8. nach den Verben der **Bewegung:** aller — gehen courir — laufen envoyer — schicken venir — kommen u. a. zur Erfüllung eines Zwecks.

COURS ELEMENTAIRE

Exercice 1

Traduisez en français:

1. Wir lassen unseren Wagen bei der Tankstelle waschen. — 2. Lesen ist lehrreich. — 3. Ich ziehe es vor, mit dem Schiff zu fahren. — 4. Ich glaube, daß ich das Problem gelöst habe. — 5. Er zog es vor, die erforderlichen Maßnahmen zu ergreifen. — 6. Du solltest die Gelegenheit, die sich bietet, ergreifen. — 7. Er versicherte, daß er den Wagen nicht überholt habe. — 8. M. Renard behauptet, den Unfall nicht verursacht zu haben. — 9. Er bildet sich ein, es geschafft zu haben. — 10. Ich glaube, die Verantwortung für die Sache übernehmen zu können. — 11. Er will diesmal die Initiative ergreifen. — 12. Er bevorzugt es, unangenehme Dinge selbst zu regeln. — 13. Ich sehe das Unglück kommen. — 14. Lassen Sie mich Ihnen die Sache erklären. — 15. Sie müssen wieder Mut fassen!

L'infinitif avec «de» — der Infinitiv mit „de"

1. a) Il parle **d'**émigrer en Amérique. Elle se repent **d'**avoir quitté Marcel. Elle se souvient **d'**avoir fait sa connaissance à Berlin. b) Je vous remercie **de** votre lettre. Il s'agit **d'**une faute grave. Je vous félicite **de** votre succès.	**Notez:** Der Infinitiv mit „**de**" steht **nach** den Verben bzw. Ausdrücken: 1. a) s'agir de — sich handeln um féliciter de — beglückwünschen se souvenir de — sich erinnern an accuser de — anklagen s'excuser de — sich entschuldigen parler de — sprechen von remercier de — danken für se repentir de — bereuen u. a. b) Auf die oben angeführten Verben kann auch ein Substantiv folgen.
2. Je me permets **de** vous offrir mes services. Il a oublié **de** faire ses devoirs. Elle m'a promis **d'**écrire tout de suite. Ils ont essayé **de** s'échapper. J'ai l'intention **de** rester ici.	2. se permettre de — sich erlauben oublier de — vergessen promettre de — versprechen essayer de — versuchen proposer de — vorschlagen avoir l'intention de } — beabsichtigen se proposer de — beabsichtigen défendre de — verbieten éviter de — vermeiden dire de — sagen, befehlen offrir de — anbieten refuser de — ablehnen, verweigern (se refuser à) sich weigern regretter de — bedauern risquer de — Gefahr laufen souhaiter de — wünschen
3. Je m'empresse **de** répondre à votre lettre. Je vous prie **d'**avoir confiance en lui.	3. s'empresser de se hâter de } — sich beeilen se dépêcher de prier de — bitten u. a.
4. Nous sommes heureux **d'**apprendre que Paul s'est marié. Je suis surpris **d'**apprendre que vous n'avez pas réussi à votre examen.	4. être heureux de — sich freuen être content de — sich freuen être surpris de — überrascht sein avoir envie de — Lust haben avoir raison de — recht haben être loin de — entfernt sein von u. a.
5. Il est interdit (défendu) **de** fumer. Il est difficile **de** résoudre ce problème.	5. être interdit de être défendu de } — untersagt sein être facile de[1] — leicht sein être difficile de[1] — schwer sein être impossible de — unmöglich sein

[1] Bei diesen Adjektiven steht die Präposition „de", wenn sie als unpersönliche Ausdrücke gebraucht werden. (**il est** difficile, facile **de**)

115

Traduisez en français:

1. Er entschuldigte sich, daß er nicht höflich gewesen ist. — 2. Ich erinnere mich, Gisèle in der „Cité" gesehen zu haben. — 3. Er weigert sich, seine Schuld zuzugeben. — 4. Ich bedauere, daß ich den Unfall verursacht habe. — 5. Sie riskieren es, Ihre Stelle zu verlieren. — 6. Wir haben versucht, mit ihm Verbindung aufzunehmen. — 7. Er hat aufgehört zu arbeiten. — 8. Er hat mir versprochen, Nicole in Paris zu besuchen. — 9. Ich bitte Sie, mir alles zu sagen, was Sie wissen. — 10. Hast du Lust ins Kino zu gehen? — 11. Ich freue mich, in Paris zu sein. — 12. M. Dupont hat sich bemüht, seine Kunden zufriedenzustellen. — 13. Es ist schwierig festzustellen, ob Marcel das Geld gestohlen hat. — 14. Es ist nicht leicht, das Gegenteil zu beweisen. — 15. Sie weigert sich, einen Arzt aufzusuchen.

L'infinitif avec «à» — der Infinitiv mit „à"

Notez:

Der Infinitiv mit „à" steht **nach** folgenden Verben bzw. Ausdrücken:

1. a) Il m'a encouragé **à** passer l'examen.

   Je suis accoutumé **à** laver ma voiture moi-même.

   Il m'a invité **à** passer les vacances à Paris.

   Je ne suis pas autorisé **à** vous montrer la correspondance.

   b) Il s'attend **au** résultat de l'examen.

1. a)
encourager à	— ermutigen, zuraten
accoutumer à	— gewöhnen
inviter à	— einladen, auffordern
aider à	— behilflich sein
s'attendre à	— gefaßt sein auf
autoriser à	— ermächtigen zu
consentir à	— einwilligen
contribuer à	— beitragen zu
habituer à	— gewöhnen
se préparer à	— sich vorbereiten auf
renoncer à	— verzichten auf
se résigner à	— sich abfinden
u. a.	

   b) Auf diese Verben kann auch ein substantivisches Objekt folgen.

2. Il n'a pas hésité **à** me dire la vérité.

   Il s'est mis **à** étudier l'offre.

   J'ai encore mes devoirs **à** faire.

   Il a réussi **à** me convaincre.

2.
hésiter à	— zögern
se mettre à	— anfangen, beginnen
avoir à	— zu tun haben
réussir à	— gelingen
chercher à	— suchen, versuchen
rester à	— zu tun bleiben
servir à	— dienen zu
tarder à	— zögern, zaudern (zu)
persister à	— darauf beharren
donner à	— zu tun geben
enseigner à	— lehren
apprendre à	— lehren, lernen
tenir à	— Wert darauf legen
u. a.	

3. Nous sommes prêts **à** vous accorder un crédit. Ces fautes sont difficiles **à** corriger.	3. être prêt à — bereit sein facile à — leicht difficile à — schwer le premier à — der erste (letzte) u. a.

Remarquez:

Es gibt auch einige Verben, nach denen sowohl die Präposition „de" als auch „à" stehen kann:

commencer	— beginnen	obliger[1]	— verpflichten
continuer	— fortsetzen	décider	— sich entschließen
forcer	— zwingen	se décider à	— sich entschließen

[1] „obliger de" — literarische Version; „obliger à" — Umgangssprache

Exercice 3

Traduisez en français:

1. Es bleibt uns nichts mehr zu machen. — 2. Er zögerte, mir seinen Wagen zu leihen. — 3. Der Architekt hat mit dem Hausbau begonnen. — 4. Der Polizist hat mich aufgefordert, morgen zur Polizei zu kommen. — 5. Er hat darauf verzichtet, es seinen Eltern zu erzählen. — 6. Er hat sich bereit erklärt, den Bedingungen zuzustimmen. — 7. Wir sind bereit zu sparen. — 8. Ich pflege morgens zu rauchen. — 9. Er hat mich gelehrt, wie man Geschäftsbriefe schreibt. — 10. Wir haben den starken Verkehr in Paris kennengelernt.

L'infinitif avec d'autres prépositions
der Infinitiv mit anderen Präpositionen

1. Je suis allé à Paris **pour (afin de)** visiter les monuments.
2. Elle a quitté la salle **sans** pleurer.
3. Il joue **au lieu de** travailler.
4. Tu devrais faire tes devoirs **avant de** sortir.
5. Il est rentré **après avoir terminé** le travail.
	Notez:
	
	Infinitivsätze werden ebenfalls eingeleitet durch:
	
	1. **pour**
	   afin de } — um zu
	2. **sans** ... — ohne ...
	3. **au lieu de** ... — anstatt zu
	4. **avant de** ... — bevor
	5. **après avoir**
	   fait } — nachdem man getan hat

Exercise 4

Traduisez en français:

1. Er besuchte die Volkshochschule, um Fremdsprachen zu lernen. — 2. Er hat es getan, ohne mich zu fragen. — 3. Er ging ins Kino, anstatt mich vom Bahnhof abzuholen. — 4. Er pflegte zu lesen, bevor er ins Bett ging. — 5. Als wir diese Nachricht erhalten hatten, riefen wir Solange an. — 6. Er ist nach Hause gegangen, um sich ein wenig auszuruhen. —7. Er log, ohne rot zu werden. — 8. Er zieht es vor zu arbeiten, anstatt sich herumzutreiben. — 9. Ich möchte erst abwaschen, bevor ich ins Theater gehe. — 10. Als Vater den Spaziergang gemacht hatte, las er ein Buch.

Faut-il employer l'infinitif «avec» ou «sans» préposition?

Exemple: nous nous sommes décidés ... nous taire.

nous nous sommes décidés à nous taire.

1. Il vaut mieux ... prendre l'autobus.
2. Combien de temps faut-il ... arriver à Paris?
3. Je me rappelle ... avoir pris l'ascenseur.
4. Ils ont envie ... se rafraîchir.
5. Fais attention ... ne pas te brûler.
6. Il a préféré ... doubler la voiture.
7. Nous devons ... nous dépêcher.
8. J'aime mieux ... voyager en bateau qu'en avion.
9. Marcel prétend ... être un poète.
10. Il a l'intention ... acheter une maison neuve.
11. Il a l'habitude ... se coucher à dix heures.
12. Je me permets ... vous offrir mes services comme agent.
13. Il a fini ... pleuvoir.
14. J'ai oublié ... signer le chèque.
15. Elle risque ... perdre Marcel parce qu'elle est trop jalouse.
16. Nous regrettons ... avoir fait du scandale.
17. Je souhaite ... vous revoir dans quelque temps.
18. Il m'a invité ... venir demain.
19. Ils m'ont encouragé ... présenter ma candidature.
20. Il y a beaucoup de travail ... faire.
21. Nous sommes prêts ... vous accorder un crédit.
22. Il a contribué ... faire arrêter le bandit.
23. Je vous promets ... m'occuper de cette affaire.
24. Il hésite ... dire la vérité.
25. Ils se sont mis ... traduire le texte.
26. Il est impossible ... être de son avis.
27. Il est interdit ... stationner ici.
28. Je serais heureux ... vous lire sous peu.
29. J'ai envie ... danser.
30. Il aime ... se sentir comme un poisson dans l'eau.

COURS MOYEN

Traduisez en français:

1. Sobald die Verschiffung erfolgt ist, werden wir Ihnen das Konnossement und die Rechnung zustellen. — 2. Sie werden überrascht sein zu erfahren, daß die Firma pleite gemacht hat. — 3. Es ist unbedingt erforderlich, die Produktionsmethoden zu verbessern. — 4. Würden Sie uns bitte den Betrag von 500 F gutschreiben. — 5. Es ist dem Bezogenen gelungen, den Wechsel rechtzeitig einzulösen. — 6. Bevor

wir den Kredit gewähren, müssen wir Auskunft über die betreffende Firma einholen. — 7. Als ich die Waren bezahlt hatte, erhielt ich eine Quittung. — 8. Als der Exporteur das bestätigte, unwiderrufliche Akkreditiv erhalten hatte, brachte er die Waren zum Versand. — 9. Zum Ausgleich Ihrer Rechnung vom 5. d. M. fügen wir einen Verrechnungsscheck über 550,— F auf die Crédit Lyonnais bei. — 10. Ich habe mir gestattet, auf Sie einen Wechsel über 1500,— F per 10. 4. zu ziehen. — 11. Wir danken Ihnen für die Überweisung des Rechnungsbetrages. — 12. Ich gestatte mir, Sie darauf hinzuweisen (zu erinnern), daß meine Rechnung vom 1. 2. in Höhe von 3000,— F noch immer nicht beglichen ist. — 13. Wir haben Sie bereits mehrere Male gebeten, Ihr Konto auszugleichen, bisher aber leider ohne Erfolg. — 14. Wir bestätigen unsere letzte Mahnung vom 3. 8. und sind erstaunt, daß wir weder eine Zahlung noch irgendeine Antwort von Ihnen erhalten haben. — 15. Sollten Sie die Rechnung nicht innerhalb von 8 Tagen begleichen, sind wir gezwungen, gerichtliche Schritte gegen Sie zu unternehmen. — 16. Da es uns zur Zeit unmöglich ist, den Rechnungsbetrag zu überweisen, bitten wir Sie, den Kredit um 2 Monate zu verlängern. — 17. Wir werden uns bemühen (wir werden unser Bestes tun, wir werden nicht versäumen), rechtzeitig Zahlung zu leisten. — 18. Wir können Ihnen leider keinen weiteren Zahlungsaufschub gewähren. — 19. Würden Sie uns bitte Auskunft über die auf dem beigefügten Bogen genannte Firma erteilen. — 20. Bevor wir mit der Firma Geschäftsbeziehungen aufnehmen, möchten wir gern Ihre Ansicht über deren Ruf, finanzielle Lage, Zahlungsfähigkeit und Geschäftsmethoden wissen. — 21. Als der Fabrikant das Angebot erhalten hatte, führte er den Auftrag aus. — 22. Als der Exporteur die Waren zum Versand gebracht hatte, reichte er die Verschiffungsdokumente ein. — 23. Als die Bank das Akkreditiv eröffnet hatte, informierte sie den Exporteur. — 24. Als die Bank die Auskunft erhalten hatte, gewährte sie den Kredit. — 25. Als der Importeur die Sendung geprüft hatte, beglich er die Rechnung. — 26. Als der Großhändler die Preise kalkuliert hatte, unterbreitete er das Angebot. — 27. Als die Preise gesenkt worden waren, fanden die Waren einen besseren Absatz. — 28. Als wir die Tratte akzeptiert hatten, schickten wir sie dem Aussteller. — 29. Als die Versicherungsgesellschaft die Mängelrüge anerkannt hatte, leistete sie Schadenersatz. — 30. Als wir die Rechnung erhalten hatten, beglichen wir sie.

COURS SUPERIEUR

Traduisez en français:

1. Der Vorstand wurde beauftragt, einen Finanzierungsplan aufzustellen, aus dem die einzelnen Investitionen hervorgehen. — 2. Die Gesellschaft beschloß, der langfristigen Finanzierung gegenüber der kurzfristigen den Vorzug zu geben. — 3. Es ist unbedingt erforderlich, die Produktionsmethoden zu verbessern. — 4. Kurzfristige Kredite werden oft benötigt, um vorübergehende finanzielle Schwierigkeiten zu überwinden. — 5. Langfristige Kredite werden benötigt, um den Bau von Fabriken, Kraftwerken, Brücken, Schulen, Krankenhäusern und Autobahnen zu finanzieren. — 6. Der Aufsichtsrat wies darauf hin, daß er bereit sei, die Investitionspläne der Firma zu unterstützen. — 7. Die Regierung ergriff die erforderlichen Maßnahmen, um den Investitionsboom zu stoppen. — 8. Es ist der Aktiengesellschaft gelungen, das Investitionsprogramm der finanziellen Entwicklung anzupassen. — 9. Fehlinvestitionen sind unter allen Umständen zu vermeiden. — 10. Investitionen sind erforderlich, um die Produktivität zu steigern. — 11. Die gegenwärtige Haushaltslage erlaubt es nicht, Kredit auf dem Kapitalmarkt aufzunehmen. — 12. Der Finanzminister hat der Regierung empfohlen, Kürzungen im Haushalt vorzunehmen, um die Konjunktur zu dämpfen.

VOCABULAIRE

COURS ELEMENTAIRE

Exercice 1

être instructif	lehrreich sein
voyager en bateau	mit dem Schiff fahren
résoudre un problème	ein Problem lösen
prendre des mesures	die Maßnahmen ergreifen
saisir une occasion	eine Gelegenheit ergreifen
doubler une voiture	einen Wagen überholen
arriver	etw. schaffen (das Ziel erreichen)
assumer la responsabilité	die Verantwortung übernehmen
prendre l'initiative	die Initiative ergreifen
régler des affaires désagréables	unangenehme Dinge regeln
le malheur	das Unglück
expliquer l'affaire	eine Sache erklären
reprendre courage	wieder Mut fassen

Exercice 2

s'excuser de qch	sich für etw. entschuldigen
se refuser (à)	sich weigern
avouer une faute	einen Fehler (die Schuld) zugeben
entrer en relations avec	mit jmd. Verbindung aufnehmen
satisfaire les clients	die Kunden zufriedenstellen
constater qch	etw. feststellen
voler l'argent	Geld stehlen, entwenden
prouver le contraire	das Gegenteil beweisen
consulter le médecin	den Arzt aufsuchen

Exercice 3

prêter qch à qn	jmd. etw. leihen, verleihen
renoncer à qch	auf etw. verzichten
consentir à faire qch	sich bereit erklären, etw. zu tun
faire des économies	sparen
une lettre d'affaires	ein Geschäftsbrief
la circulation	der Verkehr
apprendre à connaître qch	etw. kennenlernen

Exercice 4

l'université populaire	die Volkshochschule
venir chercher qn	jmd. abholen
apprendre une nouvelle	eine Nachricht erhalten
se reposer un peu	sich ein wenig ausruhen
rougir	rot werden
vagabonder	sich herumtreiben
faire la vaisselle	abwaschen

120

se rafraîchir — sich erfrischen

offrir ses services comme — seine Dienste als ... anbieten

être jaloux — eifersüchtig sein

encourager qn — jmd. ermutigen

présenter sa candidature — sich bewerben

contribuer à — beitragen zu etw.

s'occuper de qch — sich mit etw. befassen, beschäftigen

dire la vérité — die Wahrheit sagen

je suis de ton avis — ich bin deiner Meinung

se sentir comme un poisson dans l'eau — sich wie der Herrgott in Frankreich fühlen

COURS MOYEN

le chargement s'effectuera demain — die Verschiffung wird morgen erfolgen

le connaissement — das Konnossement

faire faillite — pleite machen

améliorer les méthodes de production — die Produktionsmethoden verbessern

créditer la somme de — den Betrag von ... gutschreiben

le tiré — der Bezogene

honorer la traite — den Wechsel einlösen

prendre des renseignements — Auskunft einholen

la quittance — die Quittung

en règlement de la facture — zum Ausgleich der Rechnung

veuillez trouver ci-joint — in der Anlage finden Sie bitte

le chèque barré — der Verrechnungsscheck

tirer sur qn — auf jmd. einen Wechsel ziehen

à échéance du 10 avril — per 10. 4.

le virement, le mandat — die Überweisung

attirer l'attention sur qch — die Aufmerksamkeit auf etw. lenken

se monter à, s'élever à — sich belaufen auf

confirmer un rappel — eine Mahnung bestätigen

poursuivre qn en justice ⎫
avoir recours aux tribunaux ⎭ — gegen jmd. gerichtliche Schritte unternehmen

prolonger un crédit — einen Kredit verlängern

accorder une nouvelle prolongation — einen weiteren Zahlungsaufschub gewähren

entrer en relations d'affaires — Geschäftsbeziehungen aufnehmen

la situation financière — die finanzielle Lage

la réputation — der Ruf

la solvabilité — die Zahlungsfähigkeit

les méthodes de traiter les affaires	die Geschäftsmethoden
délivrer les documents d'expédition	die Verschiffungsdokumente einreichen
ouvrir un crédit documentaire	ein Akkreditiv eröffnen
vérifier l'envoi (m)	die Sendung prüfen
régler la facture	die Rechnung begleichen
le grossiste	der Großhändler
se vendre plus facilement	einen besseren Absatz finden
accepter la traite	die Tratte akzeptieren
le tireur	der Aussteller
reconnaître la réclamation	die Reklamation anerkennen
dédommager qn	jmd. entschädigen, Schadenersatz leisten

COURS SUPERIEUR

être chargé de faire qch	beauftragt werden, etw. zu tun
établir un plan de financement	einen Finanzierungsplan aufstellen
donner la préférence (à)	den Vorzug geben
à long terme	langfristig
à court terme	kurzfristig
améliorer les méthodes de production	die Produktionsmethoden verbessern
surmonter des difficultés temporaires	vorübergehende Schwierigkeiten überwinden
financer qch	etw. finanzieren
l'usine (f)	die Fabrik
la centrale électrique	das Kraftwerk
l'autoroute (f)	die Autobahn
le conseil d'administration	der Aufsichtsrat
soutenir les plans d'investissement	die Investitionspläne unterstützen
arrêter le boom d'investissement	den Investitionsboom stoppen
la société anonyme	die Aktiengesellschaft
adapter le programme d'investissement à qch	das Investitionsprogramm einer Sache anpassen
les mauvais investissements	Fehlinvestitionen
à tout prix	unter allen Umständen
accroître la productivité	die Produktivität steigern
la situation actuelle du budget	die aktuelle Haushaltslage
emprunter sur le marché des capitaux	Kredit auf dem Kapitalmarkt aufnehmen
le ministre des finances	der Finanzminister
opérer des réductions sur le budget	Haushaltskürzungen vornehmen
freiner le boom économique	die Hochkonjunktur dämpfen

LE NOM — das Substantiv

LE GENRE — das Geschlecht

le genre masculin männl. Geschlecht	le genre féminin weibl. Geschlecht	Notez:
le père	la mère	Im Französischen gibt es nur **zwei** Geschlechtswörter: **le** — männlich **la** — weiblich
les pères	les mères	Die Mehrzahl von „le" und „la" heißt **„les"**.

du — de la — des

	Auf die Frage: **„WESSEN"**		
C'est la voiture **du** président. Das ist der Wagen **des** Präsidenten. Voici le pourboire **du** garçon. Hier ist das Trinkgeld **des** Kellners.	**DU**	+ männliches Hauptwort im Singular (**du** président) **de le = du**[1]	
C'est la tour **de la** cathédrale. Das ist der Turm **der** Kathedrale. C'est le chalet **du** peintre. Das ist das Chalet **des** Malers.	**DE LA**	+ weibliches Hauptwort im Singular (de la cathédrale)	
C'est l'autobus **des** touristes. Das ist der Bus **der** Touristen. C'est l'hôtel **des** actrices. Das ist das Hotel **der** Schauspielerinnen.	**DES**	+ männl. oder weibliches Hauptwort im Plural (**des** touristes) **de les = des**[1]	
C'est la maison **de** l'éditeur. Das ist das Haus **des** Verlegers. C'est l'auteur préféré **de** l'actrice. Das ist der Lieblingsschriftsteller **der** Schauspielerin.	**DE L'...**	+ männl. oder weibliches Hauptwort, das mit einem Vokal (Selbstlaut) beginnt **de** l'actrice	

[1] **Notez:** Aus „de le" wird „du"; aus „de les" wird „des".

au — à la — aux

	Auf die Frage: „WEM"	
Il donne un pourboire **au** garçon. Er gibt **dem** Kellner ein Trinkgeld.	**AU**	+ männliches Hauptwort im Singular (au garçon)
Il montre l'annonce **à la** concierge. Er zeigt die Annonce der Hausmeisterfrau.	**A LA**	+ weibliches Hauptwort im Singular (à la concierge)
Elle montre le Louvre **aux** étrangers. Er zeigt den Ausländern den Louvre.	**AUX**	+ männliches oder weibl. Hauptwort im Plural (aux étrangers)
Il montre le livre **à** l'éditeur. Er zeigt das Buch dem Verleger.	**A L'**...	+ männliches oder weibl. Hauptwort beginnt mit einem Vokal. (**é**diteur)

Notez: 1. Aus „à le" wird „**au**"; aus „à les" wird „**aux**".

2. Im Französischen steht im allgemeinen das direkte Objekt (Akkusativ) **vor** dem indirekten Objekt (Dativ).

Nähere Erläuterungen hierzu siehe Seite 140.

COURS ELEMENTAIRE

Exercice 1

Faut-il mettre: **du, de la, des** ou **au, à la, aux?**

Exemple: C'est le plan ... architecte.
C'est le plan **de** l'architecte.

1. C'est la voiture ... patron.
2. Ce sont les livres ... élèves.
3. Je montre les monuments de Paris ... touristes.
4. Ce sont les œuvres ... professeur.
5. Voilà le stylo à bille ... instituteur.
6. Nous donnons un pourboire ... garçons.
7. J'aime la voix ... chanteuse.
8. Il passe une cigarette ... chauffeur.
9. Ce sont les scooters ... étudiants.
10. Il montre le château ... visiteurs.

de — à

	Auf die Frage: „WESSEN" oder „WEM"
a) C'est la voiture **de** Jean. Das ist der Wagen **von** Jean. C'est la robe **de** Nicole. Das ist das Kleid **von** Nicole. Il donne le pourboire **à** Paul. Er gibt **Paul** das Trinkgeld.	**nur** „**DE**" oder „**A**" a) wenn das Hauptwort ein **Name, Eigenname** ist.
b) C'est la maison **de notre** professeur. Das ist das Haus unseres Lehrers. Il montre l'annonce **à notre** concierge. Er zeigt die Annonce unserem Hausmeister.	b) wenn dem Hauptwort ein **besitzanzeigendes Fürwort** vorangeht. (mon, ma, mes, notre etc.)
c) C'est le livre **de cet** élève. C'est le cahier **de cette** jeune fille. Elle montre les Champs-Elyssées **à ces** touristes.	c) wenn dem Hauptwort ein **hinweisendes Fürwort** vorangeht. (ce, cette, cet, ces)

Exercice 2

Faut-il mettre: «**à**» ou «**de**»?

Exemple: Il conduit la voiture ... son ami.
               Il conduit la voiture **de** son ami.

1. Je montre les photos ... mes amies.
2. Ce sont les livres ... mon frère.
3. Elle donne le briquet ... Nicole.
4. Voici le cadeau ... Pierre.
5. C'est le passeport ... cet homme.
6. Il passe le billet ... l'ouvreuse.
7. Ce sont les cartes d'identités ... ces voyageurs.
8. Je connais le chapeau ... votre mari.
9. C'est la maison ... Jacques et Madeleine.
10. Il montre les monuments ... ces touristes.

Traduisez en français:

1. Dies ist der Wagen meines Onkels. — 2. Er zeigt seinen Freunden die Sehenswürdigkeiten von Paris. — 3. Hier ist der Ausweis von Paul. — 4. Da ist der Reisepaß deines Vaters. — 5. Das ist der Kugelschreiber des Lehrers. — 6. M. Dupont erklärt den Schülern Grammatik. — 7. Er zeigt den Touristen den Eiffelturm. — 8. Sie zeigt den Besuchern das Schloß. — 9. Ich kenne die Werke des Schriftstellers. — 10. Er zeigt den Kindern den Zoo. — 11. Das ist der Hauptdarsteller dieses Films. — 12. Er zeigt seinem Freund den Wagen seines Vaters. — 13. Das ist das Haus meines Chefs. — 14. Ich reiche Colette das Feuerzeug. — 15. Das sind die Schallplatten meiner Schwester.

VOCABULAIRE

COURS ELEMENTAIRE

Exercice 1

le patron [patrɔ̃]	der Chef
les curiosités [kyrjozite]	die Sehenswürdigkeiten
le stylo à bille [stilɔ, bij]	der Kugelschreiber
l'instituteur [ɛ̃stitytœr]	Lehrer an der Grundschule
donner un pourboire [purbwar]	ein Trinkgeld geben
la voix [vwa]	die Stimme
le scooter [skutœr]	der Motorroller

Exercice 2

conduire une voiture [kɔ̃dyir, vwatyr]	einen Wagen fahren
le briquet [brikɛt]	das Feuerzeug
le cadeau [kado]	das Geschenk
le passeport [paspɔr]	der Reisepaß
la carte d'identité [idɑ̃tite]	der Ausweis
connaître [kɔnɛtr]	kennen
le chapeau [ʃapo]	der Hut

Exercice 3

expliquer [ɛksplike]	erklären
la grammaire [gra(m)mɛr]	die Grammatik
la Tour Eiffel	der Eiffelturm
l'œuvre (f) [œvr]	das Werk
l'écrivain (m) [ekrivɛ̃]	der Schriftsteller
le zoo [zoo]	der Zoo
la vedette [vədɛt]	der (die) Hauptdarsteller(in)
le film	der Film
passer qch à qn	jmd. etwas reichen
le disque [disk]	die Schallplatte

LE PLURIEL DES NOMS — der Plural der Hauptwörter

Le pluriel avec «s» — das Plural-„s"

	Notez:
1. le garçon — les garçons la table — les tables l'école — les écoles	1. Der Franzose bildet den Plural im allgemeinen durch Anhängen eines stummen „s" an den Singular des Hauptwortes. **(Plural-„s")**
2. le bois — les bois la noix (Nuß) — les noix le nez (Nase) — les nez	2. Hauptwörter, die auf „s", „x" oder „z" enden, erhalten **kein** „s" im Plural.

Le pluriel avec «x» — der Plural mit „x"

1. le général — les généraux le principal — les principaux le journal — les journaux	AL — AUX
2. le chapeau — les chapeaux le château — les châteaux le tableau — les tableaux	EAU — EAUX
3. le feu (Feuer) — les feux le jeu (Spiel) — les jeux	EU — EUX
4. le vœu (Wunsch) — les vœux	OEU — OEUX
5. l'étau — les étaux (Schraubstock)	AU — AUX

Notez:

le carnaval — les carnavals le bal — les bals le festival — les festivals	le pneu (Reifen) — les pneus bleu — bleus

l'oeil (m) — das Auge — les yeux

Le pluriel des noms en «ail» et «ou»

Der Plural der Hauptwörter auf „ail" und „ou"

le pluriel en «x»	le pluriel en «s»
le travail — les travaux le genou (Knie) — les genoux le bijou (Schmuck) — les bijoux le chou (Kohl) — les choux le joujou — les joujoux (Spielzeug) u. a.	le clou (Nagel) — les clous le fou (Narr) — les fous le sou (Sou) — les sous le trou (Loch) — les trous u. a.

Le pluriel des noms propres — der Plural bei Eigennamen

	Notez:
1. **Les Dupont** habitent à Paris. Connaissez-vous **les Cunard?**	1. Das Plural-„s" **entfällt,** wenn eine **Familie** in ihrer Gesamtheit bezeichnet wird.
2. a) Les Condés, les Bourbons b) Les Hugos, les Clochards c) Les Renoirs, les Rembrandts	2. Das Plural-„s" **steht** a) zur Bezeichnung einer **königlichen Familie;** b) zur Bezeichnung eines **Typs;** c) zur Bezeichnung eines **Kunstwerks.**
3. **Les Molière** et **les Racine** sont des écrivains bien connus.	3. Das Plural-„s" fällt fort, wenn bei Aufzählungen **Einzelpersonen** besonders **hervorgehoben** oder **betont** werden.

Quelques noms qui s'emploient seulement au pluriel
Einige Hauptwörter, die nur im Plural verwendet werden

les environs	— die Umgebung	les fiançailles	— die Verlobung
aux dépens de	— auf Kosten von	les frais	— die Kosten
les décombres	— der Schutt	les vivres	— die Lebensmittel
les débris	— die Trümmer		
les directives	— die Richtlinien	les mathématiques	— die Mathematik
les épinards	— der Spinat	u. a.	

Exercice 1

Mettez les noms entre parenthèses au pluriel:

Exemple: C'est (le livre) de Nicole.   Ce sont **les livres** de Nicole.

1. C'est (le parapluie) de Pierre.
2. C'est (la cravate) de Paul.
3. C'est (la chemise) de Jean.
4. C'est (la voiture) des (Duval).
5. (Dans ce bois) il y a beaucoup de sangliers.
6. J'aime (la voix) de (cette chanteuse).
7. C'est (le cheval) des (Dupont).
8. (Ce journal) est intéressant.
9. Il visite (ce château).
10. Il a acheté (ce tableau).
11. (Le chapeau) de Jacques est bleu.
12. Je connais (ce jeu).
13. C'est (le vœu) de mon mari.
14. C'est (le pneu) de Robert.
15. Il s'est blessé (au genou).
16. (Ce bijou) est précieux.
17. (Cet œil) est brun.
18. Il prend (le joujou) de Martin.
19. C'est (le chandail) de Claude.
20. C'est (le travail) de (Roussel).

Exercice 2

Quel est le pluriel des noms suivants? Utilisez un dictionnaire.

le bonbon, le passeport, le portefeuille, Madame, Monsieur, le chou-fleur, le chef-d'œuvre, le timbre-poste, la grand-mère, le porte-monnaie, le tire-bouchon.

Exercice 3

Traduisez en français:

1. Viele Franzosen haben lange Nasen. — 2. Ich esse gern Nüsse. — 3. Ich lese französische Zeitungen wie den Figaro oder die Le Monde. — 4. Die Schlösser an der Loire sind großartig. — 5. Ich kenne die Gemälde dieses Künstlers nicht. — 6. Sie nehmen an den Olympischen Spielen teil. — 7. Es gibt überall Karneval. — 8. Er besucht die Festspiele von Edinburgh. — 9. Hier sind die neuen Reifen, Paul. — 10. Die Arbeiten an der Brücke werden morgen beendet. — 11. Mäntel und Kleider sind teurer als Schuhe. — 12. Madeleine hat schwarze Haare. — 13. Viele Pferde waren nach dem Rennen völlig erschöpft. — 14. Die Arme von Chantal sind sehr lang. — 15. Meine Damen, meine Herren! Machen Sie Ihr Spiel! (Setzen Sie!)

VOCABULAIRE

COURS ELEMENTAIRE

Exercice 1

le parapluie [paraplyi]	der Regenschirm
le bois [bwa]	der Wald
le sanglier [sɑ̃glije]	das Wildschwein
le cheval [ʃ(ə)val]	das Pferd
se blesser	sich verletzen
être précieux [presjø]	wertvoll sein
le chandail [ʃɑ̃daj]	der Pullover

Exercice 2

le chou-fleur [ʃuflœr]	der Kohlkopf
le chef-d'œuvre [ʃɛdœvr]	das Meisterwerk
le timbre-poste	die Briefmarke
le tire-bouchon	der Korkenzieher

Exercice 3

le nez [ne]	die Nase
la noix [nwa]	die Nuß
le tableau	das Gemälde
l'artiste (le peintre)	der Künstler (Maler)
participer à qch [partisipe]	an etw. teilnehmen
les Jeux Olympiques [ʒø ɔlɛ̃pik]	die Olympischen Spiele
partout [partu]	überall
le pont	die Brücke
le manteau [mɑ̃to]	der Mantel
les cheveux (m) [ʃ(ə)vø]	die Haare
le cheval	das Pferd
la course	das Rennen
être épuisé [epyize]	erschöpft sein
le bras	der Arm

L'ARTICTLE — der Artikel

L'ARTICLE DEFINI — der bestimmte Artikel

Les formes de l'article défini — die Formen des bestimmten Artikels

Artikel	Singular		Plural	
	männlich	**weiblich**	**männlich**	**weiblich**
1. Normaler Artikel	le garçon	la femme	les garçons	les femmes
2. Elidierter Artikel	l'étudiant	l'heure	les étudiants	les heures
3. Zusammen- gezogener Artikel	du garçon au garçon		des garçons aux garçons	

Notez:

zu 1: **Der normale bestimmte Artikel heißt:**

	Singular	Plural
männlich:	**le**	**les**
weiblich:	**la**	**les**

zu 2: Beim **elidierten Artikel** (Artikel mit Apostroph) werden „**le**" und „**la**" **vor einem Vokal** oder **stummen „h"** zu „**l'**" (l'étudiant).

zu 3: Man merke sich beim **zusammengezogenen Artikel:**

de + le = **du**   de + les = **des**
à + le = **au**   à + les = **aux**

L'emploi de l'article défini — die Anwendung des bestimmten Artikels

avec article	sans article
I. Personennamen 1. a) **Les Rougon** habitent à Paris Connaissez-vous **les** Bourbons.	**Maupassant** est un écrivain français. C'est **Chantale** qui chante.
b) Monsieur **le professeur** **le** duc Brassard **la** duchesse Grounod **le** docteur Pascal	

avec article	sans article
II. Geographische Bezeichnungen 2. **Le** Versailles **de** Louis XIV. le Havre, le Caire, la Rochelle	Versailles n'est pas loin de Paris. **Londres** est la capitale de l'Angleterre.
3. a) Vive **la France!** Bruxelles est la capitale de **la Belgique.** **La Tourraine** est appelée le jardin de **la France.**	
b) Il se trouve **au Danemark.**	Il se trouve **en** France.
c) Les colonies **de** l'Angleterre. Les montagnes **de la** France.	Je préfère le fromage **de** France. Il vient **d'**Allemagne.
4. Paris est situé sur **la Seine.** **Le Mont-Blanc** se trouve dans les Alpes. J'aime **la Méditerranée.**	Ausnahmen: z. B. Boulogne-sur-Seine usw.
5. Ils arrivent Gare **du Nord.** Cette ville est située dans **le Midi** de la France. Il fait froid **au nord** de la Suède.	
III. Jahreszeiten, Monate, **Wochentage** 6. Je préfère **l'été** à **l'hiver.**	Je partirai **en** automne. en été, en automne; aber: au printemps
	7. **Janvier** a trente et un jours. (le mois de janvier)
8. Nous avons l'habitude de nous rencontrer **le samedi.** (sonn- abends)	Je le rencontrerai **jeudi prochain.** Je l'ai rencontré **mardi dernier.**
9. Il travaille **du matin au soir.**	J'arriverai vers **midi (minuit).**
	10. Il m'a offert un cadeau pour **Noël.** Nous partirons à **Pâques.**
IV. Gattungsnamen, **Abstrakte und Stoffnamen** 11. **Le chat** attrape **la souris.** **Les chats** sont des animaux domestiques utiles.	
12. Il a dit **la vérité.**	
13. **L'or** — **le cuivre** (Kupfer) **l'argent** (Silber) etc.	

Notez:

I. Personennamen

zu 1: a) Personennamen, mit denen eine ganze Familie bezeichnet wird, stehen mit Artikel.
Personennamen, die eine einzelne Person bezeichnen, stehen ohne Artikel.

b) Personennamen, die z. B. durch einen Titel näher bezeichnet werden, stehen mit Artikel.

II. Geographische Bezeichnungen

zu 2: Ortsnamen stehen ohne Artikel, sofern sie nicht näher bestimmt sind. Ausnahmen sind le Caire, le Havre usw.

zu 3: a) Länder und Provinznamen stehen mit dem Artikel

b) „en" + weibliche Länder (ohne Artikel)
„au" + männliche Länder (mit Artikel)

c) Zwischen „de" und einer Länderbezeichnung steht nur dann der Artikel, wenn der Besitz eines Landes oder die Zugehörigkeit zu einem Land bezeichnet werden soll.

zu 4: Die Namen von Flüssen, Meeren und Gebirgen stehen mit Artikel.

zu 5: Himmelsrichtungen stehen mit Artikel.

III. Jahreszeiten, Monate, Wochentage

zu 6: Die Jahreszeiten stehen mit Artikel, sofern diesen nicht „en" vorangeht.

zu 7: Die Monatsnamen stehen ohne Artikel.

zu 8: Die Wochentage stehen im allgemeinen mit dem Artikel.
Wenn jedoch der letzte oder nächste Wochentag dieses Namens gemeint ist, so fällt der Artikel fort.

zu 9: Die Tageszeiten stehen mit dem Artikel (Ausnahme: midi und minuit).

zu 10: Noël und Pâques stehen ohne Artikel.

IV. Gattungsnamen, Abstrakte und Stoffnamen

zu 11: Bei Gattungsnamen steht sowohl im Singular als auch im Plural der Artikel.

zu 12: Abstrakte Wörter stehen mit dem Artikel.

zu 13: Stoffnamen stehen mit dem Artikel.

COURS ELEMENTAIRE

Exercice 1

Décidez, s'il faut mettre l'article ou non.

Exemple: (Paul) séjourne dans (Alpes).
Paul séjourne dans **les** Alpes.

1. Nous avons reçu cette lettre (mardi).
2. (Hiver) était dur, (printemps) est une saison plus agréable.
3. (Janvier) et (février) sont les mois les plus froids de (hiver).
4. (Racine) a écrit beaucoup de tragédies.

132

5. (Professeur) Manet est un spécialiste d'anglais.
6. (Nice) est situé sur la Méditerranée.
7. (Havre) et (Rochelle) sont des ports français.
8. Les derniers Jeux Olympiques ont eu lieu à (Munich).
9. (Midi) de (France) est très doux.
10. Dans (est) de (France) se trouve (frontière) franco-allemande.
11. En (Bavière) il fait plus chaud que dans (nord) de (Allemagne).
12. (Eté) est la saison la plus agréable.
13. Il me rendra visite à (printemps) ou en (automne).
14. Le mois de (juillet) attire beaucoup de touristes.
15. Il m'a écrit (samedi).
16. Nous irons (dimanche prochain) au bord de la mer.
17. J'ai reçu le télégramme (lundi dernier).
18. Il s'est couché vers (minuit).
19. Nous avons eu un rendez-vous à (midi).
20. Nous nous sommes bien amusés toute (soirée).
21. Il rentrera (soir).
22. (Président) de la VIème République s'appelle M. Giscard d'Estaing.
23. Les prochains Jeux Olympiques auront lieu à (Canada).
24. (Tour) de (France) est un événement très important en (France).
25. J'aime les bons vins de (France).
26. Je préfère les montagnes de (Suisse) à celles de (Autriche).
27. (Leçon) finit à (neuf heures).
28. (Fromage) français est sans égal.
29. Nous admirons (patience) du docteur.
30. (Or) est plus précieux que (argent); (cuivre) est moins précieux que (argent).
31. Où se trouve (Massif Central) en (France)?
32. Il y a une université populaire à (Tours).
33. J'aime faire du ski en (hiver).
34. Marcel vient de (Japon).
35. (Napoléon) naquit à (Ajaccio).
36. (Paris) est situé sur (Seine).
37. Il reviendra de (Chine) en (automne).
38. Nous allons en (avion) à (Caire).
39. Il partira pour (Corse) (lundi) 10 mai.
40. Nous étudions (géographie) de (France).

VOCABULAIRE

COURS ELEMENTAIRE

séjourner [seʒurne]	sich aufhalten
la Méditerranée [mediterane]	das Mittelmeer
avoir lieu [ljø]	stattfinden
la Bavière	Bayern
attirer des touristes	Touristen anlocken
se coucher	zu Bett gehen
s'amuser	sich amüsieren
un événement [evɛnmã]	ein Ereignis
être sans égal	unübertroffen sein
admirer qch	etw. bewundern
l'or (m) [ɔr]	das Gold
l'argent (m)	Geld, Silber
le cuivre [kyivr]	das Kupfer
l'université populaire [pɔpylɛr]	die Volkshochschule
il naquit	er wurde geboren

L'ARTICLE INDEFINI — der unbestimmte Artikel

Les formes de l'article indéfini — die Formen des unbestimmten Artikels

Singular		Plural	
männlich	**weiblich**	**männlich**	**weiblich**
un garçon	**une** femme	**des** garçons	**des** femmes

L'emploi de l'article indéfini — die Anwendung des unbestimmten Artikels

---

Notez:

1. Der unbestimmte Artikel heißt im **Singular** in der **männlichen** Form „un"
   und in der **weiblichen** „une". Der **Plural** von beiden heißt „des".

2. Der unbestimmte Artikel, der auch als **Zahlwort** dient, wird im allgemeinen
   so wie im Deutschen gebraucht.

    il a **une** voiture.

3. Der unbestimmte Artikel wird **verneint** durch:

    pas de — kein,   **point de** — kein,   **plus de** — keine mehr
    Il **n**'a **pas d**'argent,   il **n**'a **plus d**'argent

4. Bei **Berufsangaben** und **Nationalitätsbezeichnungen** steht bei „être" **nur
   dann** der unbestimmte Artikel, wenn „ce" als **Subjekt** vorangeht.

    c'est **un** professeur.   Aber: il est professeur.

5. Bei **Ausrufen,** die eine Bewunderung oder Mißbilligung zum Ausdruck bringen, **kann** ebenfalls der unbestimmte Artikel stehen.

    il a **une** réputation!

COURS ELEMENTAIRE

Exercice 1

Traduisez en français:

1. Das ist ein wunderbarer Tag. — 2. Das ist ein wahres Wunder! — 3. Er hat
eines seiner Schlösser verkauft. — 4. Eine dieser Frauen ist seine Gattin. — 5. Ich
habe nur ein Kilo Kirschen gekauft. — 6. Er hat nur eine Freundin. — 7. Ich habe
keine Zigaretten mehr. — 8. Es tut mir leid, aber ich habe keinen Rotwein mehr. —
9. Ich habe keinen Einschreibebrief erhalten. — 10. Im vergangenen Jahr habe ich
keinen Unfall gehabt. — 11. Das ist ein Deutscher! — 12. Das ist ein Architekt. —
13. Er ist Architekt. — 14. Er ist Deutscher. — 15. Das sind Deutsche.

L'ARTICLE PARTITIF — der Teilungsartikel

L'emploi de l'article partitif — die Anwendung des Teilungsartikels

Il achète **du** pain, **du** fromage, **des** cerises et **de la** bière. Er kauft Brot, Käse, Kirschen und Bier. C'est pour **des** amis français. Das ist für französische Freunde.	1. Der Teilungsartikel wird gebildet aus **„de"** und **dem Artikel.** **du — de la — des** 2. Der Teilungsartikel steht bei **unbestimmten Mengenangaben.** (Im Deutschen fehlt vor dem Hauptwort meistens der Artikel.) 3. **Der Teilungsartikel steht auch nach Präpositionen** (außer: „avec" und „sans").

COURS ELEMENTAIRE

Exercice 1

Mettez l'article convenable:

1. Il y a ... beurre, ... vin, ... croissants, ... café, ... lait, ... tartines, ... confiture et ... thé sur la table.

2. Elle apporte ... couteaux, ... fourchettes, ... cuillères et ... bols dans la salle à manger.

3. Dans la salle de bains il y a ... pâte dentifrice, ... serviettes, ... savon, ... peignes et ... brosses à dents.

4. Nous achetons ... fleurs, ... fruits, ... farine, ... légumes, ... vinaigre, ... cerises, ... fraises, ... viande, ... pommes de terre, ... saucisson, ... salade et ... abricots au marché.

5. Je mange ... pain avec ... beurre ou ... confiture; ... œufs et ... fromage.

L'emploi de la préposition «de» au lieu de «l'article partitif» (1)

Die Anwendung der Präposition „de" anstatt des „Teilungsartikels" (1)

Voici deux kilos **de** poires. J'achète une tablette **de** chocolat. Voici trois livres **de** pommes de terre. Voici un tube **de** pâte dentifrice. Il achète un paquet **de** cigarettes. Donnez-moi une bouteille **de** vin.	Nach **Mengenangaben** wie **une livre** — ein Pfund **une boîte** — eine Schachtel **un morceau** — ein Stück **un bol** — eine Tasse (Trinkschale) **un tube** — eine Tube **un groupe** — eine Gruppe **un kilo** — ein Kilo **une tablette** — eine Tafel **un paquet** — ein Paket **une bouteille** — eine Flasche u. a. steht nur „**de**" ohne Artikel.

Mettez «de» ou «l'article partitif»:

1. Avez-vous un paquet ... cigarettes?
2. Avez-vous ... cigarettes?
3. Donnez-moi un morceau ... savon.
4. As-tu ... savon?
5. Voilà un groupe ... étrangers.
6. Ce sont ... étrangers.
7. Je prends deux livres ... sucre.
8. Donnez-moi ... sucre.
9. Je préfère la boîte ... camembert.
10. Je prends ... camembert.
11. Avez-vous une bouteille ... bière?
12. Avez-vous ... bière?
13. Donnez-moi cent grammes ... sel.
14. Prends-tu ... sel?
15. Prenez-vous deux ou trois pots ... confiture?

L'emploi de la préposition «de» au lieu de «l'article partitif» (2)

Die Anwendung der Präposition „de" anstatt des „Teilungsartikels" (2)

	Notez:
J'ai beaucoup **d**'amis. Il fait trop **de** fautes. Je n'ai pas assez **de** vin. Nous avons assez **de** temps.	Der Franzose verwendet das **partitive „de"** bei folgenden Adverbien: **assez de** — genug **beaucoup de** — viel **combien de** — wieviel **tant de** — so viel **trop de** — zu viel **peu de** — wenig

Notez:

plusieurs	— mehrere	(es hat **keinen** Teilungsartikel und **bleibt stets unverändert** — plusieurs femmes)
la plupart	— die meisten	(es hat **den Teilungsartikel** nach sich, wird aber **nicht** verändert — **la plupart** des étudiantes)

Mettez «de» ou «l'article partitif»:

1. Il y a beaucoup ... Allemands à Paris; il y a peu d'Anglais.
2. Combien ... francs as-tu?
3. Elle fume peu ... cigarettes; il fume ... cigares.
4. Ne fais pas trop ... bruit.
5. La plupart ... touristes visitent la cathédrale, Pierre.
6. Elle achète plusieurs ... livres.
7. Il a tant ... chance.
8. Je ne prends pas trop ... lait.
9. Prenez-vous ... lait et ... sucre?
10. Je connais la plupart ... livres de Maupassant.

L'emploi de l'article partitif

Die Anwendung des Teilungsartikels

1. a) Nous avons bu **du** bon vin.
   b) Ce sont **de** jolies femmes.
   Il a **de** nombreux costumes.
2. Ce sont **des** fautes graves.
   Au Palace on joue **des** films intéressants.
3. Donnez-moi **des** petits pains.
   Ce sont **des** jeunes filles allemandes.
	Notez:
	1. a) Steht **das Adjektiv vor** der Einzahl eines Hauptwortes, so wird **der Teilungsartikel** verwendet.
	   b) Steht **das Adjektiv vor** der Mehrzahl eines Hauptwortes, so wird **nur „de"** verwendet.
	2. Steht **das Adjektiv hinter** dem Hauptwort, so gebraucht man **stets** den Teilungsartikel.
	3. Gehören Adjektiv und Hauptwort (Substantiv) dem Sinn nach zusammen, so steht auch im Plural der Teilungsartikel.

Exercice 4

Mettez «l'article partitif»

1. Pierre a ... jolies chemises et ... nombreuses cravates.
2. Il porte ... costumes noirs.
3. Ce sont ... images magnifiques.
4. Il a l'habitude d'écrire ... longues lettres.
5. Il achète ... belles roses pour moi.
6. Elle lui montre ... romans historiques.
7. Il pose ... questions intéressantes.
8. Je ne prends que ... la bonne confiture.
9. Ce sont ... résultats excellents.
10. Ce sont ... propositions formidables.

ne ... pas de / ne ... plus de

Je n'ai **pas** fait **de** fautes. Ich habe keine Fehler gemacht. Je n'ai **plus** d'argent. Ich habe kein Geld mehr.	**Notez:** ne ... **pas de** — kein ne ... **plus de** — kein(e) mehr steht im negativen Sinn **nur** in Verbindung mit **„de"**.

Exercice 5

Formez des phrases avec «ne ... pas de» et «ne ... plus de»":

Exemple: **avoir des allumettes**
je n'ai **pas** d'allumettes
je n'ai **plus** d'allumettes

1. avoir de la confiture
2. avoir des cigarettes
3. avoir du café
4. avoir du chocolat
5. avoir des apéritifs
6. avoir des fleurs
7. avoir des croissants
8. avoir du miel
9. avoir de la farine
10. avoir du sucre.

Exercice 6

Traduisez en français:

1. Mme. Renard kauft Tomaten, Zucker, Mehl, Obst, Gemüse, Marmelade, Wein, Bier, Salz, Wurst, Schinken, Kartoffeln und Käse. — 2. In der Zeitung stehen viele Annoncen. — 3. Ich nehme nicht so viel Zucker. — 4. In Oxford gibt es enge Straßen. — 5. In Paris gibt es zahlreiche Warenhäuser. — 6. Es fehlt mir der Mut, das zu tun. — 7. Das sind frische Eier, Madame. — 8. Ich trage gern braune Anzüge. — 9. In Paris gibt es viele deutsche Touristen. — 10. Maurice hat hübsche Krawatten. — 11. Ich habe keinen „Sou" mehr. — 12. Geben Sie mir bitte eine Dose Oliven, ein halbes Kilo Schinken, 100 Gramm Tee, ein Pfund Kaffee, drei Flaschen Wein, ein Glas Kirschmarmelade, dieses Stück Käse und zwei Tafeln Schokolade. — 13. In dem Feuerzeug ist kein Benzin mehr. — 14. Das sind genug Fragen für heute. — 15. Wie viele Annoncen sind in der Zeitung? — 16. In Paris gibt es sehr viele Sehenswürdigkeiten. — 17. Die meisten Filme sind langweilig. — 18. Es tut mir leid, aber ich habe keine Erdbeeren mehr. — 19. Die Firma schickt Kataloge und Prospekte. — 20. Frankreich exportiert Fertigerzeugnisse und importiert Rohmaterial (Rohstoffe).

VOCABULAIRE

COURS ELEMENTAIRE

Exercice 1

les croissants (m) [krwasã]	Hörnchen
les tartines (f) [tartin]	belegte Brote
le couteau [kuto]	das Messer
la fourchette [furʃɛt]	die Gabel
la cuillère [kɥijɛr]	der Löffel
le bol [bɔl]	die Tasse (Trinkschale)
la pâte dentifrice [pat dãtifris]	die Zahnpasta
la serviette [sɛrvjɛt]	das Handtuch
le peigne [pɛɲ]	der Kamm
la brosse à dents [brɔs, dã]	die Zahnbürste
la farine [farin]	das Mehl
le vinaigre [vinɛgr]	der Essig
le saucisson [sosisõ]	die (Schnitt)wurst

Exercice 2

le morceau [mɔrso]	das Stück
la boîte [bwat]	die Schachtel, die Dose
la bouteille [butɛj]	die Flasche
la bière [bjɛr]	das Bier
le sel [sɛl]	das Salz
le pot [po]	Glas, Topf, Krug

Exercice 3

rencontrer qn [rãkɔ̃tre]	jmd. treffen
le cigare [sigar]	die Zigarre
le bruit [brɥi]	der Lärm
avoir de la chance [avwar, ʃãs]	Glück haben
lire (participe: lu) [lir]	lesen

Exercice 4

le costume [kɔstym]	der Anzug
l'image f) [imaʒ]	das Bild
avoir l'habitude de [abityd]	etw. zu tun pflegen
le roman [rɔmã]	der Roman
le résultat [rezylta]	das Ergebnis
faire une proposition [fɛr, prɔposisjɔ̃]	einen Vorschlag machen

Exercice 6

l'annonce (f) [anɔ̃s]	die Annonce
étroit [etrwa]	eng
nombreux [nɔ̃brə]	zahlreich
les grands magasins	die Warenhäuser
il me manque du courage [mãk, kuraʒ]⎱ le courage me manque ⎰	es fehlt mir der Mut
frais, fraîche [frɛ, frɛʃ]	frisch
l'olive (f) [ɔliv]	die Olive
la livre [livr]	das Pfund
une tablette de chocolat [ʃɔkɔla]	eine Tafel Schokolade
l'essence (f) [esãs]	das Benzin
être ennuyeux [ãnɥije]	langweilig sein
je suis navré [navre]	es tut mir leid
le catalogue [katalɔg]	der Katalog
le prospectus [prɔspɛktys]	der Prospekt
exporter	exportieren
les produits finis [prɔdɥi]	Fertigerzeugnisse
importer [ɛ̃pɔrte]	importieren
la matière première [matjɛr prəmjɛr]	Rohmaterial

139

L'ORDRE DES MOTS — die Wortstellung

Notez: In der französischen Sprache gibt es für jeden Fragesatz zumindest zwei Möglichkeiten der Frageform.

1. **Est-elle** jolie?	— **Einfache Frageform**
2. **Est-ce qu'elle** est jolie?	— Die Frageform mit „**est-ce que**"
3. **Elle est** jolie?	— **Die Frage in Aussageform**
4. Gisèle **est-elle** jolie?	— **Die absolute Frageform**

L'ordre des mots dans une phrase affirmative
Die Wortstellung im Aussagesatz

1. Nicole montre sa voiture. **Subjekt Präd. Objekt**	**Notez:** 1. Die **normale** Wortstellung ist: **S P O** Subjekt Prädikat Objekt
2. Nicole montre sa voiture **dir. Objekt** à Madeleine. **indir. Objekt**	2. Steht in einem Satz ein **direktes** und **indirektes Objekt** (Akkusativ und Dativ), so steht in der Regel **dir. Objekt** | vor | **indir. Objekt** Akkusativ Dativ
3. Nicole montre à Madeleine **indir. Objekt** sa nouvelle voiture. **direktes Objekt**	3. Ist das direkte Objekt **länger** als das indirekte, so steht das direkte **hinter** dem indirekten. (Im alltäglichen Sprachgebrauch wird diese Regel nicht so streng angewendet.)
4. **Samedi,** je visiterai le château de Versailles. Je visiterai le château de Versailles **samedi.** Adv. Best. der Zeit	4. Die adverbiale Bestimmung **der Zeit** steht **am Anfang** oder **Ende** des Satzes.
5. a) Je l'ai rencontré **à Paris.** Adv. Best. des Ortes b) J'ai rencontré **au cinéma** Ortsbestimmung **mes amis français.** direktes Objekt	5. a) Die adverbialen Bestimmungen **des Ortes** stehen hauptsächlich **am Ende.** b) Ist das direkte Objekt **länger** als die adverbiale Bestimmung des Ortes, so steht das Objekt **hinter** der Ortsbestimmung.
6. a) La voiture roule **vite.** Adverb Il nettoie **soigneusement** Adverb sa chambre. b) Il a **bien** travaillé. Adverb J'ai **mal** dormi. Adverb	6. a) Das Adverb steht **hinter** dem Verb, wenn dieses in der **einfachen Zeit** (Präsens usw.) verwandt ist. b) Das Adverb steht bei den **zusammengesetzten Zeiten** meistens **zwischen Hilfsverb** und **Partizip.** (Nähere Ausführungen S. 155)

7. **C'est Marcel qui** a fait cela. Marcel hat das gemacht! **C'est Gisèle que** j'adore. Gisèle bete ich an!	7. Soll das Subjekt **besonders stark hervorgehoben** werden, so erreicht man dies durch: c'est ... **qui** (Subjekt) c'est ... **que** (Objekt)
8. Chantal, **elle** m'a aidé. Chantal hat mir geholfen! oder: (C'est Chantal qui m'a aidé.)	8. Die **Hervorhebung** des Subjekts geschieht auch dadurch, daß man **hinter** diesem mit dem entsprechenden **Personalpronomen** fortfährt.

COURS ELEMENTAIRE

Exercice 1

Formez des phrases conformément à l'exemple:

Exemple: Nous montrons ... **(le Louvre, nos amis)**
Nous montrons **le Louvre à nos amis.**

1. Je donne ... **(cinq francs, Chantal)**
2. Papa montre ... (ses amis, sa montre)
3. Papa montre ... (ses amis, sa montre nouvelle)
4. J'écris souvent ... (Chantal, une lettre)
5. J'écris souvent ... (Chantal, de longues lettres)
6. Gisèle raconte ... (son père, une histoire)
7. Gisèle raconte ... (son père, une histoire très intéressante)
8. J'envoie ... (un paquet, Marcel)
9. J'envoie ... (mes amis allemands, un paquet)
10. Madame donne ... (un pourboire, le garçon)
11. Paul passe ... (Madeleine, le magnétophone)
12. Paul passe ... (Madeleine, le magnétophone magnifique)
13. Julien écrit ... (une carte postale, sa mère)
14. Julien écrit ... (une carte postale illustrée, sa mère)
15. Il offre ... (un bon poste, mon père)

Exercice 2

Traduisez en français:

1. Pierre hat seinen deutschen Freunden die Sehenswürdigkeiten von Paris gezeigt. — 2. Am Sonntag hat es zu regnen begonnen. — 3. Morgen werde ich eine Taxe nehmen. — 4. Chantal ist ins Ausland gegangen. — 5. Er spricht fließend deutsch. — 6. M. Perrin hat seinen Kunden einen Preisnachlaß gewährt. — 7. Maurice hat den Dieb entdeckt. — 8. Er hat in Reims eine gute Stelle gefunden. — 9. Er hat den Satz gut ins Deutsche übersetzt. — 10. Er hat dem Zollbeamten sein Gepäck gezeigt. — 11. Gestern ist er aus New York zurückgekommen. — 12. Im vergangenen Jahr hat er sich ein Haus gekauft. — 13. Seit 10 Jahren wohnt er in Paris. — 14. Marcels Wagen hat den Unfall verursacht. — 15. Ich interessiere mich besonders für Chalets.

Die Wortstellung im Fragesatz
L'ordre des mots dans une phrase interrogative
Der Fragesatz ohne Fragewort

	Notez:
1. a) **Est-il** heureux? **Ecrit-il** bien? b) **Est-ce qu'**il est heureux? **Est-ce qu'**il écrit bien? c) Il est heureux? Il écrit bien?	1. Ist das **Subjekt** des Fragesatzes ein **(Personal-)Pronomen**, so: a) erfolgt die **Umstellung** (Inversion) von **Verb** und **Pronomen. Einfache Fragestellung**; b) lautet die Fragestellung mit „**est-ce que**" (hier keine Inversion); c) wird die fragende Art im Aussagesatz durch **den Tonfall** gekennzeichnet.

2. a) **Est-ce que** Nicole est
         Subjekt
   heureuse?
Est-ce que Chantal écrit
bien?
b) Nicole est-**elle** heureuse?
Paul écrit-**il** bien?
c) Nicole écrit bien?
	2. Ist das **Subjekt** des Fragesatzes ein **Hauptwort**, so:
	a) erfolgt die Fragestellung durch „**est-ce que**";
	b) wird das **Hauptwort** (Subjekt) hinter dem Verb durch ein **Personalpronomen wiederholt** (absolute Frageform);
	c) wie 1 c.

Exercice 3

Formez des phrases interrogatives conformément à l'exemple donné.

Exemple: **Il est intelligent.**
             Est-il intelligent?
             Est-ce qu'il est intelligent?

1. Ils sont paresseux.
2. Elle est jolie.
3. Ils sont cruels.

4. Elles sont bavardes.
5. Il est jaloux.
6. Elle est fidèle.

Exercice 4

Formez des phrases interrogatives conformément à l'exemple donné.

Exemple: **Madeleine est belle.**
             Est-ce que Madeleine est belle?
             Madeleine est-elle belle?

1. Janine visite le musée.
2. Le train part à neuf heures.
3. L'autobus arrive à sept heures.
4. Jacques fait enregistrer ses bagages.
5. Le déjeuner est servi à bord.
6. Paul va au bureau de poste.
7. Janine achète trois timbres et deux cartes postales.
8. Nicole va téléphoner à Paris.
9. Le premier avion pour Londres part à huit heures.
10. Pierre prend un billet pour Versailles.

La phrase interrogative avec un pronom interrogatif

Der Fragesatz mit Fragewort

1. a) Où **vas-tu?** Quand **viens-tu?** b) Où **est-ce que** tu vas? Quand **est-ce que** tu viens?	**Notez:** 1. Ist das Subjekt ein **Personal-pronomen,** so erfolgt: a) **Inversion** (einfache Fragestellung); b) die Fragestellung mit · „**est-ce que".** (Keine Inversion)
2. a) Où **Paul** a-t-**il** trouvé Subjekt le porte-monnaie? dir. Objekt Quand **Marie** a-t-**elle** envoyé Subjekt la lettre? dir. Objekt b) Où **est-ce que** Paul a trouvé le porte-monnaie? Quand **est-ce que** Marie a envoyé la lettre?	2. Ist das Subjekt ein **Hauptwort** und enthält der Satz ein **direktes Objekt** (Akkusativ), a) so muß das **Subjekt** durch ein **Personalpronomen** wiederholt werden. **(Absolute Fragestellung)** b) so kann auch die Fragestellung mit „est-ce que" erfolgen. (Keine Inversion)
3. a) Où **se trouve Paul?** Präd. Subj. b) Où **est-ce que** Pierre se trouve? c) Où **Pierre** se trouve-t-**il?**	3. Enthält der Fragesatz **kein** direktes Objekt, so ist auch die **einfache Inversion** (3 a) möglich.

COURS ELEMENTAIRE

Exercice 5

Formez des phrases interrogatives conformément à l'exemple:

Exemple: a) **Le train de Paris arrive à huit heures. (Quand)**
Quand arrive le train de Paris?
Quand est-ce que le train de Paris arrive?
Quand le train de Paris arrive-t-il?
b) **Charles a vu le gangster au cinéma. (Où)**
Où Charles a-t-il vu le gangster?
Où est-ce que Charles a vu le gangster?

1. Le bateau pour New York part à neuf heures. **(quand)**
2. L'agent de police a arrêté cette voiture au carrefour. **(où)**
3. M. Rougon a acheté trois livres ce matin. **combien de)**
4. Maurice a reçu ce matin un télégramme. **(quand)**
5. Jacques a reçu une lettre de Chantal. **(de qui)**
6. Julien a montré les cadeaux à son ami. **(à qui)**
7. Marcel et Robert ont parlé de l'annonce dans le Figaro. **(de quoi)**
8. Papa a bien passé ses vacances. **(comment)**
9. Robert ne peut pas aller à l'école parce qu'il est malade. **(pouquoi)**
10. Maman est descendue à la station Pigalle. **(où)**

La phrase interrogative avec «qui»
Der Fragesatz mit „qui"

1. **Qui** est arrivé? **Subj.**	**Notez:**
(Qui est-ce **qui** est arrivé?) Wer ist (an-)gekommen?	1. Ist **„qui" Subjekt,** so steht die **normale** Wortstellung.
Qui traduit cette phrase?	Zur Unterscheidung von „qui" (Subjekt) und „qui" (Objekt) verwendet man:
(Qui est-ce **qui** traduit cette phrase?) Wer übersetzt diesen Satz?	statt „qui" (Subj.) - **qui est-ce qui** statt „qui" (Obj.) – **qui est-ce que**
2. **Qui** Paul a-t-il demandé? **Obj.**	2. Ist **„qui" Objekt** und das Substantiv ein **Hauptwort,** so verwendet man die **absolute Frageform.**
(Qui **est-ce que** Paul a demandé?) Wen hat Paul gefragt?	
Qui Chantal a-t-elle vu? (Qui **est-ce que** Chantal a vu?)	

La phrase interrogative avec «que» et «qu'est-ce que»
Der Fragesatz mit „que" und „qu'est-ce que"

	Notez:
1. a) **Que** fait ton père?	Wird ein Fragesatz durch das deutsche Wort **„was"** eingeleitet, so gebraucht man:
b) **Qu'est-ce que** ton père fait? Was macht dein Vater?	
2. a) **Qu'**a fait ton père?	a) die **einfache Inversion** (was = que),
b) **Qu'est-ce que** ton père a fait? Was hat dein Vater gemacht?	b) die Umschreibung mit **„qu'est-ce que".**

Le pronom interrogatif est sujet
Das Fragefürwort ist Subjekt

	Notez:
Quelle voiture roule plus vite? **Subjekt**	Ist das **Fragefürwort** bzw. dieses in Verbindung mit einem Hauptwort **Subjekt,** so ist die Wortstellung im Deutschen u. Französischen **identisch.**
Welcher Wagen fährt schneller?	
Qui répond à mes questions? **Subj.**	
Wer beantwortet meine Fragen?	

144

COURS ELEMENTAIRE

Exercice 6

Posez des questions, conformément à l'exemple:

Exemple: Yves a quitté la conférence à sept heures. **(qui)**
  Qui a quitté la conférence à sept heures?
  Qui est-ce **qui** a quitté la conférence à sept heures?

1. Papa est allé au wagon-restaurant. **(qui)**
2. Nicole prend un billet aller (et) retour pour Londres. **(que) (qui)**
3. Maurice a rencontré Marcel à la gare. **(qui)**
4. C'est lui qui a crié. **(qui)**
5. J'ai fait trois fautes. **(que)**
6. Il y a trente élèves dans cette classe. **(Combien de)**
7. Louise a insulté son ami. **(qui)**
8. Chantal va consulter le docteur. **(qui)**
9. Julien a gagné une voiture. **(que)**
10. Yves est sorti. **(qui)**

Utilisez également: «qui est-ce qui» au lieu de «qui» et «qu'est-ce que» au lieu de «que».

Exercice 7

Traduisez en français:

1. Wo ist der Zoll? — 2. Sind wir schon an der Grenze? — 3. Haben Sie etwas zu verzollen? — 4. Pardon, mein Herr, wie weit ist es zum Bahnhof? — 5. Welches ist der nächste Weg zum Bahnhof? — 6. Wieviel Kilometer sind es von Paris nach Tours? — 7. Wann fliegt das nächste Flugzeug nach Hamburg? — 8. Um wieviel Uhr muß ich auf dem Flugplatz sein? — 9. Gibt es eine Busverbindung von der Stadt zum Flugplatz? — 10. Wieviel kostet eine Hin- und Rückfahrkarte 1. Klasse nach Paris? — 11. Wie lange dauert die Überfahrt? — 12. Können Sie mir den Weg zum Bahnhof zeigen? — 13. Wo kann man die Fahrkarten lösen? — 14. Wo ist die Auskunft? — 15. Ist das ein Schnellzug? — 16. Um wieviel Uhr fährt der Zug nach Poitiers ab? — 17. Muß ich umsteigen? — 18. Wo ist der Wartesaal (die Gepäckaufbewahrung)? — 19. Wo muß ich aussteigen? — 20. Welches ist der derzeitige Wechselkurs?

VOCABULAIRE

COURS ELEMENTAIRE

Exercice 1

la montre	die Uhr
envoyer [ãvwaje]	schicken
le magnétophone	das Tonbandgerät
le poste	die Stelle, die Stellung

145

Exercice 2

pleuvoir [pləvwar]	regnen
prendre un taxi	ein Taxi nehmen
aller à l'étranger [etrɑ̃ʒe]	ins Ausland gehen
parler couramment [kuramɑ̃]	fließend sprechen
accorder une réduction [redyksjɔ̃]	einen Preisnachlaß gewähren
le client [klijɑ̃]	der Kunde
découvrir le voleur	den Dieb entdecken
le douanier [dwanje]	der Zollbeamte
causer un accident [aksidɑ̃]	einen Unfall verursachen
s'intéresser à [ɛ̃terese]	sich interessieren für

Exercice 3

être paresseux [parɛsə]	faul sein
être cruel [kryɛl]	grausam sein
être bavard [bavar]	plaudern (gesprächig sein)
être jaloux [ʒalu]	eifersüchtig sein

Exercice 4

louer une chambre	ein Zimmer mieten (vermieten)
faire enregistrer les bagages [ɑ̃rʒistre, bagaʒ]	das Gepäck aufgeben
prendre un billet	eine Fahrkarte lösen

Exercice 5

le bateau	das Schiff
le carrefour [karfur]	Kreuzung

Exercice 6

quitter	verlassen
le wagon-restaurant	der Speisewagen
un billet aller-retour	Hin- und Rückfahrkarte
insulter qn [ɛ̃sylte]	jmd. beleidigen
consulter le docteur [kɔ̃sylte, dɔktœr]	den Arzt aufsuchen
gagner qch [gaɲe]	etw. gewinnen

Exercice 7

la douane [dwan]	der Zoll
déclarer qch	etw. verzollen
l'aéroport [aerɔpɔr]	der Flugplatz
la traversée	die Überfahrt
le bureau de renseignements [rɑ̃sɛɲmɑ̃]	die Auskunft
le rapide	der Schnellzug
changer	umsteigen
la salle d'attente [atɑ̃t]	der Wartesaal
la consigne [kɔ̃siɲ]	die Gepäckaufbewahrung
le cours du change	der Wechselkurs

146

L'ADJECTIF QUALIFICATIF —
das Adjektiv, das Eigenschaftswort

L'adjectif épithète et l'adjectif attribut

das attributive und prädikative Adjektiv

Singulier	Pluriel
C'est un livre intéressant. C'est une petite maison. C'est une jolie femme.	Ce sont des livres intéressants. Ce sont de petites maisons. Ce sont de jolies femmes.

Notez:

1. Das Adjektiv wird **attributivisch** gebraucht, d. h., es steht **vor** oder direkt **nach** dem Substantiv.

2. **Das attributive Adjektiv richtet sich in Geschlecht und Zahl nach dem dazugehörigen Substantiv.** Normalerweise wird die **weibliche** Form des Adjektivs durch Anhängen eines „e" an das männliche Adjektiv gebildet; Adjektive, die bereits auf „e" enden — z. B. jeune — erhalten **kein** zusätzliches „e".
grand — grand**e**; petit — petit**e**

3. Die **Mehrzahl** wird durch Anhängen eines
„s" — grand**s** (männlich) oder eines „es" — grand**es** (weiblich) gebildet.

4. Die **kurzen** und **gebräuchlichsten** Adjektive, wie z. B. **mauvais, bon, cher, haut, vieux, grand, petit, joli, beau, jeune, nombreux, gros** usw., stehen **vor** dem dazugehörigen Substantiv; Adjektive, **die Farben, körperliche Eigenschaften**, eine **Nationalität, Konfession** wiedergeben oder **mehrsilbig** sind, stehen **hinter** dem Adjektiv.

Singulier	Pluriel
Ce livre est intéressant. Cette maison est petite. Cette femme est jolie.	Ces livres sont intéressants. Ces maisons sont petites. Ces femmes sont jolies.

1. **Das prädikativ gebrauchte Adjektiv** — es ist vom dazugehörigen Substantiv bzw. Pronomen meist durch „être" getrennt — **richtet sich ebenfalls in Zahl und Geschlecht nach dem dazugehörigen Substantiv oder Pronomen.**

2. Bezieht sich ein Adjektiv auf **mehrere Substantive gleichen Geschlechts,** so tritt es in den **Plural des gleichen Geschlechts** (une robe et une cravate neuves).

3. Bezieht sich ein Adjektiv auf **mehrere Substantive verschiedenen Geschlechts,** so steht das Adjektiv in **der männlichen Form Plural.**

Féminins irréguliers — Abweichende Bildung der weiblichen Form

Masculin	Féminin	Notez:
heureux sérieux	heureuse — glücklich sérieuse — ernst, solide, seriös	**X zu SE**
attentif vif neuf	attentive — aufmerksam vive — lebendig, lebhaft neuve — neu	**F zu VE**
bon chrétien ancien cruel pareil gentil muet sot	bonne — gut chrétienne — christlich ancienne — alt cruelle — grausam pareille — ähnlich gentille — nett muette — stumm sotte — dumm	Die Adjektive auf **ON, EN, EL, EIL, ET** **verdoppeln** **N, L, T**
inquiet complet secret discret	inquiète — unruhig complète — vollständig secrète — geheim discrète — geheim, diskret	**ET — ÈTE**
dernier léger	dernière — letzte(r) légère — leicht	**ER zu ÈRE**
nouveau (nouvel) beau (bel) blanc frais sec doux long vieux (vieil) grec gros bas épais faux franc bref cher	nouvelle — neu belle — schön blanche — weiß fraîche — frisch sèche — trocken douce — süß, mild longue — lang vieille — alt grecque — griechisch grosse — dick, stark basse — niedrig épaisse — dicht fausse — falsch franche — frei brève — kurz chère — lieb, teuer	**Weitere abweichende Formen** **Notez:** Der Franzose gebraucht: **bel** statt **beau** **vieil** „ **vieux** **nouvel** „ **nouveau** wenn ein **männliches** Hauptwort mit einem **Vokal** beginnt un **bel** ami un **vieil** ami

COURS ELEMENTAIRE

Exercice 1

Mettez dans les phrases un adjectif:

Exemple: C'est une ... voiture.   C'est une **grande** voiture.

grand   Cette voiture est ...   Cette voiture est **grande.**

1. **vert**   J'ai une chemise ...   —   Les feuilles sont ...

2. **magnifique**   C'est un résultat ...   —   Les comédies de Molière sont ...

3. **joli**   Vous avez une ... jeune fille.   —   Ce jardin est ...

4. **délicat**   C'est un problème ...   —   Cette affaire est très ...

5. **petit**   Quel ... château!   —   Les gâteaux sont trop ...

6. **bon**   C'est une ... idée.   —   Vous avez (un) ... goût.

7. **sérieux**   C'est un homme d'affaires ...   —   C'est une maison ...

8. **jaloux**   Yvonne est très ...   —   Ces femmes sont ...

9. **attentif**   Les enfants étaient ...   —   C'étaient des auditrices ...

10. **vif**   La foule est très ...   —   Elles étaient très ...

11. **ancien**   C'est une culture ...   —   Il est ...

12. **cruel**   La guerre est ...   —   Ce sont des hommes ...

13. **gentil**   Gisèle est très ...   —   Les agents de police étaient ...

14. **inquiet**   Il avait un sommeil ...   —   Ses regards sont ...

15. **complet**   La collection est ...   —   Les deux autobus sont ...

16. **secret**   Les négociations étaient ...   —   As-tu des ennemis ...?

17. **discret**   Ma sœur est absolument ...   —   C'est un homme très ...

18. **dernier**   Nous avons reçu votre ... lettre.
                    Les ... spectateurs arrivaient à neuf heures.

19. **léger**   C'est une faute ...   —   Nous avons bu des vins ...

20. **beau**   C'était une ... séance.   —   Il a récité de ... poèmes.

21. **blanc**   Les chemises sont ... comme neige.   —   Ces drapeaux étaient ...

22. **frais**   La salade n'est pas ...   —   Donnez-moi du beurre ...

23. **sec**   Ces vins mousseux sont ...   —   Ses réponses sont très souvent ...

24. **doux**   Elle a un caractère ...   —   Il aime la vie ...

25. **long**   Il fait une ... promenade.   —   Le lac a 800 mètres de ...

26. **vieux**   Cette femme n'est pas ...   —   Ils sont plus ... que moi.

27. **bas**   Elle a une voix ...   —   Les prix sont assez ... ici.

28. **faux**   Votre théorie est ...   —   Ces résultats sont ...

29. **bref**   La discussion était ...   —   C'est un poème très ...

30. **cher**   Ma ... maman!   —   Le fromage n'est pas ... aujourd'hui.

Les degrés des adjectifs — die Steigerung der Adjektive

le positif der Positiv	le comparatif der Komparativ	le superlatif der Superlativ
grand(e) groß	plus grand(e) größer	le plus grand la plus grande am größten, die, das der größte
	moins grand(e) weniger groß, nicht so groß	le moins grand la moins grande am wenigsten groß, der, die, das am wenigsten große

Les degrés des adjectifs sans «plus»
Die Steigerung der Adjektive ohne „plus"

bon bonne	— gut	meilleur meilleure	— besser	le meilleur la meilleure	— am besten
mauvais mauvaise	— schlimm	pire pire	— schlimmer	le pire la pire	— am schlimmsten
aber: mauvais mauvaise	— schlecht	plus mauvais plus mauvaise	— schlechter	le plus mauvais la plus mauvaise 	 — am schlech- testen
petit petite	— gering	moindre moindre	— geringer	le moindre la moindre	— am ge- ringsten
aber: petit petite	— klein	plus petit plus petite	— kleiner	le plus petit la plus petite	— am kleinsten

L'emploi des adjectifs — die Anwendung der Adjektive

Paul est **plus grand** que Louis; Marcel est **le plus grand.** Paul ist größer als Ludwig; Marcel ist der größte. Louis est **moins grand** que Paul. Louis ist nicht so groß wie Paul.	Notez: Der Franzose bildet den **Komparativ,** indem er „**plus**" **vor das Adjektiv** setzt; das deutsche „**als**" gibt er durch „**que**" wieder. (Englisch: **than**) Auch „**moins**" dient zur **Bildung des Komparativs.**
C'est notre fils le plus jeune. Das ist unser jüngster Sohn. Ce sont **nos œufs les plus frais.** Das sind unsere frischsten Eier.	Der Franzose bildet den **Superlativ,** indem er **vor den Komparativ** den **bestimmten Artikel** setzt.
Robert est **très** intelligent. Robert ist sehr intelligent.	Steht der Superlativ **hinter** einem Substantiv mit Possessivpronomen, so erhält er **den bestimmten Artikel.**
Chantal est **fort** aimable. Chantal ist äußerst liebenswert.	Der Superlativ wird im Französischen auch durch „**très**", „**fort**" und „**bien**" wiedergegeben (superlatif absolu).

COURS ELEMENTAIRE

Exercice 2

Donnez le comparatif et le superlatif des adjectifs suivants:

riche, court, long, heureux, triste, pratique, joyeux, content, mécontent, étroit, large, vaste, bon, mauvais, important, chaud, froid, cher, remarquable, rapide, lent, sombre, obscur, agréable, désagréable, merveilleux, excellent, curieux, usuel, léger, grave, délicat, fameux, lourd, facile, difficile, poli, impoli, complet, sérieux, considérable.

Exercice 3

Mettez le comparatif et le superlatif des adjectifs suivants:

Exemple: Ce rapport est ... que celui-là. **(intéressant)**
Le dernier rapport était ...
Ce rapport est **plus intéressant** que celui-là.
Le dernier rapport était **le plus intéressant.**
Ce rapport est **moins intéressant** que celui-là.
Le dernier rapport était **le moins intéressant.**

1. Marseille est ... que Bordeaux. **(grand)**
2. Sa voix est ... que la mienne. **(haut)**
3. Cette histoire est ... que celle-là, l'histoire de Pierre est ... **(cruel)**
4. Yvonne est ... que Gisèle; Nicole est ... **(intelligent)**
5. Ce devoir est .. .que celui-là, celui-ci est ... **(ennuyeux)**
6. Cette Citroën coûte ... que cette Simca; la Mercedes coûte ... **(cher)**
7. L'argent est ... que le cuivre; l'or est le métal ... **(précieux)**
8. Cette affaire est ... que celle-là; la dernière affaire était ... **(délicat)**
9. Son invention est ... que la mienne; la sienne est ... **(important)**
10. La prononciation de Jacques est ... que celle de Pierre; Nicole a la ... prononciation. **(bon)**
11. Je n'ai pas ... doute. **(petit)**
12. Les résultats de cette année étaient ... que ceux de l'année passée; le résultat de 1972 était ... **(bon)**
13. Cet accident était ... que celui qui s'est passé hier. **(grave)**
14. Cette faute est ... que celle-là. **(terrible)**
15. Julien a fait des fautes ... **(grave)**
16. Cette qualité est ... que celle-là; la qualité de cet article est ... **(mauvais)**
17. C'est ... de mes soucis. **(petit)**
18. Robert est ... que Yves; Marcel est ... **(poli)**
19. Le premier voyage était ... que celui-ci. **(agréable)**
20. La première commande était ... que la deuxième; la troisième était ... **(important)**

Exercice 4

Modifiez les phrases suivantes conformément à l'exemple:

Exemple: Pierre est **aussi** intelligent **que** Louis.
Pierre **n'**est **pas aussi (si)** intelligent que Louis.

1. Ce travail-ci est aussi difficile que celui-là.
2. La salle à manger est aussi grande que la chambre à coucher.
3. Cette offre-ci est aussi favorable que celle-là.
4. Cette voiture-ci marche aussi vite que celle-là.
5. Les conditions de la maison Müller sont aussi avantageuses que celles de la maison Perrin.
6. La cuisine est aussi petite que la salle de bains.
7. L'anglais est aussi difficile que le français.
8. Cette commande est aussi importante que celle-là.
9. M. Bertrand est aussi riche que M. Raynaud.
10. Louis XIV est aussi réputé que Napoléon.

VOCABULAIRE

COURS ELEMENTAIRE

Exercice 1

le gâteau [gato]	der Kuchen
le goût [gu]	der Geschmack
les auditrices [oditris]	die Zuhörerinnen
la foule [ful]	die Menschenmenge
le sommeil [sɔmɛj]	der Schlaf
les regards (m)	die Blicke
les négociations (f) [negɔsjasjɔ̃]	die Verhandlungen
l'ennemi (m) [ɛnmi]	der Feind
le spectateur [spɛktatœr]	der Zuschauer
la séance [seɑ̃s]	die Vorstellung
le drapeau [drapo]	die Fahne

Exercice 3

le devoir [d(ə)vwar]	die Aufgabe
ennuyeux [ɑ̃nɥijə]	langweilig
l'invention (f) [ɛ̃vɑ̃sjɔ̃]	die Erfindung
le doute [dut]	der Zweifel
le souci [susi]	die Sorge
la commande	der Auftrag

Exercice 4

les conditions (f) [kɔ̃disjɔ̃]	die Bedingungen
avantageux [avɑ̃taʒə]	vorteilhaft
être réputé [repyte]	angesehen sein

152

LES ADVERBES — die Adverbien

L'ADJECTIF ET L'ADVERBE — das Adjektiv und das Adverb

Distinguez entre l'adjectif et l'adverbe

Attributives Adjektiv	Adverb	Prädikatives Adjektiv
C'est une traduction **précise.** Nous attendons une **prompte** réponse.	On a **précisément** traduit le texte. On a **promptement** répondu à la lettre.	La traduction du texte était **précise.** La réponse était **prompte.**
1. Das attributive Adjektiv bezieht sich auf ein **Hauptwort.** 2. Es antwortet auf die Frage **„was für ein".**	1. Das Adverb bezieht sich überwiegend auf ein **Vollverb.** 2. Es antwortet auf die Frage **„wie".**	1. Das prädikative Adjektiv steht u. a. in Verbindung mit dem Hilfsverb **„être".** 2. Obwohl es auf die Frage **„wie"** antwortet, wird es **nicht** wie ein Adverb behandelt. (Keine Endung **„-ment".**)

LES ADVERBES (1) — die Adverbien (1)

La formation des adverbes — die Bildung der Adverbien

1. **lentement** — (lent) **promptement** — (prompt) **heureusement** — (heureux)	**Notez:** 1. Der Franzose bildet im allgemeinen die **abgeleiteten** Adverbien, indem er an die **weibliche Form** des **Adjektivs** die Endung **„ment"** hängt.
2. **constamment** — (constant) **suffisamment** — (suffisant) **prudemment** — (prudent) **négligemment** — (négligent)	2. **Adjektive,** die auf **„ant"** oder **„ent"** enden, haben meist die Endung **„amment"** bzw. **„emment".**
3. **poliment** — (poli) **vraiment** — (vrai) **rarement** — (rare)	3. Man merke sich folgende Adverbien mit Sonderrechtschreibung.
4. **dûment** — (dû) **commodément** — (commode) **énormément** — (énorme) **précisément** — (précise) **profondément** — (profond)	4. Man merke sich folgende Adverbien mit Sonderrechtschreibung.
5. C'est un **bon** homme, J'ai **bien** dormi. C'est une **mauvaise** qualité. J'ai **mal** dormi. Allez **vite.**	5. **Ausnahmen sind:** **Adverb** **Adjektiv** bien bon mal mauvais vite rapide (rapidement)

Les degrés avec «plus» et «moins» — die regelmäßige Steigerung

Cette voiture roule **plus (moins)** vite que celle-là. Dieses Auto fährt schneller (weniger schnell — langsamer) als jenes. Ce train-ci va **plus** lentement que celui-là. Dieser Zug fährt langsamer als jener. C'est Paul qui marche **le plus** vite. Paul marschiert am schnellsten.	**Notez:** Die Adverbien werden wie die Adjektive mit **plus (moins)** **le plus (le moins)** gesteigert.

Les degrés sans «plus» et «moins» — die unregelmäßige Steigerung

Adverb Adjektiv	**bien** gut (bon)	**mieux** besser (meilleur)	**le mieux** am besten (le meilleur)
Adverb Adjektiv	**mal** schlimm (mauvais)	**pis** schlimmer (pire)	**le pis** am schlimmsten (le pire)
Adverb	**peu** wenig	**moins** weniger	**le moins** am wenigsten
Adverb	**beaucoup** viel	**plus** mehr	**le plus** am meisten

Genre des adverbes — Arten der Adverbien

1. **Adverbes de manière** Adverbien der Art und Weise	1. **abgeleitete Adverbien** mit der Endung **„ment"** prudent — prudemment etc.
2. **Adverbes de quantité** Adverbien der Menge	2. **ursprüngliche Adverbien ohne** die Endung **„ment":** beaucoup, assez, tant, trop, peu, très etc.
3. **Adverbes de lieu** Adverbien des Ortes	3. là, où, ici, derrière, à droite, à gauche, partout etc.
4. **Adverbes de temps** Adverbien der Zeit	4. souvent, hier, demain, aujourd'hui, bientôt etc.
5. **Adverbes d'opinion** Adverbien der Meinung	5. oui, certes, évidemment, non etc.

La place de l'adverbe — die Stellung des Adverbs

1. La voiture marche **vite**. Il nettoie **soigneusement (proprement)** sa chambre. Elle répond **immédiatement** à ma lettre.	**Notez:** Das Adverb steht: 1. **hinter** dem Verb, wenn dieses in der **einfachen** Zeit (Präsens, Imperfekt usw.) steht;
2. Il a **bien** travaillé. J'ai **mal** dormi. Je l'ai **souvent** rencontré à Paris.	2. bei den zusammengesetzten Zeiten meistens **zwischen Hilfsverb** und **Partizip;** dies gilt insbesondere für die Adverbien beaucoup, peu, trop, mal, bien, rien, souvent, rarement usw.;
3. Je l'ai vu **hier**. Il est arrivé **tard**. Cela peut arriver **partout**.	3. **hinter** dem Partizip, wenn es sich um **Zeit-** oder **Ortsadverbien** handelt oder wenn das Adverb **länger** ist als das Partizip;
4. a) Il sait **mal** conjuguer les verbes. b) Il parle de Londres sans connaître **particulièrement** la ville.	4. a) **vor** dem Infinitiv, wenn das Adjektiv **kurz** ist oder **häufig** gebraucht wird (bien, beaucoup usw.); b) **hinter** dem Infinitiv, wenn das Adverb **länger** ist.

L'adjectif au lieu de l'adverbe — Adjektiv statt Adverb

Attention!

parler haut	— laut sprechen	
parler bas	— leise sprechen	
coûter cher	— teuer sein	
sonner faux	— falsch klingen, sich falsch anhören	
sonner juste	— sich richtig anhören	
voir clair	— klar sehen	
vendre cher	— teuer verkaufen	

chanter juste	— richtig singen
chanter faux	— falsch singen
gagner gros	— viel verdienen
peser lourd	— schwer wiegen
sentir bon	— gut riechen
sentir mauvais	— schlecht riechen

COURS ELEMENTAIRE

Exercice 1

Nommez l'adverbe des adjectifs suivants:

lourd, facile, vif, doux, léger, clair, courant, propre, long, violent, éloquent, ardent, considérable, bon, mauvais, large, soigneux, merveilleux, brave, sûr, correct, complet, sincère, rare, remarquable, intensif, savant, certain, probable, particulier, cordial, principal, brillant, récent, pratique, poli, sérieux, grave, gai, résolu, dû.

Dites s'il faut mettre l'adjectif ou l'adverbe:

Exemple:

facile

C'est un devoir ...

C'est ... à faire.

Il a ... surmonté les difficultés.

C'est un devoir **facile.**

C'est **facile** à faire.

Il a **facilement** surmonté les difficultés.

léger / légèrement	C'est un vin ... Il a fait des fautes ...; (de ... fautes). Robert est ... blessé.
violent / violemment	C'était une tempête ... Il m'a répoussé ... Il a fait un discours ...
complet / complètement	Je suis ... épuisé. L'autobus est ...
probable / probablement	C'est un résultat ... Il arrivera ... à l'heure juste.
vif / vivement	Je regrette ... qu'il soit parti. C'est son ... désir.
particulier / particulièrement	C'est un problème ... Il a ... réussi en anglais.
long / longuement	Nous avons fait un ... voyage. Jean a parlé ...
brillant / brillamment	Il jouit d'une réputation ... Il a ... passé l'examen.
courant / couramment	Quel est le prix ... Il parle ... français.
considérable/ment	Il a passé une commande ... Les prix ont ... augmenté il y a deux semaines.
récent / récemment	C'est l'édition ... Je l'ai ... rencontré au Louvre.
soigneux / soigneusement	L'ordre était ... exécuté. Notre apprenti est très ...

Exercice 3

Traduisez en français:

1. Wir haben vor kurzem in der Zeitung gelesen, daß Reisen in die Vereinigten Staaten billiger geworden sind. — 2. Er spricht fließend Französisch. — 3. Sie haben den Text gut (schlecht) ins Französische übersetzt. — 4. Sie werden sich wahrscheinlich erinnern, daß er sich mit Janine verlobt hat. — 5. Das Obst ist völlig verdorben. — 6. Er wurde bei dem Unfall schwer verletzt. — 7. Sprich deutlicher! — 8. Sie müssen langsamer sprechen. — 9. Er schreibt sehr sorgfältig. — 10. Er hat die Angelegenheit sofort geregelt. — 11. Wir haben den Entschluß schnell gefaßt. — 12. Er hat sein Recht tapfer verteidigt. — 13. Das stört mich zu sehr. — 14. Dieser Ausflug wird dir bestimmt gefallen. — 15. Er hat sich lange mit dem Pförtner unterhalten. — 16. Viele Dinge sind in Frankreich teurer als in Deutschland. — 17. Entschuldigen Sie bitte, aber Sie singen falsch. — 18. Sie sprechen zu leise (laut). — 19. Dieser Koffer wiegt schwer. — 20. Wenn Sie die Waren zu teuer verkaufen, werden Sie viele Kunden verlieren.

VOCABULAIRE

COURS ELEMENTAIRE

Exercice 2

surmonter des difficultés	Schwierigkeiten überwinden
être blessé	verwundet sein
une tempête	ein Sturm
repousser qn	jmd. zurückstoßen
faire un discours	eine Rede halten
réussir (à)	gelingen
jouir d'une réputation	einen Ruf genießen
augmenter les prix	die Preise erhöhen
passer une commande	einen Auftrag erteilen
l'édition (f)	die Ausgabe
exécuter un ordre (une commande)	einen Auftrag ausführen
l'apprenti (m)	der Lehrling

Exercice 3

récent — récemment	vor kurzem
se souvenir de	sich erinnern an
se fiancer à	sich verloben mit
être abîmé	verdorben sein
régler une affaire	eine Angelegenheit regeln
prendre une décision	einen Entschluß fassen
défendre son droit	sein Recht verteidigen
déranger qn	jmd. stören
le concierge	der Pförtner
peser	wiegen
la marchandise	die Ware
le client	der Kunde

LES ADVERBES (2) — die Adverbien (2)

L'emploi de quelques adverbes — die Anwendung einiger Adverbien

beaucoup

1. Cela m'intéresse **beaucoup (bien)**. Das interessiert mich sehr. Cela m'a **beaucoup (bien)** intéressé. Das hat mich sehr interessiert.	**Notez:** 1. „**beaucoup**" in der Bedeutung von „**sehr**" bezieht sich auf ein **Verb.** **Desgleichen:** bien — sehr fort — sehr
2. Il est **beaucoup (bien)** plus tard que j'ai pensé. Es ist viel später, als ich gedacht habe. Vous devez écrire **beaucoup** plus vite. Sie müssen viel schneller schreiben. Il est **beaucoup (bien)** trop tard. Es ist schon viel zu spät.	2. **beaucoup** in der Bedeutung von „**viel**" steht **vor** den Komparativen „**plus**", „**moins**", „**mieux**" und dem Adverb „**trop**".

très

1. Il est **très** sage. Er ist sehr klug. Elle est **très** malade. Sie ist sehr krank. 2. Il marche **très** vite. Er marschiert sehr schnell.	**Notez:** 1. **très** — sehr bezieht sich auf ein **Adjektiv.** **Desgleichen:** bien — sehr fort — sehr 2. **très** — sehr bezieht sich auf ein Adverb.

aussi — si / tant — autant

1. a) Pierre est **aussi** intelligent **que** Madeleine. Pierre ist ebenso intelligent wie Madeleine. b) Pierre **n'**est **pas si** (aussi) intelligent **que Madeleine**. Pierre ist nicht so intelligent wie Madeleine.	**Notez:** **Beim Vergleich:** 1. a) **bejahend:** aussi ... que — so ... wie b) **verneinend:** ne ... si (aussi) que — nicht so ... wie **Attention:** „**si**" und „**aussi**" beziehen sich auf ein **Adjektiv** bzw. **Adverb.**

2. a) Pierre lit **autant que** Madeleine. 　　　Verb	**Notez:** **Beim Vergleich:** 2. a) **bejahend:** 　　　autant . . . que — soviel . . . wie
b) Pierre **ne** lit **pas tant** (autant) **que** Madeleine. Pierre liest nicht soviel wie Madeleine.	b) **verneinend:** 　　　ne . . . tant (autant) que — 　　　nicht soviel wie **Attention:** „**autant**" und „**tant**" beziehen sich auf ein **Verb.**

comment — que — comme — combien

1. **Comment** allez-vous? Wie geht es Ihnen? **Comment** écrivez-vous ce mot? Wie schreiben Sie dieses Wort?	**Notez:** 1. comment — wie steht im **Fragesatz.** („how" in Englisch)
2. Elle est **aussi** jolie **que** sa mère. Sie ist ebenso hübsch wie ihre Mutter. Elle **n**'est pas **si** (aussi) jolie **que** sa mère. Il a **la même** voiture, **que** moi. Er hat das gleiche Auto wie ich. Il possède le français **autant que** moi. Er beherrscht Französisch genauso wie ich. Je faisais cela **tel qu**'il me l'avait dit. Ich machte das genau so, wie er es mir gesagt hatte.	2. **que** — wie steht nach folgenden Ausdrücken: **aussi** **si** **tant** **autant** **le même** **tel**
3. a) Il m'a dit **combien** il le respecte. Er hat mir gesagt, wie sehr er ihn achtet. b) Je viendrai **comme** d'habitude. Ich werde (so) wie üblich kommen.	3. a) **combien** — wie sehr 　b) **comme** — so wie, wie sehr

ne ... que / seulement / seul

1. Je **n'**ai **que** trois amis. Ich habe nur drei Freunde. J'ai **seulement** trois amis. Il **n'a** fait **que** trois fautes. Il a fait trois fautes **seulement.** Er hat nur drei Fehler gemacht.	**Notez:** 1. **ne ... que** — nur **seulement** — nur Es besteht kein Unterschied zwischen beiden.
2. Il est **seulement** deux heures. Il **n'**est **que** deux heures. Es ist erst zwei Uhr.	2. bei **Zeitangaben:** **ne ... que** — erst **seulement** — erst
3. Je suis **seul,** Ich bin allein. **Seuls** ces gens savent ce qui s'est passé. Allein diese Leute wissen, was geschehen ist.	3. **seul** — allein Es richtet sich in Geschlecht und Zahl nach dem dazugehörigen Hauptwort bzw. Fürwort.

ne ... pas / ne ... plus / ne ... guère

1. Je **ne** le sais **pas.** Ich weiß es nicht. Je **ne** le sais **plus.** Ich weiß es nicht mehr. Il **ne** le sait **guère.** Er weiß es kaum.	**Notez:** 1. Sätze werden verneint mit: **ne ... pas** — nicht **ne ... plus** — nicht mehr, keine mehr **ne ... guère** — kaum

2. a) Je **ne** le sais **pas.**
    Je **ne** le sais **plus.**
    Je **ne** le sais **guère.**
 	
  b) Je **ne** l'ai **pas** su.
    Je **ne** l'ai **plus** su.
    Il **ne** l'a **guère** su.
 	
    Ne le sais-tu **pas?**
    Ne le sais-tu **plus?**
    Ne l'as-tu **pas** su?
    Ne l'as-tu **plus** su?
 	
  c) Je n'ai rien dit pour **ne pas** vous trahir.
    Ich habe nichts gesagt, um Sie nicht zu verraten.
 	
    Il se tait pour **ne pas** être puni.
    Er schweigt, um nicht bestraft zu werden.
	2. Das „**ne**" steht:
	
	  a) bei **einfachen** Zeiten **vor dem verbundenen Personalpronomen** oder direkt **vor dem Verb.** Das „**pas**" steht unmittelbar **hinter** dem **Verb.**
	
	  b) bei den **zusammengesetzten** Zeiten **vor dem Hilfsverb** oder **dem verbundenen Personalpronomen;** das „**pas**" steht **hinter** dem **Hilfsverb.** (Aussagesatz)
	
	  c) Ist der Infinitiv **verneint,** so steht „**ne pas**" geschlossen **vor** diesem **Infinitiv.**

COURS ELEMENTAIRE

Exercice 1

Remplacez «ne ... pas» par «ne ... plus» ou «ne ... guère».

Exemple: Je n'ai pas parlé avec lui.
Je n'ai **plus** parlé avec lui.
Je n'ai **guère** parlé avec lui.

1. Je n'ai pas de voiture.
2. Il n'a pas dormi.
3. Il n'y a pas de savon.
4. Je n'ai pas mangé.
5. Il ne me reconnaît pas.
6. Elle ne fume pas.
7. Ils ne dansent pas.
8. Paul ne s'est pas remis de cette maladie.
9. Julien n'a pas grossi.
10. Nicole n'a pas maigri.

Exercice 2

Traduisez en français:

1. Dieses Buch ist sehr interessant, es ist viel interessanter als jenes. — 2. Ich freue mich sehr, daß du gekommen bist. — 3. Er arbeitet sehr schnell; er arbeitet viel schneller als ich. — 4. Ich interessiere mich sehr für dieses Angebot. — 5. Die Preise sind sehr gestiegen. — 6. Dieses Haus ist nicht so teuer wie jenes; jene sind so teuer wie diese. — 7. Dieser Wagen fährt nicht so schnell wie jener. — 8. Madeleine spricht französisch nicht so gut wie Nicole. — 9. Er ißt (nicht) soviel wie sein Bruder. — 10. Er schreibt soviel er kann. — 11. Wie heißen Sie? — 12. Wie spricht man dieses Wort aus? — 13. Wie schreibt man dieses Wort? — 14. Wie hast du das gemacht? — 15. Ich habe nur 10 F. — 16. Ich kenne nur Chantal. — 17. Er hat mir nur dieses Buch gegeben. — 18. Das Paket wird erst am Sonnabend ankommen. — 19. Es ist erst 10 Uhr. — 20. Ich kann Sie nicht (kaum) verstehen. — 21. Wir haben kein Geld mehr. — 22. Er hat kaum gegessen. — 23. Er ißt nicht mehr soviel, um schlanker zu werden. — 24. Ich kann ihm nicht sagen, daß Mutter krank ist. — 25. Wir sind nicht gern allein.

COURS MOYEN

Traduisez en français:

1. Die ausländischen Kunden haben die Rechnung pünktlich beglichen. — 2. M. Lenard hat regelmäßig Aufträge aus Deutschland erhalten. — 3. Wir können diese Waren zu sehr niedrigen Preisen anbieten. — 4. Der Einzelhändler war besonders an einer erstklassigen Qualität interessiert. — 5. Es wird recht schwierig sein, diese sehr teure Ware zu verkaufen. — 6. Prüfen Sie die Ware bitte gründlich. — 7. Der Käufer war über die recht günstigen Zahlungs- und Lieferbedingungen sehr überrascht. — 8. Der Umsatz ist im letzten Jahr beträchtlich gestiegen. — 9. Der Exporteur gab in seinem Angebot günstigere Preise an, als wir erwartet hatten. — 10. Die Bedingungen des Großhändlers sind fast unannehmbar. — 11. Die Absatzmöglichkeiten für diesen Artikel sind zur Zeit sehr gering. — 12. Dieser Artikel findet nur langsam Absatz. — 13. Wir sind mit den oben genannten Zahlungsbedingungen völlig einverstanden. — 14. Welches ist Ihr frühester Liefertermin? — 15. Wir bitten Sie, den Betrag sofort zurückzuerstatten. — 16. Wir bitten Sie, uns gelegentlich aufzusuchen. — 17. Wir werden die Waren sobald wie möglich zum Versand bringen. — 18. Die Qualität dieser Ware ist schlechter als die, die Sie uns letztesmal geschickt haben. — 19. Der Auftrag ist pünktlich und sorgfältig ausgeführt worden. — 20. Wir möchten Sie bitten, sich genau an unsere Anweisungen zu halten.

COURS SUPERIEUR

Traduisez en français:

1. Zusammenschlüsse bzw. Konzentration in der Wirtschaft; Kartelle, Konzerne, Trusts, Oligopole, insbesondere Monopole, sind eine Gefahr für die freie (soziale) Marktwirtschaft. — 2. Der Export aus der Bundesrepublik ist fast um 8 % gestiegen. — 3. Der freie Warenaustausch ist nur gewährleistet, wenn die Zollschranken völlig beseitigt werden, die Währungen frei konvertierbar und die Importrestriktionen abgeschafft werden. — 4. Das Defizit in der Handelsbilanz ist durch Exportsteigerung schnell ausgeglichen worden. — 5. Die Arbeiter dieses Werkes streiken seit drei Wochen. — 6. Großbritannien und andere EFTA-Länder sind vor kurzem der EG beigetreten. — 7. Die Maßnahmen, die heute ergriffen wurden, schaffen die Devisenbewirtschaftung nicht völlig ab. — 8. Die bedeutendsten internationalen Organisationen und Abkommen, die im Laufe der letzten dreißig Jahre gegründet oder abgeschlossen wurden, sind die Organisationen für europäische wirtschaftliche Zusammenarbeit (OECD), die Montanunion, die Weltbank, der internationale Währungsfonds, das allgemeine Zoll- und Handelsabkommen, die römischen Verträge usw. — 9. Das politische Klima zwischen den USA und Rußland hat sich letztes Jahr offensichtlich verbessert. — 10. Die Schwierigkeiten sind durch die Unterzeichnung des Handelsvertrages mehr oder weniger überwunden worden.

VOCABULAIRE

COURS ELEMENTAIRE

Exercice 1

reconnaître qn	jmd. wiedererkennen
se remettre d'une maladie	sich von einer Krankheit erholen
grossir	(an Gewicht) zunehmen
maigrir	(an Gewicht) abnehmen

Exercice 2

être heureux, content	sich freuen
l'offre	das Angebot
augmenter (prix)	steigen (Preise)
le colis	das Paket

COURS MOYEN

régler la facture	die Rechnung begleichen
vérifier les marchandises	die Waren prüfen
être étonné (surpris) de qch	über etw. erstaunt (überrascht) sein
le chiffre d'affaires	der Umsatz
être inacceptable	unannehmbar sein
les possibilités de vente (d'écoulement)	die Absatzaussichten
être faible (défavorable)	gering, schwach (ungünstig) sein
s'écouler (les articles)	sich verkaufen, Absatz finden
être d'accord sur	einverstanden sein mit
rembourser un montant	einen Betrag zurückerstatten
à l'occasion (de)	gelegentlich, aus Anlaß
suivre, observer des instructions	Anweisungen befolgen

COURS SUPERIEUR

l'association (la fusion) des entreprises	Zusammenschlüsse in der Wirtschaft
la concentration	die Konzentration
le cartel	das Kartell
les groupements d'entreprises	die Konzerne
le trust	der Trust
l'oligopole	das Oligopol
le monopole	das Monopol
l'économie de libre concurrence	die freie Marktwirtschaft
la libéralisation du commerce	der freie Warenaustausch
être assuré	gewährleistet sein
les barrières douanières	die Zollschranken
éliminer, supprimer qch	etw. beseitigen
être librement convertible	frei konvertierbar sein
abolir les restrictions	die Restriktionen aufheben, abschaffen
le déficit	das Defizit
la balance des paiements	die Zahlungsbilanz
l'accroissement de l'exportation	die Exportsteigerung
être en grève	streiken
entrer dans la Communauté Européenne (CE)	der EG beitreten
le contrôle des changes	die Devisenbewirtschaftung
conclure le traité	den Vertrag abschließen (schließen)
l'Organisation de Coopération et de Développement Economique	die OECD
la Communauté Européenne du Charbon et de l'Acier	die Montanunion
la Banque Internationale pour la Reconstruction et le Développement (la Banque mondiale)	die Weltbank
le Fonds Monétaire International	der internationale Währungsfonds
l'Accord Général sur les Tarifs Douaniers et le Commerce	das GATT
le Traité de Rome	die römischen Verträge
il est évident	es ist offensichtlich
le climat politique	das politische Klima
s'améliorer	sich verbessern
surmonter les difficultés	die Schwierigkeiten überwinden

163

LES PRONOMS — die Pronomen, die Fürwörter

LES PRONOMS PERSONNELS

die Personalpronomen, persönlichen Fürwörter

Le pronom personnel atone — das verbundene Personalpronomen

Subjekt		Direktes Objekt (Akkus.)			Indirektes Objekt (Dativ)		
je	chante	il	**me** mich	connaît	il	**me** mir	montre l'église
tu	chantes	il	**te** dich	connaît	il	**te** dir	montre l'église
il	chante	' il	**le** ihn	connaît	' il	**lui** ihm	montre l'église
elle	chante	' il	**la** sie	connaît	' il	**lui** ihr	montre l'église
nous	chantons	il	**nous** uns	connaît	il	**nous** uns	montre l'église
vous	chantez	il	**vous** euch,	connaît Sie	il	**vous** euch, Ihnen	montre l'église
ils	chantent	' il	**les** sie	connaît	' il	**leur** ihnen	montre l'église
elles	chantent	· il	**les** sie	connaît	· il	**leur** ihnen	montre l'église

Notez:

1. Die verbundenen Personalpronomen stehen **unmittelbar vor dem konjugierten Verb.**

2. Die Pronomen **me, te, le, la,** se werden vor **vokalisch** anlautendem Verb elidiert: il **m'**appelle, je **l'**ai vu.

3. Die verbundenen Personalpronomen, die sich auf **Sachen** beziehen, heißen: „le", „la", „les".

je vends ma maison   — je **la** vends
j'offre ces marchandises — je **les** offre
J'ai lu ce livre   — je **l'**ai lu

COURS ELEMENTAIRE

Exercice 1

Transformez les phrases suivantes conformément à l'exemple:

Exemple: 1. J'appelle **Robert.**
Je l'appelle.

2. Il donne **la clé** (clef) **à Marcel.**
Il **lui** donne la clé.
Il **la** donne à Marcel.

1. Je lis le journal chaque matin.
2. J'allume une cigarette.
3. Elle cherche le magasin.
4. Ils lavent les voitures.
5. Il prend un billet.
6. Il montre le Louvre à son ami allemand.
7. Il donne le passeport à Gisèle.
8. Nous donnons un pourboire au garçon.
9. Je présente les chèques au patron.
10. Je recommande cet hôtel à Jean.

Exercice 2

Transformez les phrases suivantes conformément à l'exemple:

Exemple: 1. J'ai nettoyé **les chambres.**
Je **les** ai nettoyées.

2. J'ai donné **la clé à Marcel.**
Je **lui** ai donné la clé.
Je **l'ai** donnée à Marcel.

1. J'ai acheté ces fleurs au marché.
2. Elle a préparé le petit déjeuner.
3. Nous avons mangé un bifteck.
4. Elle a allumé la lumière.
5. Ils ont cherché les Tuileries.
6. Nous avons montré l'Opéra à nos hôtes.
7. Il a recommandé ces articles à ses clients.
8. Il a soumis une offre à M. Perrin.
9. Nous avons donné un pourboire au facteur.
10. Nous avons passé une commande à l'exportateur anglais.

Ordre des mots — Wortstellung bei zwei Objektformen

Il me (lui) montre la ville. Er zeigt mir (ihm) die Stadt. 1. Il **me la** montre. Er zeigt sie mir. Il **me l'**a montrée. Er hat sie mir gezeigt. Il **nous les** montre. Er zeigt sie uns. Il **nous les** a montrées. Er hat sie uns gezeigt. 2. Il **la lui** montre. Er zeigt sie ihm. Il **la lui** a montrée. Er hat sie ihm gezeigt. Il **les leur** montre. Er zeigt sie ihnen. Il **les leur** a montrées. Er hat sie ihnen gezeigt.	**Notez:** Enthält ein Satz **zwei** verbundene Personalpronomen, so stehen sie **vor** dem konjugierten Verb in folgender Reihenfolge: **Grundregel:** 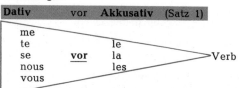

As-tu donné l'argent à Pierre? **Lui** as-tu donné l'argent? **Le lui** as-tu donné? Ne **le lui** as-tu pas donné?	**Notez:** In Fragesätzen gilt **dieselbe Regel** zur Wortstellung wie **bei Aussagesätzen.**

Notez:

1. **Nur die direkten Objekte (Akkusative) „le", „la", „les" können mit „lui" und „leur" und anderen Dativen verbunden werden.**

   Steht der **Dativ** in Verbindung mit den Akkusativen (me, te, se, nous, vous), **so erscheint er mit der Präposition „a" hinter dem Verb** als unverbundenes (betontes) Personalpronomen.

   je vous présenterai **à Louis** — je vous présenterai à **lui.**

2. Bei den Verben devoir, vouloir, pouvoir stehen die verbundenen Personalpronomen dahinter. (il ne veut me le montrer)

Exercice 3

Transformez les phrases 6—10 de l'exercice 1 et 2 conformément à l'exemple suivant:

Exemple:
1. Il donne **la clé à Marcel.** (Exercice 1)
   Il **la lui** donne.

2. J'ai donné **la clé à Marcel.** (Exercice 2)
   Je **la lui** ai donnée.

Traduisez en français:

1. Er hat uns seinen Fotoapparat gezeigt; er hat ihn uns gezeigt, sie haben ihn ihm gezeigt, ich habe sie (die Apparate) ihr gezeigt, du hast ihn ihnen gezeigt.

2. Er erzählt ihnen eine interessante Geschichte; er erzählt sie Ihnen, wir erzählen sie ihm (ihr), ich erzähle sie dir, sie erzählt sie uns.

3. Er hat mir einen guten Rat gegeben; er hat ihn mir gegeben, sie haben ihn uns gegeben, sie hat ihn ihnen (Ihnen) gegeben.

4. Der Lehrer hat uns den Teilungsartikel erklärt; er hat ihn uns erklärt, er hat ihn ihnen erklärt, wir haben ihn ihr (ihm) erklärt, er erklärt ihn ihnen.

5. Er hat es uns gesagt; wir haben es ihm gesagt, sie hat es euch gesagt, sie haben es dir gesagt, ich habe es ihr (ihm) gesagt, er hat es Ihnen gesagt, nicht wahr?

Exercice 5

Transformez les phrases suivantes conformément à l'exemple:

Exemple: 1. Il **la lui** montre.   2. Ils **te** l'ont donné.
            La lui montre-t-il?   **Te** l'ont-ils donné?
            Ne **la lui** montre-t-il pas?   Ne **te** l'ont-ils pas donné?

1. Je le leur ai dit.

2. Nous les lui montrerons.

3. Ils nous l'ont donné.

4. Tu nous l'as passé.

5. Elle me l'a montré.

6. Il vous l'a recommandé.

7. Vous me les donnerez, n'est-ce pas?

8. Elles nous les ont montrés.

9. Il la leur a montrée.

10. Ils les lui ont donnés.

11. Je le lui ai recommandé.

12. Tu me les as passés.

13. Elle vous les a montrés.

14. Ils te l'ont dit.

15. Nous le lui avons montré.

16. Elles les leur ont passés.

LE PRONOM PERSONNEL TONIQUE
das unverbundene (betonte) Personalpronomen

Les formes du pronom personnel tonique

	Singulier	Pluriel
il sort avec	**moi** (mir) **toi** (dir) **lui** (ihm) **elle** (ihr)	**nous** (uns) **vous** (euch, Ihnen) **eux** (ihnen) **elles** (ihnen)

on va chez **soi** — man geht zu **sich** (nach Hause)

L'emploi du pronom personnel tonique

1. Qui m'appelle? **Lui** Wer hat mich gerufen? **Er** 2. **Moi,** je vous ai appelé. **Ich** habe Sie gerufen. 3. Ce sont **eux** qui l'ont dit. Sie haben es gesagt. **Lui-même** m'a appelé. **Er selbst** hat mich gerufen. 4. Elle est sortie sans **moi**. Sie ist ohne **mich** ausgegangen. 5. Je me suis présenté à **eux**. Ich habe mich **ihnen** vorgestellt. 6. Il est plus grand que **moi**. Er ist größer als ich. 7. Dites-le-**moi**. Sagt es mir!	**Notez:** Das unverbundene Personalprono- men wird angewendet: 1. wenn es **alleinsteht** (ohne jede Verbindung zum Verb); 2. **bei starker Betonung des ver- bundenen Personalpronomens;** 3. nach: **c'est** und **c'était,** vor: **seul** und **même;** 4. **nach Präpositionen;** 5. **wenn es in Verbindung mit den Akkusativen** (me, te, nous, vous) **steht;** 6. **nach dem Komparativ;** 7. **beim Imperativ** (nur in der 1. und 2. Person) siehe Seite 59.

Exercice 6

Traduisez en français:

1. Sie hat eine lange Reise gemacht, nicht er! — 2. Ich habe die Uhr gefunden, nicht er! — 3. Wo ist Louis? Er ist bei mir (uns, ihm, ihr, ihnen). — 4. Wen hast du in Paris getroffen? Ihn (sie, uns)? — 5. Julien ist kleiner als ich (er, sie, du). — 6. Der Franzose war interessanter als er (sie), nicht wahr? — 7. Wer hat dir geschrieben? Er (sie)? — 8. Schau, er steht hinter ihm (ihnen, ihr, uns, euch, mir, dir). — 9. Ich werde mit ihnen (dir, ihm, euch, ihr) nach Nizza fahren. — 10. Er ist ohne mich (ihn, sie, dich, uns, euch) nach Cannes gefahren. — 11. Dieses Auto gehört mir (ihm, ihr, ihnen, uns). — 12. Wir haben uns ihnen (ihr, ihm) vorgestellt. — 13. Er hat sich an uns (ihn, sie, mich, dich) gewandt. — 14. Zeigen Sie es mir (ihm, ihnen, ihr)! — 15. Schreiben Sie uns (ihm, ihr, ihnen, mir)!

L'impératif et les pronoms personnels
der Imperativ und die Personalpronomen *Befehlsform*

Direktes Objekt (Akkus.)		Indirektes Objekt (Dativ)	
lave — **moi**	(mich)	écrivez — **moi**	(mir)
lave — **toi**	(dich)	écris — **toi**	(à toi même)
lave — **le**	(ihn)	écrivez — **lui**	(ihm)
lave — **la**	(sie)	écrivez — **lui**	(ihr)
lave — **nous**	(uns)	écrivez — **nous**	(uns)
lavez — **vous**	(Sie)	(écrivez — **vous**	(à vous même[s]) (Ihnen)
lave — **les**	(sie)	écrivez — **leur**	(ihnen)

Notez:
1. Beim **bejahten Imperativ** steht das Personalpronomen **hinter diesem. Die 1. und 2. Person Singular** haben die betonten (unverbundenen) Personalpronomen „**moi**" und „**toi**".
2. Beim **verneinten Imperativ** verwendet man „**me**" und „**te**" statt „**moi**" und „**toi**".
ne **me** lave pas maintenant — ne **te** lave pas maintenant

L'impératif avec deux pronoms personnels
der Imperativ mit zwei Personalpronomen

Montre-**le-moi.** Zeige es mir. Donnez-**les-lui.** Gebt sie ihm. Ne **me le** montrez pas. Ne **les lui** donnez pas.	Notez: Stehen beim Imperativ **zwei Personalpronomen,** so steht **der Akkusativ** (direktes Objekt) dem Imperativ **am nächsten.** Beim **verneinten Imperativ** wird aus „moi — me" und aus „toi — te" (**lui** und **leur** stehen unmittelbar vor dem Imperativ). _Befehlsform_

Exercice 7

Traduisez en français:

1. Zeigen Sie mir (uns, ihm, ihnen) bitte den Wartesaal. Zeigen sie ihn mir (uns, ihnen, ihm) bitte!
2. Sagen Sie es mir (ihr, ihnen, uns) bitte! Sagen Sie es ihm (ihr, ihnen, uns) bitte nicht!
3. Geben Sie es bitte mir (ihm, ihr, uns, ihnen)! Geben Sie es ihm (ihnen, ihr, uns) nicht!

EN und Y (adverbes pronominaux — Pronominaladverbien)

en — von dort, daher, _damit, davon_

1. Est-ce que vous venez de Reims? Oui, j'**en** viens. Etes-vous content(s) de votre travail? Oui, j'**en** suis content. 2. As-tu des photos? Oui, j'**en** ai. Combien **en** as-tu? Avez-vous des cigarettes? Oui, j'**en** ai plusieurs.	Notez: 1. Die Präposition „de" wird durch „en" von dort, damit, <u>davon</u> ersetzt. 2. „en" ersetzt den **Teilungsartikel,** wenn ein Substantiv zu ergänzen ist. Das gilt insbesondere für **Mengenangaben** und **Zahlwörter.**

y — dort, dorthin

1. Allez-vous à Paris? Oui, j'**y** vais. Est-il en France? Oui, il **y** passe ses vacances. Montez dans la cabine. Oui, j'**y** monte tout de suite.	Notez: Die Präpositionen „à", „dans", „en", „sur" werden durch „y" — dorthin, dort, dahin im örtlichen und übertragenen Sinn ersetzt.

Notez:

1. „en" und „y" stehen **unmittelbar** vor dem konjugierten Verb. Stehen beide in einem Satz, so tritt „y" **vor** „en".
2. „en" und „y" folgen ebenfalls mit Bindestrich auf den Imperativ.
   (prenez-en, vas-y) — aber: donnez-**m'en**

Exercice 8

Répondez à ces questions avec «oui» et «non»

Exemple: Allez-vous à Orléans?
           Oui, nous **y** allons.
           Non, nous **n'y** allons pas.

1. Allez-vous à Bordeaux?
2. Vas-tu à Tours?
3. Va-t-il à Rennes?
4. Vont-ils à Lille?
5. Va-t-elle à Calais?
6. Vont-elles à Reims?
7. Allons-nous à Nîmes?
8. Allez-vous à Marseille?
9. Va-t-il à Arles?
10. Vont-ils à Lourdes?
11. Vas-tu à Nice?
12. Allons-nous à Cannes?
13. Allez-vous à Poitiers?
14. Vont-ils à Toulouse?
15. Va-t-il à Cherbourg?
16. Vont-elles à Orléans?
17. Vas-tu à Nantes?
18. Allons-nous à Caen?
19. Va-t-il à Toulon?
20. Vont-ils à Biarritz?

Exercice 9

Répondez aux questions conformément à l'exemple:

Exemple: Désirez-vous des haricots?
           Oui, j'**en** prends deux kilos (boîtes, tranches, morceaux etc.).

Désirez-vous

1. du café?
2. du thé?
3. du lait?
4. de la bière?
6. des fraises?

5. des côtelettes?
7. des olives?
8. des escalopes?
9. des cerises?
10. de la farine?

Exercice 10

Traduisez en français:

1. Wir werden Pierre nach Reims mitnehmen; wir werden ihn dorthin mitnehmen. — 2. Wir sind gut in Paris angekommen; wir sind dort gut angekommen. — 3. Kann ich meinen Wagen in Ihrer Garage unterstellen? Ja, Sie können ihn dort unterstellen. — 4. Ich biete ihm ein Glas Wein an; ich biete ihm ihn (davon) an. — 5. Nimmst du viel Zucker? Nein, ich nehme nicht viel (davon). — 6. Ich erwarte meinen Freund im Restaurant; ich erwarte ihn dort. — 7. Er trägt den Koffer zum Bahnsteig; er trägt ihn dorthin. — 8. Er spricht oft von seinen Reisen; er spricht oft davon. — 9. Ich denke über dieses Problem nach; ich denke darüber nach. — 10. Ich freue mich über deinen Erfolg; ich freue mich darüber. — 11. Er bedient sich oft seiner Hilfe; er bedient sich dessen (derer) oft. — 12. Möchten Sie Kirschen? Ja, ich möchte (davon) drei Kilo. — 13. Diese Birnen sind billig! Geben Sie mir bitte (davon) 5 Kilo. — 14. Wir haben seinen Brief beantwortet; wir haben ihn (darauf) be(ge)antwortet. — 15. Wir danken Ihnen für Ihr Schreiben vom 5. d. M. Wir danken Ihnen dafür.

LES VERBES PRONOMINAUX — die reflexiven Verben

Les formes des verbes pronominaux — die Formen der reflexiven Verben

Présent	Passé composé
je **me** lave	je **me** suis lavé(e)
ich wasche **mich**	ich habe **mich** gewaschen
tu **te** laves	tu **t'**es lavé(e)
du wäschst **dich**	du hast **dich** gewaschen
il **se** lave	il **s'**est lavé
er wäscht **sich**	er hat **sich** gewaschen
elle **se** lave	elle **s'**est lavée
sie wäscht **sich**	sie hat **sich** gewaschen
nous **nous** lavons	nous **nous** sommes lavés(es)
wir waschen **uns**	wir haben **uns** gewaschen
vous **vous** lavez	vous **vous** êtes lavé(e, s, es)
ihr wascht **euch**	ihr habt euch gewaschen
ils **se** lavent	ils **se** sont lavés
sie waschen **sich**	sie haben **sich** gewaschen
elles **se** lavent	elles **se** sont lavées
sie waschen **sich**	sie haben **sich** gewaschen

Imparfait	je me lavais ich wusch mich	**Plus-que-parfait**	je m'étais lavé(e) ich hatte mich gew.
Futur	je me laverai ich werde mich w.	**Futur antérieur**	je me serai lavé(e) ich werde mich ge-
Passé simple	je me lavai ich wusch mich	**Conditionnel**	waschen haben je me serais lavé(e)
Conditionnel présent	je me laverais ich würde mich w.	**passé**	ich hätte mich gew.

L'emploi des verbes pronominaux — Anwendung der reflexiven Verben

1. a) Il se baigne dans la mer.
   Er badet im Meer.
   Je m'appelle Robert.
   Ich heiße Robert.

   b) **Je me suis décidé** à rester ici.
   Ich habe mich entschlossen, hier zu bleiben.

2. Comment **se prononce** ce mot?
   Wie spricht man dieses Wort aus?
   Comment **s'écrit** ce mot?
   Wie wird dieses Wort geschrieben?

Notez:

Die **reflexiven Verben** stehen in Verbindung mit einem **Reflexivpronomen**.

1. a) In den **einfachen Zeiten** steht das **Reflexivpronomen** unmittelbar **vor** dem **Verb**.

   b) In den **zusammengesetzten Zeiten** steht das **Reflexivpronomen vor dem Hilfsverb**.

   Die reflexiven Verben bilden die **zusammengesetzten Zeiten** (passé composé etc.) im Gegensatz zum Deutschen mit „**être**".

2. Einige reflexive Verben können auch im **passiven Sinn** angewendet werden.

Verbes à double signification — Verben mit doppelter Bedeutung

Verbes pronominaux en français	Verbes non pronominaux en français
s'appeler — heißen	appeler — rufen
s'arrêter — anhalten, stehenbleiben	arrêter — festnehmen, anhalten
s'attendre à — gefaßt sein auf, rechnen mit	attendre — erwarten
se coucher — sich hinlegen, zu Bett gehen	coucher — hinlegen
se douter de — ahnen	douter de — bezweifeln
s'éteindre — erlöschen, ausgehen	éteindre — auslöschen
se lever — aufstehen	lever — erheben
se promener — spazierengehen	promener — spazierenführen
se réveiller — aufwachen	réveiller — wecken
se taire — schweigen	taire qch — etw. verschweigen
se terminer ⎫ s'achever ⎭ — zu Ende gehen	terminer — beenden
	achever — vollenden, leisten

Verbes non pronominaux en français

Nicht reflexive Verben im Französischen

La situation économique **a changé.** Die wirtschaftliche Lage hat sich geändert.	**Notez:**
Ne bougez pas. Bewegen (rühren) Sie sich nicht!	Folgende Verben werden im Deutschen reflexiv und im Französischen nicht reflexiv angewendet:
L'exportation a diminué. Der Export ist zurückgegangen.	**changer** — sich ändern
Il séjourne à Paris. Er hält sich in Paris auf.	**augmenter** — sich vermehren, steigen
	diminuer — sich vermindern
	séjourner — sich aufhalten
	bouger — sich bewegen, rühren
	avoir honte — sich schämen
	différer — sich unterscheiden
	prendre la ⎫ **liberté** ⎭ — sich erlauben
	redoubler — sich verdoppeln
	tourner — sich drehen
	u. a.

COURS ELEMENTAIRE

Exercice 11

Conjuguez à toutes les personnes:

Je me lève de bonne heure.
Je m'endormais de bonne heure.
Je me coucherai de bonne heure.
Je m'endormis de bonne heure.

Je me lèverais de bonne heure.
Je me suis couché de bonne heure.
Je m'étais endormi de bonne heure.
Je me serais levé de bonne heure.

Exercice 12

Traduisez en francais:

1. Die Waren lassen sich gut verkaufen. — 2. Er ist um 10 Uhr zu Bett gegangen. — 3. Wie wird dieses Wort geschrieben? — 4. Sie brauchen sich nicht zu schämen. — 5. Wir werden uns bemühen, unsere Kunden in jeder Hinsicht zufriedenzustellen. — 6. Wir beeilen uns, Ihr Schreiben vom 5. d. M. zu beantworten. — 7. Sie sind fortgegangen. — 8. Er macht sich über jeden lustig. — 9. Er ist geflohen. — 10. Ich kann mich an dieses Ereignis nicht mehr erinnern. — 11. Sie mißtraut ihrem Freund. — 12. Wie buchstabiert man dieses Wort? — 13. Wir erlauben uns, Sie auf unser Sonderangebot aufmerksam zu machen. — 14. Nichts hat sich geändert. — 15. Die Streikgefahr hat sich verringert. — 16. Wie heißen Sie? — 17. Jacqueline hat mich gerufen. — 18. Der Gangster ist von dem Kommissar festgenommen worden. — 19. Wir hielten in Vouvray an, um Mittag zu essen. — 20. Erwarten Sie heute abend Gäste? — 21. Ich rechne mit seinem Wohlwollen. — 22. Ich bin gestern um 7 Uhr aufgestanden. — 23. Ich bezweifle, daß er die Einladung annimmt. — 24. Ich bezweifle nichts. — 25. Würden Sie mich bitte um 6 Uhr wecken? — 26. Meine Eltern sind spazierengegangen. — 27. Chantal führt ihren Hund aus, sie wird gleich zurückkommen. — 28. Sie sollten die Wahrheit nicht verschweigen. — 29. Er sollte nicht schweigen. — 30. Haben Sie das Studium bereits beendet? — 31. Die 4. Republik ging in diesem Jahrhundert zu Ende. — 32. Würden Sie bitte das Licht ausmachen. — 33. Das Feuer ist ausgegangen. — 34. Ich bin um 5 Uhr aufgewacht. — 35. Dieser Ausdruck wird nicht mehr verwendet. — 36. Volkswagen werden in den USA gut verkauft. — 37. Dieses Verb wird regelmäßig konjugiert. — 38. Dieses Wort wird groß geschrieben. — 39. Ich bereue es, daß ich seine Einladung nicht angenommen habe. — 40. Wir erlauben uns, Sie zu einem Diner einzuladen.

VOCABULAIRE

COURS ELEMENTAIRE

Exercice 1

allumer une cigarette [alyme]	eine Zigarette anstecken
prendre un billet	eine Fahrkarte lösen
donner un pourboire [purbwar]	ein Trinkgeld geben
présenter un chèque [prezãte]	einen Scheck präsentieren
recommander qch [r(ə)kɔmãde]	etw. empfehlen

Exercice 2

nettoyer [nɛtwaje]	säubern, reinigen
au marché	auf dem Markt
allumer la lumière [lymjɛr]	das Licht anmachen
les hôtes [ot]	die Gäste
soumettre une offre [sumɛtr]	ein Angebot unterbreiten
le concierge [kɔ̃sjɛrʒ]	der Pförtner
passer une commande	einen Auftrag erteilen

Exercice 3

la clé	der Schlüssel

Exercice 4

l'appareil photo(graphique) [aparɛj]	der Fotoapparat
donner un conseil [kɔ̃sɛj]	einen Rat geben
l'article partitif [artikl partitif]	der Teilungsartikel
expliquer	erklären

Exercice 6

faire un voyage	eine Reise machen
se présenter à qn	sich jmd. vorstellen

Exercice 10

emmener qn [ãmne]	jmd. mitnehmen
garer qch	etw. unterstellen
le quai [ke]	der Bahnsteig
réfléchir [refleʃir]	nachdenken
le succès [syksɛ]	der Erfolg
se servir de qch	sich einer Sache bedienen
l'aide (f) [ɛd]	die Hilfe
répondre à une lettre	ein Schreiben beantworten
remercier de qch [r(ə)mɛrsje]	sich für etw. bedanken, für etw. danken

Exercice 12

se vendre bien	sich gut verkaufen lassen
s'efforcer (de) [efɔrse]	sich bemühen
satisfaire qn [satisfɛr]	jmd. zufriedenstellen
à tous égards [egar]	in jeder Hinsicht
s'empresser (de) [ãprese]	sich beeilen
se moquer (de) [mɔke]	sich lustig machen (über)
se méfier de	jmd. mißtrauen
se souvenir de	sich erinnern an
l'événement [evɛnmã]	das Ereignis
attirer l'attention sur qch [atãsjɔ̃]	die Aufmerksamkeit auf etw. lenken
une offre spéciale [ɔfr spesjal]	ein Sonderangebot
le danger de grève [grɛv]	die Streikgefahr
arrêter qn [arete]	jmd. festnehmen
l'hôte (m)	der Gast
s'attendre à qch	mit etw. rechnen
la faveur	das Wohlwollen
réveiller qn [reveje]	jmd. wecken
terminer les études	das Studium beenden
éteindre la lumière [etɛ̃dr, lymjɛr]	das Licht ausmachen
écrire en lettres majuscules [maʒyskyl]	großschreiben
se repentir de qch [r(ə)pãtir]	etw. bereuen
se permettre (de)	sich erlauben

ADJECTIFS ET PRONOMS POSSESSIFS

Das adjektivische und substantivische Possessivpronomen

Les adjectifs possessifs — die adjektivischen Possessivpronomen

Singulier	
Masculin	**Féminin**
c'est **mon** chien mein	c'est **ma** voiture mein
c'est **ton** chien dein	c'est **ta** voiture dein
c'est **son** chien sein, ihr	c'est **sa** voiture sein, ihr
c'est **notre** chien unser	c'est **notre** voiture unser
c'est **votre** chien euer, Ihr	c'est **votre** voiture euer, Ihr
c'est **leur** chien ihr	c'est **leur** voiture ihr
Pluriel	
Masculin et Féminin	
ce sont **mes** chiens, voitures meine	ce sont **nos** chiens, voitures unsere
ce sont **tes** chiens, voitures deine	ce sont **vos** chiens, voitures eure, Ihre
ce sont **ses** chiens, voitures seine, ihre	ce sont **leurs** chiens, voitures ihre

Notez:

1. Das adjektivische Possessivpronomen richtet sich in Geschlecht und Zahl nach dem dazugehörigen Substantiv.

2. **leur — leurs** (ihr, ihre) — bei **mehreren** Besitzern
c'est **leur** maison — das ist **ihr** Haus (es gehört mehreren)
son — sa — ses (ihr, ihre) — bei **einem** Besitzer
c'est **sa** maison — das ist **ihr** Haus (ein Besitzer)
ce sont **ses** maisons — das sind **ihre** Häuser (sie haben nur eine Besitzerin)

3. Vor **weiblichen** Substantiven und Adjektiven, die mit einem **Vokal** oder **stummen** „h" anlauten, steht „**mon**", „**ton**", „**son**" statt ma, ta, sa (c'est **mon** amie).

175

Les pronoms possessifs — die substantivischen Possessivpronomen

Singulier		Pluriel	
Voilà un camion	**une voiture**	**Voilà des camions**	**voitures**
c'est **le mien** der meine	c'est **la mienne**	ce sont **les miens** die meinen	**les miennes**
c'est **le tien** der deine	c'est **la tienne**	ce sont **les tiens** die deinen	**les tiennes**
c'est **le sien** der seine der ihre	c'est **la sienne**	ce sont **les siens** die seinen die ihren	**les siennes**
c'est **le nôtre** der unsere	c'est **la nôtre**	ce sont **les nôtres** die unseren	**les nôtres**
c'est **le vôtre** der eure der Ihre	c'est **la vôtre**	ce sont **les vôtres** die euren die Ihrigen	**les vôtres**
c'est **le leur** der ihre	c'est **la leur**	ce sont **les leurs** die ihren	**les leurs**

Notez:

1. Das **substantivische** Possessivpronomen **steht allein** und richtet sich in Geschlecht und Zahl nach dem Substantiv, auf das es sich bezieht.
2. Beziehen sich **mehrere** Possessivpronomen auf ein Substantiv, **so tritt das erste in die adjektivische Form vor das Substantiv,** die anderen folgen in der substantivischen Form auf das Substantiv.
   (Le professeur a corrigé **mes** fautes et **les tiennes.**
   Der Lehrer hat **meine** und **deine** Fehler verbessert.)

COURS ELEMENTAIRE

Exercice 1

Mettez l'adjectif possessif:

L'exemple: André vend ... maison   André vend **sa (ma, notre** etc.) maison

1. Nous ne pouvons trouver ...
   appareils photo(graphiques).
2. Je cherche ... bicyclette.
3. Ils répondent à ... questions.
4. Elle montre ... photos;
   elles montrent ... photos.
5. Où est ... portefeuille.
6. Est-ce ... chèque de voyage.
7. Voici ... appareil-photo.
8. C'est ... cadeau.
9. Ce sont ... montres.
10. Est-ce ... vélo?

Exercice 2

Traduisez en français:

1. Das ist unser Bungalow, das ist ihr Bungalow, das sind ihre Bungalows, ist das Ihr Bungalow? — 2. Das ist sein Pferd, das sind seine Pferde, das sind ihre Pferde, sind das eure Pferde? — 3. Das sind ihre Kleider, das sind meine Kleider, sind das unsere Kleider? — 4. Das sind seine Hosen, sind das deine Hosen?, das sind ihre Hosen. — 5. Das sind meine Schuhe, das sind ihre Schuhe, sind das Ihre Schuhe? — 6. Das ist mein Pullover, das ist ihr Pullover, ist das sein Pullover? — 7. Das ist mein Rock, das ist ihr Rock, ist das dein Rock? — 8. Das ist sein Motorroller, das ist ihr Motorroller, ist das Ihr Motorroller, ist das euer Motorroller?

Exercice 3

Mettez le pronom possessif:

Exemple: C'est **ma** fille — c'est ...
           c'est la mienne.

1. C'est son verre de vin.	C'est ...
2. Ce sont nos journaux.	Ce sont ...
3. C'est leur chat.	C'est ...
4. Est-ce sa robe?	Est-ce ...
5. C'est mon amie.	C'est ...
6. Ce sont leurs correspondants.	Ce sont ...
7. Est-ce ton stylo à bille?	Est-ce ...
8. C'est mon avis.	C'est ...
9. Est-ce votre taxi?	Est-ce ...
10. Est-ce ton anniversaire?	Est-ce ...
11. Sont-ce ses châteaux?	Sont-ce ...
12. Est-ce ta blouse?	Est-ce ...
13. Est-ce mon maillot de bain?	Est-ce ...
14. Sont-ce vos lunettes de soleil?	Sont-ce ...
15. Ce sont ses chansons.	Ce sont ...

VOCABULAIRE

COURS ELEMENTAIRE

Exercice 1

répondre à qch	etw. beantworten
le chèque de voyage	der Reisescheck
l'appareil photo	Fotoapparat
le cadeau [kado]	das Geschenk

Exercice 2

le bungalow [bœ̃galo]	der Bungalow
le cheval / les chevaux	das Pferd
la robe	das Kleid
le pantalon	die (lange) Hose
la chaussure [ʃosyr]	der Schuh
le chandail / le pull-over [ʃɑ̃daj, pulɔvœr (pylɔvɛr)]	der Pullover
la jupe [ʒyp]	der Damenrock
le scooter [skutœr]	der Motorroller

Exercice 3

le chat [ʃa]	die Katze
le correspondant	der Schreib-Geschäftsfreund
l'avis (m)	die Meinung
l'anniversaire (m) [anivɛrsɛr]	der Jahrestag, das Jubiläum
le maillot de bain [majo]	der Badeanzug
les lunettes de soleil [lynɛt, sɔlɛj]	die Sonnenbrille

L'ADJECTIF ET LE PRONOM DEMONSTRATIFS
das adjektivische und substantivische Demonstrativpronomen

Les adjectifs démonstratifs — die adjektivischen Demonstrativpronomen

	Masculin	Féminin	
Singulier	ce garçon cet étudiant cet homme	cette cathédrale cette étudiante cette histoire	dieser, diese, dieses
Pluriel	ces garçons ces étudiants ces hommes	ces cathédrales ces étudiantes ces histoires	diese

Notez:

1. Das adjektivische Demonstrativpronomen steht **unmittelbar vor** dem **Substantiv** und richtet sich in **Geschlecht** und **Zahl** nach **diesem**.

2. Soll das adjektivische Demonstrativpronomen **betont** werden, so fügt man „ci" oder „là" an.

    ce garçon-**ci** — dieser Kellner
    ce garçon-**là** — jener Kellner

3. Das adjektivische Demonstrativpronomen heißt „cet", wenn ihm ein **männliches** Hauptwort mit **einem Vokal** oder einem **stummen „h"** folgt (**cet** homme).

Les pronoms démonstratifs — die substantivischen Demonstrativpronomen

Cette émission (-ci) était plus intéressante que **celle-là.**
Diese Sendung war interessanter als **jene.**
Voici deux livres; préférez-vous **celui-ci** ou **celui-là?**
Hier sind zwei Bücher, bevorzugen Sie **dieses** oder **jenes?**
Ces églises (-ci) sont plus modernes que **celles-là.**
Ces châteaux (-ci) sont plus jolis que **ceux-là.**
Je préfère cette comédie (-ci) à **celle-là.**
Nous préférons ces romans (-ci) à **ceux-là.**

1. Die substantivischen Demonstrativpronomen heißen:

	Masculin	Féminin
Sg.	**celui-ci** **celui-là**	**celle-ci** **celle-là**
Pl.	**ceux-ci** **ceux-là**	**celles-ci** **celles-là**

2. Die substantivischen Demonstrativpronomen stehen **allein**; sie richten sich in **Geschlecht** und meistens auch in der Zahl nach dem **dazugehörigen** Substantiv.

celui — celle / ceux — celles

1. C'est la maison de Marcel; je préfère **celle** de Julien. Das ist das Haus von Marcel; ich bevorzuge **das(jenige)** von Julien.	**Singulier** **celui** — derjenige, der etc. **celle** — diejenige, die etc.
2. Je connais **ceux (celles)** qui ont dérobé la voiture. Ich kenne **die(jenigen)**, die das Auto gestohlen haben.	**Pluriel** **ceux** — diejenigen, die etc. **celles** — diejenigen, die etc.
3. Nous n'acceptons pas cette offre, mais **celle** soumise par la maison Vernes. Wir nehmen nicht dieses, sondern **das** von der Fa. Vernes unterbreitete Angebot an.	**celui** usw. steht unmittelbar **vor:** 1. **der Präposition „de",** 2. **dem Relativpronomen „qui", „que",** 3. **Partizipien.**

ceci — cela — ce

Ceci est à lui, **cela** est à moi. **Dies** gehört ihm, **das (da)** gehört mir. **C'est** mon ami. Das ist mein Freund.	**ceci** — „dies hier" weist auf etwas, was **näherliegt,** **cela** — „das da" auf etwas, was **weiter entfernt** ist. **ce** — „das, dies" steht meistens in Verbindung mit **être.**

COURS ELEMENTAIRE

Exercice 1

Mettez l'adjectif démonstratif:

Exemple: il traduit ... phrase(s)
il traduit **cette** phrase (-ci, -là)
il traduit **ces** phrases (-ci, -là)

1. Je lis ... journal (journaux).
2. J'apprends ... poème(s).
3. Nous cherchons ... homme(s).
4. Il raconte ... histoire(s).
5. Je connais ... élève(s).

6. Il exécute ... ordre(s).
7. Elle examine ... offre(s).
8. Nous arrêtons ... camion(s).
9. ... accident est grave.
10. ... réponses sont correctes.

Exercice 2

Mettez les phrases suivantes au pluriel:

Exemple: ce devoir est difficile
ces devoirs sont difficiles

1. Ce garçon est très poli.
2. Ce château est magnifique.
3. Cette montre retarde.
4. Cet élève est paresseux.
5. Cette règle est assez compliquée.

6. Cette valise est trop lourde.
7. Cette chambre est trop petite.
8. Ce vocabulaire est trop difficile.
9. Cette dame est très élégante.
10. Ce professeur est très tolérant.

Exercice 3

Mettez les phrases suivantes au pluriel:

Exemple: cette faute (-ci) est plus grave que **celle-là**
ces fautes (-ci) sont plus graves que **celles-là**

1. Cette bouteille de vin (-ci) coûte plus cher que celle-là.
2. Ce costume (-ci) ne me plaît pas tant que celui-là.
3. Ce magnétophone (-ci) est moins cher que celui-là.
4. Cet examen (-ci) était plus difficile que celui-là.
5. Cette offre (-ci) était plus favorable que celle-là.
6. Cette rue (-ci) est plus étroite que celle-là.
7. Ce train (-ci) part plus tard que celui-là.
8. Cet autobus (-ci) arrive plus tôt que celui-là.
9. Il m'a montré ce chalet (-ci), pas celui-là.
10. Moi, je lis ce journal (-ci); lui, il lit celui-là.

Exercice 4

Complétez par: celui, ceux, celle ou celles

1. Je connais la sœur de Marcel et ... de Pierre.
2. J'ai lu les tragédies de Racine, mais je préfère ... de Corneille.
3. Nous avons bu du vin blanc et du vin rouge; ... de la maison Perrin est meilleur que ... de la maison Rochard.
4. Robert et Marcel ont fait quelques propositions; ... de Robert sont plus acceptables que ... de Marcel.
5. Je donnerai le livre à ... qui le mérite.
6. Julien n'a pas suivi mon conseil; ... de Jacques était meilleur.
7. Nous avons invité ... que nous avons rencontré(e, s, es) à Paris.
8. J'ai vendu ma maison et ... de mon frère.
9. ... qui trouvera mon portefeuille obtiendra une récompense.
10. ... qui m'auront écrit recevront sous peu une réponse.

Exercice 5

Traduisez en français:

1. Die Qualität dieser Waren ist besser als jene. — 2. Dieser Betrag wurde überwiesen, jener wurde bar bezahlt. — 3. Diese Auskunft war nicht so gut wie jene. — 4. Diese Reklamation ist gerechtfertigt, jene nicht. — 5. Diese Kataloge der französischen Firma sind illustrierter als die der englischen. — 6. Die Preise dieser Firma sind niedriger als die jener Firma. — 7. Wir nehmen die Bedingungen des französischen Exporteurs an, aber nicht die der italienischen Firma. — 8. Wir werden die fehlenden Stücke ersetzen, aber nicht die, die auf dem Transport beschädigt wurden. — 9. Wir werden den Wechsel der Firma Mireau prolongieren, aber nicht den der Firma Cunard. — 10. Wir werden dem den Auftrag erteilen, dessen Bedingungen am günstigsten sind. — 11. Die Firma hat unsere Aufmerksamkeit auf diese Artikel gelenkt; diese sind schöner als jene. — 12. Wir werden denjenigen den Auftrag erteilen, die Waren von hochwertiger Qualität anbieten.

VOCABULAIRE

COURS ELEMENTAIRE

Exercice 1

raconter	erzählen
exécuter un ordre [ɛgzekyte]	einen Auftrag ausführen
examiner une offre	ein Angebot prüfen

Exercice 2

retarder	nachgehen (Uhr)
être paresseux [parɛsə]	faul sein

Exercice 3

le magnétophone	das Tonbandgerät

Exercice 4

préférer [prefere]	bevorzugen
faire une proposition [prɔpozisjɔ̃]	einen Vorschlag machen
mériter	verdienen
suivre un conseil [sɥivr, kɔ̃sɛj]	einen Rat befolgen
obtenir une récompense [ɔptənir, rekɔ̃pɑ̃s]	eine Belohnung erhalten
sous peu	bald

Exercice 5

la qualité [kalite]	die Qualität
la marchandise	die Ware
virer un montant [mɔ̃tɑ̃]	einen Betrag überweisen
payer (au) comptant [kɔ̃tɑ̃]	bar zahlen
le renseignement [rɑ̃sɛɲmɑ̃]	die Auskunft
la réclamation	die Reklamation
être justifié [ʒystifje]	gerechtfertigt sein
le prix [pri]	der Preis
la condition (accepter)	die Bedingung (annehmen)
manquer	fehlen
remplacer	ersetzen
endommager [ɑ̃dɔmage]	beschädigen
prolonger la lettre de change [prɔlɔ̃ʒe]	den Wechsel verlängern
attirer l'attention sur	die Aufmerksamkeit auf etw. lenken
passer une commande	einen Auftrag erteilen
offrir qch	etw. anbieten
une qualité supérieure [syperjœr]	eine hochwertige Qualität

LE PRONOM INTERROGATIF

das Interrogativpronomen, das Fragefürwort

L'INTERROGATION DIRECTE — die direkte Frage

qui

Subjekt	Qui téléphone? Wer telefoniert?	Qui est-ce qui téléphone?
Direktes Objekt	Qui voyez-vous? Wen sehen Sie?	Qui est-ce que vous voyez?
Präposit. Objekt	De qui parlez-vous? Von wem sprechen Sie?	
	A qui écrivez-vous? An wen schreiben Sie?	

Notez:

Um das **Subjekt** „qui" — wer? und das **direkte Objekt** „qui" — wen? voneinander unterscheiden zu können, kann man verwenden statt:

> **qui?** — wer? — **qui est-ce qui?**
> **qui?** — wen? — **qui est-ce que?**

que

Subjekt	Qu'est-ce que c'est? Was ist das?	Qu'est-ce qui est là?
Direktes Objekt	Que fais-tu? Was machst du?	Qu'est-ce que tu fais?
Präposit. Objekt	De quoi parle-t-il? Wovon spricht er?	
	A quoi pense-t-il? Woran denkt er?	

Notez:

Um das **Subjekt** „que" — „was" und das **direkte Objekt** „que" — „was" voneinander unterscheiden zu können, kann man verwenden statt:

> **que** (Subjekt) — **qu'est-ce qui**
> **que** (Objekt) — **qu'est-ce que**

L'INTERROGATION INDIRECTE — die indirekte Frage

	qui — Personen	que — Sachen
Subjekt	Je me demande **qui** sait cela. Ich frage mich, **wer** das weiß.	Je me demande **ce qui** s'est passé. Ich frage mich, **was** geschehen sei.
Direktes Objekt	Je me demande **qui** il connaît. Ich frage mich, **wen** er kennt.	Je me demande **ce qu**'il fait. Ich frage mich, **was** er macht.
Präposit. Objekt	Je me demande **de qui** il sait cela. Ich frage mich, **von wem** er das weiß. Je me demande **à qui** il écrit. Ich frage mich, **an wen** er schreibt.	Je me demande **de quoi** il parle. Ich frage mich, **wovon** er spricht. Je me demande **à quoi** il pense. Ich frage mich, **woran** er denkt.

quel — lequel

Quel âge as-tu? Wie alt bist du? **Quel** est votre nom? Wie heißen Sie? **Quelle** famille habite ici? Welche Familie wohnt hier? **Quelles** fautes sont graves? Welche Fehler sind schwer?	**Notez:** **quel, quelle, quels, quelles** — welcher werden **adjektivisch** (attributivisch) gebraucht und richten sich in Geschecht und Zahl nach dem dazugehörigen Substantiv.
Lequel de ces hommes est M. Grounod? Welcher dieser Männer ist Herr G.? **Laquelle** de ces jeunes filles est Nicole? Welches dieser Mädchen ist Nicole? Un de ces ouvriers habite ici. **Lequel?** Einer dieser Arbeiter wohnt hier. Welcher?	**lequel, laquelle, lesquels, lesquelles** — welche(r) werden **substantivisch** gebraucht und fragen nach einer **bestimmten** Sache oder Person **aus einer größeren Anzahl oder Menge.** (Außer lequel und laquelle gibt es duquel, auquel, à laquelle, desquels, desquelles etc.)

COURS ELEMENTAIRE

Exercice 1

Remplacez «qui» par «qui est-ce qui» ou «qui est-ce que».

Exemple: **Qui** dort?
Qui est-ce qui dort?
Qui aimez-vous?
Qui est-ce que vous aimez?

1. Qui répond à cette question?
2. Qui habite rue Pasteur?
3. Qui m'accompagne à l'Opéra.
4. Qui sait cela?
5. Qui connaît M. Perrin?

6. Qui connais-tu?
7. Qui ont-ils cherché?
8. Qui as-tu rencontré à Tours?
9. Qui a-t-il appelé?
10. Qui a-t-il tué?

Exercice 2

Remplacez «que» par «qu'est-ce que».

Exemple: Que fais-tu?
Qu'est-ce que tu fais?

1. Que lis-tu?
2. Que montre-t-il aux visiteurs?
3. Que fait-il?
4. Que dit-il?
5. Qu'écrit-il?

6. Que chante-elle?
7. Que cherches-tu?
8. Que font-ils?
9. Que racontent-ils?
10. Que manges-tu?

Exercice 3

Posez les questions aux phrases suivantes:

Exemple: **Madeleine fait la vaisselle.**
Qui fait la vaisselle?
Qui est-ce qui fait la vaisselle?
Que fait Madeleine?
Qu'est-ce que fait Madeleine (fait)?

1. Le garçon me donne la carte des vins.
2. Il y a un bon restaurant à la Place de la Concorde.
3. Papa voudrait parler au maître d'hôtel.
4. Pierre boit une bière blonde.
5. Le train part à neuf heures.
6. Le rapide arrive au quai 5 à sept heures.
7. Maman prend le premier avion pour Nice.
8. Chantal et Claude prennent le petit déjeuner au wagon-restaurant.
9. Norbert change des francs en marks allemands.
10. Alice envoie un télégramme à ses parents.
11. Julien pense à sa fiancée.
12. Les deux parlent de Noël.
13. Ce portefeuille est à Nicole.
14. Jean habite à Paris.
15. Il s'intéresse à certains sports.

Exercice 4   lequel, laquelle etc.

Reprenez les phrases suivantes à la forme interrogative en utilisant «lequel», «laquelle» etc.

Exemple: Il a perdu son stylo à bille.
           Lequel a-t-il perdu?

1. Nous avons visité quelques musées.
2. Il a visité un musée.
3. Il a acheté une voiture française.
4. Elle a vendu une de ses voitures.
5. Ils ont appris par cœur un poème.
6. Elle bavarde avec le facteur.
7. Il a l'habitude de prêter sa voiture.
8. Ils prennent l'ascenseur.
9. Je voudrais te présenter à mes amis (mon ami).
10. Il est allé au théâtre.

Exercice 5

Posez des questions en utilisant les phrases suivantes:

Exemple: **L'agent de police examine les passeports.**
           Qui examine les passeports?
           Qui est-ce qui examine les passeports?
           Qu'est-ce que l'agent de police examine?

1. Robert continue son voyage en France.
2. Pierre aime jouer au football.
3. Le commissaire s'occupe de cette affaire.
4. Maman et papa se promènent avec Julien.
5. Je ne suis pas d'accord avec vous.
6. Madeleine a emmené Robert à l'hôpital.
7. L'agent a demandé à Marcel son permis de conduire.
8. Le train est arrivé à l'heure juste.
9. Jacques et Colette viennent nous voir samedi prochain.
10. Hier j'ai reçu une lettre de Paul qui passe ses vacances à Cannes.

Exercice 6

Traduisez en français:

1. Wer ißt im Speisewagen zu Mittag? — 2. Was macht Jacqueline in Paris? — 3. Wen hast du in Cannes besucht? — 4. Wann hast du Pierre getroffen? — 5. Wann möchten Sie geweckt werden? — 6. Haben Sie einen Stadtplan? — 7. Würden Sie mir bitte eine Taxe bestellen? — 8. Würden Sie mir bitte zwei Theaterplätze reservieren? — 9. Welches ist die Zimmernummer? — 10. Haben Sie Zentralheizung? — 11. Können Sie mir sagen, wo eine Bank ist? — 12. Wie steht heute der Wechselkurs? — 13. Wo ist das nächste Postamt? — 14. Um wieviel Uhr wird der Briefkasten geleert? — 15. Wieviel beträgt das Porto für einen Brief nach Deutschland?

VOCABULAIRE

COURS ELEMENTAIRE

Exercice 1

dormir	schlafen
tuer [tɥe]	töten

Exercice 3

la carte des vins [vɛ̃]	die Weinkarte
le maître d'hôtel [mɛtr]	der Chef des Hotels
une bière blonde [bjɛr]	ein helles Bier
changer des francs en marks	Franc in DM umwechseln
envoyer un télégramme [ɑ̃vwaje]	ein Telegramm schicken
Noël [nɔɛl]	Weihnachten

Exercice 4

apprendre qch par cœur [kœr]	etw. auswendig lernen
bavarder avec qn [bavarde]	mit jmd. plaudern
prêter une voiture [prete]	einen Wagen verleihen, leihen
prendre l'ascenseur [asɑ̃sœr]	den Fahrstuhl benutzen
se présenter à qn	sich jmd. vorstellen

Exercice 5

examiner le passeport	den Reisepaß kontrollieren
continuer le voyage [kɔ̃tinɥe]	weiterreisen
jouer au football [futbol]	Fußball spielen
s'occuper de qch [ɔkype]	sich mit etw. befassen
se promener [prɔmne]	spazierengehen
être d'accord avec qn	mit jmd. gleicher Meinung sein
le permis de conduire [kɔ̃dɥir]	der Führerschein

Exercice 6

prendre le déjeuner [deʒœne]	zu Mittag speisen
le wagon-restaurant	der Speisewagen
être réveillé	geweckt werden
un guide de la ville [gid]	ein Stadtplan
appeler un taxi	eine Taxe bestellen
le chauffage central [ʃofaʒ sɑ̃tral]	die Zentralheizung
le cours du change	der Wechselkurs
le bureau de poste	das Postamt
l'affranchissement (m) [afrɑ̃ʃismɑ̃]	das Porto

LE PRONOM RELATIF

das Relativpronomen, das bezügliche Fürwort

qui — que — dont — à qui

---

1. Mon ami **qui** habite à Versailles. s'appelle Robert.
Mein Freund, **der** in Versailles wohnt, heißt Robert.

Jean **qui** se trouve à Nice ne connaît pas Nicole.
Jean, **der** sich in Nizza befindet, kennt nicht Nicole.

2. La maison **que** tu as achetée est belle.
Das Haus, **das** du gekauft hast, ist schön.

Gisèle **que** j'ai rencontrée hier a 20 ans.
Gisèle, **die** ich gestern getroffen habe, ist 20 Jahre.

3. Robert **à qui** tu as donné les allumettes, téléphone à son amie.
Robert, **dem** du die Streichhölzer gegeben hast, telefoniert mit seiner Freundin.

4. Cette maison **dont** je connais le propriétaire, est à vendre.
Dieses Haus, **dessen** Besitzer ich kenne, ist zu verkaufen.

Jules **dont** les enfants fréquentent le lycée, est exportateur.
Jules, **dessen** Kinder das Gymnasium besuchen, ist Exporteur.

5. La maison **où** j'habite a trois pièces.
Das Haus, **in dem** (wo) ich wohne, hat drei Zimmer.

Je me rappelle le jour **où** j'ai passé l'examen.
Ich erinnere mich an den Tag, **an dem** (wo) ich mein Examen bestanden habe.

Notez:
Relativsätze werden bis auf wenige Ausnahmen durch Relativpronomen eingeleitet.
(qui, que, à qui, dont)

1. **qui** (Subjekt) — der, die das welcher, welche, welches (im Nebensatz steht kein eigenständiges Subjekt)

2. **que** (Objekt) — die, den, das (im Nebensatz befindet sich ein eigenständiges Subjekt)

3. **à qui** — dem, welchem (präpos. Obj.)— mit dem, **avec qui** mit welchem etc.

4. **dont** — dessen, deren (dont ersetzt meistens die Präposition „de".)

Wortstellung im Relativsatz mit „dont":

Subjekt — Prädikat — Objekt

5. **où** — als Ersatz für ein Relativpronomen (zeitlich und örtlich)

COURS ELEMENTAIRE

Exercice 1

Mettez dans chaque phrase un pronom relatif:

Exemple: C'est M. Renard ... est journaliste.
　　　　　C'est M. Renard **qui** est journaliste.

1. Versailles ... nous avons visité hier était la résidence de Louis XIV.
2. L'autobus ... a eu trois minutes de retard, venait d'Orly.
3. La carte postale ... vous m'avez envoyée, n'est pas arrivée.
4. Voilà Jacques ... travaille chez M. Perrin.
5. Robert à ... j'ai confié le secret, a fait honneur à sa parole.
6. La voiture ... nous avons achetée, est une voiture d'occasion.
7. J'ai été présenté à l'inspecteur ... a ouvert une enquête.
8. Paul ... est mort depuis trois ans était un acteur formidable.
9. Est-ce que vous connaissez l'homme ... j'ai rencontré à Paris.
10. Gisèle avec ... j'ai passé mes vacances en Allemagne, est dactylo.
11. J'ai eu un rendez-vous avec Marcel ... étudie le droit.
12. Nous avons repris les négociations ... étaient interrompues à la fin de l'année passée.
13. Les châteaux ... nous avons visités, sont illuminés en été.
14. Les propositions ... vous avez faites, sont acceptables.
15. La villa ... nous avons louée, a cinq pièces.
16. M. Müller ... nous avons fait la connaissance à Reims, est Allemand.
17. Marcel ... l'amie est infirmière est un homme très sérieux.
18. Voici l'offre de M. Harcourt ... les conditions sont très favorables.
19. Voilà le rapport de police ... je connais le contenu.
20. Cette actrice ... j'ai oublié le nom, a acheté cette maison il y a quinze jours.

Exercice 2

Formez des phrases contenant un pronom relatif:

Exemple: Voilà la lettre de Robert — je l'ai reçue hier.
　　　　　Voilà la lettre de Robert **que** j'ai reçue hier.

1. Où était Pierre?	— je l'ai attendu
2. M. Rissol a une voiture	— il a un permis de conduire
3. Il a réglé la facture	— elle se monte à Fr. 550,—
4. Voici mon ami	— le nom de mon ami est Marcel
5 Je connais la femme	— le chien a été écrasé
6. Nous avons traité un sujet	— il est très difficile
7. J'ai le plaisir de vous présenter Julien	— le père de Julien est avocat
8. Voilà le portefeuille	— vous l'aviez perdu
9. Voici Yvonne	— vous avez dansé avec elle
10. Nous connaissons Yves	— vous avez accepté la proposition d'Yves

lequel

Singulier masculin	Singulier féminin	Pluriel masculin	Pluriel féminin
lequel	laquelle	lesquels	lesquelles
duquel	de laquelle	desquels	desquelles
auquel	à laquelle	auxquels	auxquelles
avec lequel	avec laquelle	avec lesquels	avec lesquelles

L'emploi de «lequel» — die Anwendung von „lequel"

1. Hans avec qui (lequel) j'ai été à Cannes est Allemand.
   Hans, **mit dem** ich in Cannes war, ist Deutscher.
2. Le chalet **dans lequel** j'ai passé mes vacances est à Yves.
   Das Chalet, **in dem** ich meine Ferien verbracht habe, gehört Yves.
3. Pierre **à la lettre duquel** j'ai répondu est très symphatique.
   Pierre, **auf dessen** Brief ich geantwortet habe, ist sehr sympathisch.
4. La lettre **du contenu de laquelle** nous avons parlé était intéressante.
   Der Brief, **über dessen Inhalt** wir uns unterhalten haben, war sehr interessant.
5. La sœur de mon père, **laquelle** (qui) habite à Reims, a 50 ans.
   Die Schwester meines Bruders, **die** in Reims wohnt, ist 50 Jahre.
6. Le frère de ma mère, **lequel** (qui) est architecte, a trois enfants.
   Der Bruder meiner Mutter, der Architekt ist, hat drei Kinder.
7. Les touristes **parmi lesquels** se trouvent aussi des Anglais sont partis.
   Die Touristen, **unter denen** sich auch Engländer befinden, sind abgereist.

Notez:

Der Franzose zieht die Relativpronomen **qui, que, dont** usw. den Relativpronomen „lequel", „laquelle" usw. vor.

Lequel usw. muß stehen:

a) **nach Präpositionen,** die sich auf Sachen beziehen (Satz 2)

   (auch nach Präpositionen möglich, die sich auf Personen beziehen. Satz 1);

b) wenn **vor** „dessen" eine Präposition steht, so wird „dessen" durch

   duquel — de laquelle
   desquels — desquelles

   wiedergegeben. (Satz 3 und 4) **Nicht durch „dont"!**

c) wenn dem Relativpronomen **zwei** Substantive vorangehen, so gebraucht man „lequel, laquelle", um zu verdeutlichen, auf welches Substantiv sich das Relativpronomen bezieht. (Satz 5 und 6)

d) nach „parmi" und „entre" (Satz 7).

Exercice 3

Mettez dans chaque phrase un pronom relatif:

Exemple: Connais-tu la voiture avec ... j'ai gagné la course?
Connais-tu la voiture **avec laquelle** j'ai gagné la course?

1. Un des touristes parmi ... se trouvent des Français est tombé malade.
2. Jacques était un ami à la fidélité ... je pouvais me fier.
3. La plume avec ... j'ai écrit, est excellente.

4. Les garçons parmi ... se trouve mon fils fréquentent le lycée.
5. Marcel, à la lettre ... j'ai répondu, est principal.
6. Le fiancé de ma fille ... est très riche est un homme d'affaires.
7. Les vins parmi ... se trouvent aussi des vins allemands justifient leurs prix.
8. La maison Goncourt, à la lettre ... j'ai répondu, m'a recommandé vos étoffes.
9. La réclamation du contenu ... nous avons pris bonne note est justifiée.
10. Les deux offres entre ... nous avons dû faire notre choix étaient favorables.

ce qui — ce que

Ce qui m'étonne c'est sa patience. **Das, was** mich erstaunt, das ist seine Geduld. Il ne fait pas **ce que** je lui demande. Er macht nicht **das, worum** ich ihn bitte.	**Notez:** Ist das Relativpronomen weder sach- noch personenbezogen, so erhält es den Zusatz „ce". ce qui — **Subjekt** (was / das, was) ce que — **Objekt** (was / das, was)

Exercice 4

Mettez dans les phrases «ce qui» ou «ce que»:

1. Sais-tu ... il lui a dit?
2. Savez-vous ... s'est passé?
3. Il m'a dit ... ils ont fait hier soir.
4. Je n'ai rien compris de ... il a dit.

5. ... il lui a recommandé est excellent.
6. C'est tout ... me reste.
7. ... me frappe c'est son courage.
8. Nous ne savons pas ... il désire.

Exercice 5

Traduisez en français:

1. Das Buch, das ich gelesen habe, war interessant. — 2. Robert, dessen Frau ich kenne, arbeitet bei der Firma Rougon. — 3. Pierre, dem ich 100,— F geliehen habe, hatte einen Unfall. — 4. Nicole, deren Anzeige ich gelesen habe, hat sich um die freie Stelle beworben. — 5. Der Entschluß, den Sie gefaßt haben, ist ausgezeichnet. — 6. Haben Sie den Engländer gesehen, unter denen sich mein Vater befindet? — 7. Yvonne, mit der ich gestern einen Spaziergang gemacht habe, hat mir ihr Geheimnis anvertraut. — 8. Ich kenne das Angebot, auf dessen Bedingungen er sich bezieht. — 9. Der Eiffelturm, der ca. 300 m hoch ist, wurde am 31. 3. 1889 eingeweiht. — 10. Das ist alles, was ich weiß. — 11. Der Fremdenführer, der uns die Sehenswürdigkeiten von Paris gezeigt hat, erzählte uns viele interessante Geschichten. — 12. Kennen Sie den Fahrer des Wagens, der den Simca überholt hat? — 13. Wissen Sie, was er verloren hat? — 14. Ich werde Ihnen alles sagen, was Sie wissen wollen. — 15. Marcel, dessen Bedingungen ich kenne, ist ein Erpresser.

VOCABULAIRE

COURS ELEMENTAIRE

Exercice 1

avoir trois minutes de retard	drei Minuten Verspätung haben
confier le secret à qn	jmd. sein Geheimnis anvertrauen
faire honneur à sa parole	sein Versprechen halten
une voiture d'occasion	ein Gebrauchtwagen
ouvrir une enquête	eine Untersuchung einleiten, Ermittlungen führen

la dactylo	Stenotypistin
étudier le droit	Jura studieren
reprendre les négociations	die Verhandlungen wiederaufnehmen
être illuminé	angestrahlt sein, beleuchtet sein
faire une proposition	einen Vorschlag machen
faire la connaissance de	die Bekanntschaft machen (von)
l'infirmière (f)	Krankenschwester
l'offre (f)	das Angebot
les conditions (f)	die Bedingungen
le rapport	der Bericht
le contenu	der Inhalt

Exercice 2

régler une facture	eine Rechnung begleichen
se monter à	sich belaufen auf
traiter un sujet	ein Thema behandeln
l'avocat	Rechtsanwalt
avoir le plaisir de	sich freuen
accepter une proposition	einen Vorschlag akzeptieren

Exercice 3

gagner la course	das Rennen gewinnen
tomber malade	krank sein
la fidélité	die Treue
se fier à	sich verlassen auf
fréquenter le lycée	das Gymnasium besuchen
un homme d'affaires	ein Geschäftsmann
justifier son prix	preiswert sein
recommander qch	etw. empfehlen
l'étoffe (f)	der Stoff (Wollstoff)
la réclamation	die Reklamation
prendre bonne note de qch	etw. zur Kenntnis nehmen
être justifié	berechtigt, gerechtfertigt sein
faire le choix	auswählen, eine Auswahl treffen

Exercice 4

comprendre	verstehen
cela me frappe	das beeindruckt mich, das fällt mir auf

Exercice 5

prêter 100 F	100 F leihen
solliciter un poste	sich um eine Stelle bewerben
prendre une décision	einen Entschluß fassen
confier un secret	ein Geheimnis anvertrauen
se référer aux conditions d'une offre	sich auf die Bedingungen eines Angebots beziehen
inaugurer qch	etw. einweihen
le guide	der Fremdenführer
doubler une voiture	einen Wagen überholen
un maître chanteur	ein Erpresser

PRONOMS ET ADJECTIFS INDEFINIS
Indefinitpronomen, unbestimmte Fürwörter

aucun

1. Nous **n'**avons **aucun** billet.
   Objekt
   (Nous n'avons pas de billet.)
   Wir haben keine Fahrkarte.

2. **Aucune** voiture **n'**était arrêtée.
   Subjekt
   Kein Wagen wurde angehalten.

   Aucun cinéma **n'**est ouvert
   Subjekt
   aujourd'hui.
   Kein Kino ist heute geöffnet.

Notez:

Aucun / aucune — kein(e)
wird **attributivisch** und **selten im Plural** gebraucht. Es steht in Sätzen in Verbindung mit „**ne**".

1. Wortstellung:
   ne ... **aucun** (Objekt)

2. Wortstellung:
   aucun ... **ne** (Subjekt)

quelque

Le paysan habite dans **quelque** ferme.
Der Bauer wohnt auf **irgendeinem** Hof.

Notez:

quelque — irgendein, etwas
wird **attributivisch** gebraucht und drückt einen positiven Sinn aus.

aber:
J'ai acheté quelques livres.
Ich habe einige Bücher gekauft.

quelque**s** (Plural) — einige

personne

1. Je **n'**ai vu **personne**.
   Objekt
   Ich habe niemanden gesehen.

   Je **ne** connais **personne** ici.
   Objekt
   Ich kenne niemanden hier.

2. **Personne ne** m'a vu.
   Subjekt
   Niemand hat mich gesehen.

   Personne ne sait cela.
   Subjekt
   Niemand weiß das.

3. Qui est là? **Personne.**
   Wer ist da? Niemand.

Notez:

personne — niemand
steht in **negativen** Sätzen und in Verbindung mit „**ne**".

1. Wortstellung:
   ne ... **personne** (Objekt)

2. Wortstellung:
   personne ... **ne** (Subjekt)

3. Steht „personne" **allein**, also ohne Verb, so **entfällt** das „**ne**".

rien

1. a) Je n'ai **rien** trouvé.
    Objekt
    Ich habe nichts gefunden.
    Il **n**'a **rien** fait.
    Objekt
    Er hat nichts gemacht.
  b) **Rien ne** s'est passé.
    Subjekt
    Nichts ist geschehen.
    Rien ne m'a plu.
    Nichts hat mir gefallen.
	Notez:
	rien — nichts
	steht in **negativen** Sätzen und meistens in Verbindung mit „**ne**".
	1. a) Wortstellung:
	    ne ... **rien** (Objekt)
	  b) Wortstellung:
	    rien ... **ne** (Subjekt)

c) Qu'est-ce qui s'est passé?
    Rien.
    Was ist geschehen? Nichts.
	c) Steht „rien" **allein,** also ohne Verb, so **entfällt** das „**ne**".

2. Il n'y a rien de plus beau. Es gibt nichts Schöneres.	2. Folgt auf „rien" ein Adjektiv, so steht vor diesem „de".

quelque chose

J'ai trouvé **quelque chose.** Ich habe etwas gefunden. Racontez-moi **quelque chose,** s'il vous plaît. Erzählen Sie mir bitte etwas.	**Notez:** **quelque chose** — etwas wird **substantivisch** gebraucht und drückt einen **positiven** Sinn aus.
C'est **quelque chose de** nouveau. Das ist etwas Neues.	Steht **hinter** „quelque chose" ein **Adjektiv,** so steht „**de**" zwischen **beiden.**

même

1. C'est la **même** femme.
    attrib.
    Das ist die gleiche Frau.
    Ce sont les **mêmes** méthodes.
    Das sind die gleichen Methoden.
	Notez:
	1. Wird „**même**" attributivisch gebraucht, so heißt es:
	    derselbe, dieselbe,
	    der gleiche, die gleiche

2. **Moi-même,** je l'ai vu.
    Ich habe ihn selbst gesehen.
	2. Wird „**même**" als **Adjektiv nachgestellt,** so heißt es „**selbst**".
	    (moi-même — ich selbst)

3. Il m'a **même** aidé. Er hat mir sogar geholfen.	3. Als **Adverb** heißt „**même**" – sogar.

quelqu'un

Quelqu'un m'a vu. Jemand hat mich gesehen. Cherchez-vous **quelqu'un** ici? Suchen Sie hier jemanden? **Quelques-uns** parmi nous ne réussiront pas à l'examen. Einige von (unter) uns werden das Examen nicht bestehen. Je connais **quelques-unes** de ces femmes. Ich kenne einige dieser Frauen.	**Notez:** **quelqu'un** — jemand steht im **positiven** Sinn nicht nur in **Aussagesätzen**, sondern auch in **Frage-** und **verneinten Sätzen.** **quelques-uns** ⎫ **quelques-unes** ⎬ — einige stehen **allein** und werden somit **substantivisch** gebraucht.

tout

1. **Tous** obtiendront un billet d'entrée. Alle werden eine Eintrittskarte erhalten. Je les emmènerai **tous.** Ich werde sie alle mitnehmen.	**Notez:** 1. **tous (toutes)** — alle wird **substantivisch** gebraucht.
2. Je t'ai dit **tout** ce que je sais. **Objekt** Ich habe dir alles gesagt, was ich weiß. Je sais **tout** ce qui est arrivé. **Subjekt** Ich weiß alles, was geschehen ist.	2. **tout ce que** — alles, was **Obj.** **tout ce qui** — alles, was **Subj.**
3. Je connais **toute** la famille. Ich kenne die ganze Familie. Il ne connaît pas **toutes** les villes en Allemagne. Er kennt nicht alle Städte in Deutschland. Nous connaissons **tous** les garçons. Wir kennen alle Jungen.	**männl. weibl.** 3. tout — toute ⎫ tous — toutes ⎬ — ganz wird im Sinn von „ganz" **attributivisch** gebraucht.
4. a) C'est un remède **tout** nouveau. Das ist ein ganz neues Mittel. C'est une voiture **toute** nouvelle. Das ist ein ganz neues Auto. b) Je suis **tout** étonné(e). **Adv. Verb** Ich bin ganz erstaunt.	4. **tout** — ganz, völlig **bezieht** sich als **Adverb** auf ein **Adjektiv** oder **Verb.** a) „**tout**" wird als Adverb in Geschlecht und Zahl **nur dann** verändert, wenn ihm ein **weibliches Adjektiv** oder mit „**h**" aspiré anlautendes **weibliches Adjektiv folgt.** b) Bezieht sich „tout" auf ein **Verb,** so wird es **nicht** verändert.

tel

1. Je n'ai jamais reçu une **telle** commande.
Ich habe niemals einen solchen Auftrag erhalten.
2. La voiture est **telle que** je l'avais imaginée.
Der Wagen ist so, wie ich ihn mir vorgestellt hatte.
	Notez:
	1. **tel — tels**
	   telle — telles — solche
	   werden **attributivisch** gebraucht.
	2. **tel(s) que**
	   telle(s) que — so wie
	   werden **prädikativisch** gebraucht.

chaque — chacun — tout

Chaque chapeau est à vendre. Jeder Hut ist zu verkaufen. Le prix de **chaque** livre était réduit. Der Preis für jedes Buch wurde herabgesetzt. **Chacun** a son goût. Jeder hat seinen Geschmack. Je la vois **tous** les samedis. Ich sehe sie jeden Sonnabend.	**Notez:** **chaque** — jeder wird **attributivisch** gebraucht. Es bezeichnet wie das englische „each" **jeder aus einer bestimmten Menge, Gruppe** usw. **chacun / chacune** — jeder, jede wird **substantivisch** gebraucht. **tout(e, es) tous** — jeder (engl.: every) Es bezeichnet die Gesamtheit.

autre

J'ai acheté une **autre** voiture. Ich habe ein anderes Auto gekauft. Je connais **l'un et l'autre.** Ich kenne beide. Ils se connaissent **l'un l'autre.** Sie kennen sich (einander). Nous **autres** Allemands. Wir Deutschen!	**Notez:** **autre** — anderer, andere **l'un et l'autre** — beide **l'un l'autre** — einander, gegenseitig

Remarquez:

D'autres pronoms et adjectifs indéfinis sont:

on	— man
quelconque	— irgendein beliebiger
quiconque	— jeder, wer auch immer
qui que	— wer auch immer
quoi que	— was auch immer
quel que	— welcher auch immer

COURS ELEMENTAIRE

Exercice 1   aucun

Remplacez «**ne ... pas de**» par «**aucun/e**»:

Exemple: Nous **n'**avons **pas de** gâteaux.
   Nous **n'**avons **aucun** gâteau.

1. Nous n'avons pas reçu de commandes.
2. Je n'ai pas de timbres.
3. Je n'ai pas fait de fautes.

4. Il n'a pas de sous.
5. Ils n'ont pas de maison.
6. Elle n'a pas de voiture.

Exercice 2   aucun

Répondez aux questions en utilisant «aucun»:

Exemple: As-tu des cigarettes?
   Non, je n'en ai aucune.
   Moi, non plus.

1. A-t-il un appareil photo?
2. Avez-vous un pot de confiture.
3. Avez-vous un scooter?

4. Avez-vous des cerises?
5. A-t-elle un stylo à bille?
6. A-t-il une maison?

Exercice 3   personne

Répondez par: «**ne ... personne**» et «**personne ... ne**»:

Exemple: As-tu vu quelqu'un?
   Non, je **n'**ai vu **personne.**

1. As-tu rencontré quelqu'un?
2. Paul a-t-il oublié quelqu'un?
3. Connais-tu quelqu'un?

4. Demanderas-tu à quelqu'un?
5. Nicole a-t-elle trouvé quelqu'un?
6. Avez-vous cherché quelqu'un?

Exemple: Qui arrive?
   Qui est-ce qui arrive?
   Personne n'arrive.

Qui est arrivé?
Qui est-ce qui est arrivé?
Personne n'est arrivé.

1. Qui est-ce qui écrit?
2. Qui est-ce qui chante?
3. Qui est-ce qui compte?
4. Qui m'a appelé?

5. Qui t'a demandé?
6. Qui a téléphoné?
7. Qui vous accompagne?
8. Qui est-ce qui vous a aidé?

Exercice 4   rien

Répondez par «**ne ... rien**» et «**rien ... ne**»:

Exemple: Avez-vous trouvé quelque chose?
   Je **n'**ai **rien** trouvé.

1. Est-ce qu'il a vu quelque chose?
2. Est-ce que vous avez entendu quelque chose?
3. Est-ce que tu as appris quelque chose?
4. Est-ce qu'ils ont cherché quelque chose?
5. Est-ce que Pierre a acheté quelque chose?
6. Est-ce qu'elle a bu quelque chose?
7. Est-ce qu'il a dit quelque chose?
8. Est-ce que vous avez quelque chose à dire à cela?
9. Est-ce qu'elle a quelque chose à cacher?
10. Est-ce qu'il a quelque chose à offrir?

Exemple: Qu'est-ce qui s'est passé?
          Rien ne s'est passé.

1. Qu'est-ce qui est à vous?
2. Qu'est-ce qui ne va plus?
3. Qu'est-ce qui te vexe?

4. Qu'est-ce qui vous torture?
5. Qu'est-ce qui vous inquiète?
6. Qu'est-ce qui t'ennuie?

Exercice 5   jamais

Répondez par «**ne** ... **jamais**»:

Exemple: a) Est-ce qu'il boit souvent?
           Non, il **ne** boit **jamais**.

b) Est-ce qu'il boit du vin?
Il **n'**a **jamais** bu de vin.

1. Est-ce qu'il écrit souvent?
2. Est-ce qu'il ment souvent?
3. Est-ce qu'il voyage beaucoup?
4. Est-ce que papa fume?
5. Est-ce que votre mari joue au ping-pong?
6. Est-ce que Paul fume des cigares?
7. Est-ce que Madeleine possède une voiture?
8. Est-ce que Chantal vous a déçu?
9. Est-ce que Pierre a l'habitude de courir un risque?
10. Est-ce qu'elle te rend visite souvent?

Exercice 6

Traduisez en français:

1. Wir haben niemanden im Theater getroffen. — 2. Niemand hat uns das Haus gezeigt. — 3. Niemand hat die Konferenz verlassen. — 4. Ich habe es niemandem gesagt. — 3. Er hat niemandem geschrieben. — 6. Niemand weiß, was geschehen ist. — 7. Ich kenne niemanden in Paris. — 8. Niemand kauft diesen Wein. — 9. Er hat nichts seinem Bruder gesagt. — 10. Nichts ist geschehen! — 11. Sie haben uns nichts erzählt. — 12. Nichts gehört ihm. — 13. Sie werden sicher nichts finden. — 14. Nichts kann mich irritieren. — 15. Ich habe nichts in dem Hotel vergessen. — 16. Ich habe keinen Fehler gefunden. — 17. Er hat uns keine Auskunft erteilt. — 18. Ich habe leider kein Feuerzeug. — 19. Kein Omnibus ist heute morgen gefahren. — 20. Kein Ausländer war anwesend. — 21. Jemand ist in die Bank eingebrochen. — 22. Jemand hat es mir gesagt. — 23. Einige von diesen Männern sind mir bekannt. — 24. Jemand hat mich gewarnt. — 25. Jemand hat den Saal verlassen. — 26. Er hat uns alles erzählt, was sich zugetragen hat. — 27. Wir haben die ganze Familie eingeladen. — 28. Wir werden alle verhören. — 29. Alle sind verzweifelt. — 30. Er hat die ganze Nacht nicht geschlafen. — 31. Er zeigte dem Kommissar alles, was er gefunden hatte. — 32. Das ist ein ganz neues Kleid. — 33. Das ist ganz einfach, was Sie mir erklärt haben. — 34. Das ist etwas Wunderbares. — 35. Er hat etwas entdeckt. — 36. Haben Sie etwas zu trinken? — 37. Das ist die gleiche Uhr, die ich gekauft habe. — 38. Wir werden den Katalog mit der gleichen Post schicken. — 39. Er macht immer denselben Fehler. — 40. Ich habe ihn selbst gefragt. — 41. Wir müssen selbst unsere Feinde lieben. — 42. Das ist das gleiche. — 43. Renée hat sogar gelogen. — 44. Ich habe noch niemals ein solches Flugzeug gesehen. — 45. Ich mag solche Experimente nicht. — 46. Ich hoffe, daß Sie solche Methoden ablehnen. — 47. Jeder weiß, daß das zu nichts führt. — 48. Jeder kennt die Gefahr. — 49. Der andere Plan hat mir besser gefallen. — 50. Ich habe beide in London getroffen. — 51. Wer auch immer den Ring gestohlen hat, er wird bestraft werden. — 52. Nennen Sie den Namen irgendeines Erfinders.

VOCABULAIRE

COURS ELEMENTAIRE

Exercice 1

le timbre-poste	die Briefmarke

Exercice 2

le scooter	der Motorroller
le stylo à bille	der Kugelschreiber

Exercice 3

oublier qch	etw. vergessen
compter	zählen
aider	jmd. helfen

Exercice 4

cacher qch	etw. verstecken, verheimlichen
offrir qch	etw. anbieten
vexer qn	jmd. ärgern
torturer	plagen, peinigen
inquiéter qn	jmd. ängstigen
s'inquiéter de	sich Sorgen machen um
ennuyer, s'ennuyer	langweilen, sich langweilen

Exercice 5

boire (bu)	trinken
mentir	lügen
posséder une voiture	einen Wagen besitzen
décevoir qn	jmd. enttäuschen
courir un risque	ein Risiko eingehen

Exercice 6

quitter	verlassen
irriter	irritieren, aufregen
donner un renseignement	eine Auskunft erteilen
le briquet	das Feuerzeug
un étranger	ein Ausländer
pénétrer par effraction dans ...	einbrechen in ...
avertir qn	jmd. warnen
interroger qn	jmd. verhören, vernehmen
être désespéré	verzweifelt sein
merveilleux	wunderbar
découvrir qch	etw. entdecken
par même courrier	mit der gleichen Post
l'ennemi (m)	der Feind
l'expérience (f)	das Experiment
refuser qch	etw. ablehnen
aboutir à qch	zu etw. führen
le danger	die Gefahr
le projet	der Plan
voler la bague	den Ring stehlen
l'inventeur	der Erfinder

L'ADJECTIF NUMERAL — das Zahlwort

les adjectifs numéraux cardinaux die Grundzahlen		les adjectifs numéraux ordinaux die Ordnungszahlen	
0	zéro	1er/re	le premier, la première
1	un, une	2me/nd(e)	le, la deuxième, le (la) second(e)
2	deux	3e	le, la troisième
3	trois	4e	le, la quatrième
4	quatre	5e	le, la cinquième
5	cinq	6e	le, la sixième
6	six	8e	le, la huitième
7	sept	9e	le, la neuvième
8	huit	10e	le, la dixième
9	neuf	11e	le, la onzième
10	dix	12e	le, la douzième
11	onze	13e	le, la treizième
12	douze	14e	le, la quatorzième
13	treize	15e	le, la quinzième
14	quatorze	16e	le, la seizième
15	quinze	17e	le, la dix-septième
16	seize	18e	le, la dix-huitième
17	dix-sept	19e	le, la dix-neuvième
18	dix-huit	20e	le, la vingtième
19	dix-neuf	21e	le, la vingt et unième [ynjɛm]
20	vingt	22e	le, la vingt-deuxième
21	vingt et un	30e	le, la trentième
22	vingt-deux	40e	le, la quarantième
30	trente	50e	le, la cinquantième
40	quarante	60e	le, la soixantième
50	cinquante	70e	le, la soixante-dixième
60	soixante	71e	le, la soixante et onzième
70	soixante-dix	72e	le, la soixante-douzième
71	soixante et onze	77e	le, la soixante-dix-septième
72	soixante-douze	80e	le, la quatre-vingtième
77	soixante-dix-sept	81e	le, la quatre-vingt-unième
80	quatre-vingts	90e	le, la quatre-vingt-dixième
81	quatre-vingt-un	91e	le, la quatre-vingt-onzième
90	quatre-vingt-dix	97e	le, la quatre-vingt-dix-septième
91	quatre-vingt-onze	100e	le, la centième
97	quatre-vingt-dix-sept	101e	le, la cent unième
100	cent	1.000e	le, la millième
101	cent un		
200	deux cents		
310	trois cent dix		
1.000	mille		

3.030	trois mille trente
4.255	quatre mille deux cent cinquante-cinq
1.000.000	un million
3.000.724	trois millions sept cent vingt-quatre
7.527.691	sept millions cinq cent vingt-sept mille six cent quatre-vingt-onze

Notez:

1. **Zehner** und **Einer** werden durch einen **Bindestrich** verbunden, **sofern nicht „et"** dazwischen steht.
2. **Quatre-vingts verliert das „s", wenn eine weitere Zahl folgt.**
3. deux cents, trois cents usw. **verlieren das „s", wenn eine weitere Zahl folgt.**
4. **mille** hat **nie** ein **„s".** Bei **Jahreszahlen** verwendet der Franzose **„mil"** statt „mille". En mil neuf cent soixante-quatorze.
5. **million hat im Plural immer ein „s".**
6. Die Ordnungszahlen werden bis auf **„1."** durch Anhängen von **„ième"** an die Grundzahl gebildet.

Attention — La prononciation!

Auf die Zahl folgt kein Substantiv	cinq [sɛ̃k]	six [sis]	huit [ɥit]	dix [dis]
Auf die Zahl folgt ein Substantiv	cinq stylos [sɛ̃ stilo]	six stylos [sistilo]	huit stylos [ɥistilo]	dix stylos [distilo]
	cinq ans [sɛ̃kɑ̃]	six ans [sizɑ̃]	huit ans [ɥitɑ̃]	dix ans [dizɑ̃]

Notez:

1. Die Endkonsonanten von **„sept"** und **„neuf"** werden immer gesprochen.
2. Vor **„huit"** und **„onze"** wird nicht gebunden:
   les onze stylos [le ɔ̃z stilo]   les huit stylos [le ɥit stilo]
3. Vor Zahlen steht **kein** Apostroph: le onze juin
4. Die Aussprache von **„premier"** vor Vokal: le premier enfant [lə prəmjɛr ɑ̃-fɑ̃]
5. Die Aussprache von **„second"** — **„seconde"**
   a) **Nach Vokal** spricht man: [zgɔ̃, zgɔ̃d] — le second appel
   b) **Nach Konsonant** spricht man: [səgɔ̃, səgɔ̃d] — un second appel

Les nombres fractionnaires — die Bruchzahlen

un (une) demi(e)	— $^1/_2$	un huitième	— $^1/_8$
un quart	— $^1/_4$	cinq huitièmes	— $^5/_8$
trois quarts	— $^3/_4$	quatre unités trois septièmes	— $4^3/_7$
un tiers	— $^1/_3$	cinq virgule trois	— 5,3

Notez:

Die Brüche werden im **Zähler** mit der **Grundzahl,** im **Nenner** mit der **Ordnungszahl** gebildet. Die Ordnungszahl erhält ein „s", wenn der Zähler mehr als „1" ist.

Quelle heure est-il?

il est trois heures	— es ist drei Uhr
il est huit heures du soir amtlich: il est vingt heures	— es ist 20 Uhr
il est cinq heures et quart	— es ist 5¼ Uhr
il est six heures et demie	— es ist halb sieben
il est neuf heures moins le quart	— es ist dreiviertel neun
il est deux heures dix	— es ist zwei Uhr zehn zehn Minuten nach zwei
il est quatre heures moins cinq	— es ist fünf vor vier

le train part à neuf heures	— der Zug fährt **um** 9 Uhr
à midi	— **um** 12 Uhr mittags
à minuit	— **um** Mitternacht
à deux heures **précises**	— **genau** um zwei Uhr
à cinq heures **environ**	— **ungefähr** um 5 Uhr
vers trois heures	— **gegen** drei Uhr

Calculez

trois **et** trois **font** six	**Addition**
douze **moins** quatre **font** huit	**Soustraction**
cinq **fois** trois **font** quinze	**Multiplication**
douze **divisé par** quatre **font** trois	**Division**

COURS ELEMENTAIRE

Exercice 1

Quel âge ont ces gens?

Lisez: ces gens ont 9, 12, 14, 16, 18, 19, 23, 35, 47, 59, 64, 69, 73, 79, 80, 81, 90, 95, 99 ans.

Exercice 2

Lisez les prix suivants:

Exemple: 5,75 francs — cinq francs, soixante-quinze (centimes)

Lisez:	3,05	17,89	36,98	87,53	112,67	327,88 francs
	579,14	978,45	3.479,91	23.799,19	369.865,45 francs	

Exercice 3

Lisez les heures du départ:

A quelle heure part le train pour:

Toulouse:	03.46	08.11	11.15	13.45	20.00
Avignon:	01.30	06.45	14.20	18.55	22.29
Calais:	02.46	07.40	16.19	21.32	24.00

Exercice 4

Quelle édition est-ce?

c'est la 2, 4, 5, 7, 10, 12, 13, 14, 17, 18, 20, 26, 31, 44, 59, 71, 83, 98 édition de ce livre.

Exercice 5

Calculez:

35 + 27 =	87 − 28 =	14 × 6 =	36 : 9 =
87 + 94 =	398 − 94 =	25 × 8 =	63 : 7 =
254 + 59 =	739 − 83 =	33 × 3 =	32 : 8 =

TABLEAUX DE CONJUGAISON

L'INDICATIF-ACTIF

avoir		être	
Présent	**Conditionnel Présent**	**Présent**	**Conditionnel Présent**
j'ai ich habe tu as il/elle a nous avons vous avez ils ont elles ont	j'aurais ich würde haben tu aurais il/elle aurait nous aurions vous auriez ils auraient elles auraient	je suis ich bin tu es il/elle est nous sommes vous êtes ils sont elles sont	je serais ich würde sein tu serais il serait nous serions vous seriez ils seraient elles seraient
Imparfait	**Passé composé**	**Imparfait**	**Passé composé**
j'avais ich hatte tu avais il avait nous avions vous aviez ils avaient elles avaient	j'ai eu ich habe gehabt tu as eu il/elle a eu nous avons eu vous avez eu ils ont eu elles ont eu	j'étais ich war tu étais il était nous étions vous étiez ils étaient elles étaient	j'ai été ich bin gewesen tu as été il a été nous avons été vous avez été ils ont été elles ont été
Futur	**Plus-que-parfait**	**Futur**	**Plus-que-parfait**
j'aurai ich werde haben tu auras il/elle aura nous aurons vous aurez ils auront elles auront	j'avais eu ich hatte gehabt tu avais eu il avait eu nous avions eu vous aviez eu ils avaient eu elles avaient eu	je serai ich werde sein tu seras il sera nous serons vous serez ils seront elles seront	j'avais été ich war gewesen tu avais été il avait été nous avions été vous aviez été ils avaient été elles avaient été
Futur antérieur	**Passé antérieur**	**Futur antérieur**	**Passé antérieur**

j'aurai eu
ich werde gehabt
   haben
tu auras eu
il aura eu
nous aurons eu
vous aurez eu
ils auront eu
	j'eus eu
	ich hatte gehabt
	tu eus eu
	il eut eu
	nous eûmes eu
	vous eûtes eu
	ils eurent eu
		j'aurai été
		ich werde gewesen
		   sein
		tu auras été
		il aura été
		nous aurons été
		vous aurez été
		ils auront été
			j'eus été
			ich war gewesen
			tu eus été
			il eut été
			nous eûmes été
			vous eûtes été
			ils eurent été

Conditionnel passé		Conditionnel passé
j'aurais eu ich hätte gehabt tu aurais eu il aurait eu nous aurions eu vous auriez eu ils auraient eu		j'aurais été ich wäre gewesen tu aurais été il aurait été nous aurions été vous auriez été ils auraient été

Impératif présent	Impératif présent
aie, ayons, ayez	sois, soyons, soyez
Participe présent / passé	**Participe présent / passé**
ayant / ayant eu	étant / ayant été
Gérondif	**Gérondif**
en ayant	en étant

L'INDICATIF-ACTIF

parler	finir	vendre
Présent	**Présent**	**Présent**
je parle ich spreche tu parles il parle elle parle nous parlons vous parlez ils parlent elles parlent	je finis ich beende tu finis il finit elle finit nous finissons vous finissez ils finissent elles finissent	je vends ich verkaufe tu vends il vend elle vend nous vendons vous vendez ils vendent elles vendent
Imparfait	**Imparfait**	**Imparfait**
je parlais ich sprach tu parlais il parlait elle parlait nous parlions vous parliez ils parlaient elles parlaient	je finissais ich beendete tu finissais il finissait elle finissait nous finissions vous finissiez ils finissaient elles finissaient	je vendais ich verkaufte tu vendais il vendait elle vendait nous vendions vous vendiez ils vendaient elles vendaient

Futur	Futur	Futur
je parlerai	je finirai	je vendrai
ich werde sprechen	ich werde beenden	ich werde verkaufen
tu parleras	tu finiras	tu vendras
il parlera	il finira	il vendra
elle parlera	elle finira	elle vendra
nous parlerons	nous finirons	nous vendrons
vous parlerez	vous finirez	vous vendrez
ils parleront	ils finiront	ils vendront
elles parleront	elles finiront	elles vendront

Conditionnel présent	Conditionnel présent	Conditionnel présent
je parlerais	je finirais	je vendrais
ich würde sprechen	ich würde beenden	ich würde verkaufen
tu parlerais	tu finirais	tu vendrais
il parlerait	il finirait	il vendrait
elle parlerait	elle finirait	elle vendrait
nous parlerions	nous finirions	nous vendrions
vous parleriez	vous finiriez	vous vendriez
ils parleraient	ils finiraient	ils vendraient
elles parleraient	elles finiraient	elles vendraient

Passé composé	Passé composé	Passé composé
j'ai parlé	j'ai fini	j'ai vendu
ich habe gesprochen	ich habe beendet	ich habe verkauft
tu as parlé	tu as fini	tu as vendu
il a parlé	il a fini	il a vendu
elle a parlé	elle a fini	elle a vendu
nous avons parlé	nous avons fini	nous avons vendu
vous avez parlé	vous avez fini	vous avez vendu
ils ont parlé	ils ont fini	ils ont vendu
elles ont parlé	elles ont fini	elles ont vendu

Plus-que-parfait	Plus-que-parfait	Plus-que-parfait
j'avais parlé	j'avais fini	j'avais vendu
ich hatte gesprochen	ich hatte beendet	ich hatte verkauft
tu avais parlé	tu avais fini	tu avais vendu
il avait parlé	il avait fini	il avait vendu
elle avait parlé	elle avait fini	elle avait vendu
nous avions parlé	nous avions fini	nous avions vendu
vous aviez parlé	vous aviez fini	vous aviez vendu
ils avaient parlé	ils avaient fini	ils avaient vendu
elles avaient parlé	elles avaient fini	elles avaient vendu

Futur antérieur	Futur antérieur	Futur antérieur
j'aurai parlé	j'aurai fini	j'aurai vendu
ich werde gespr. haben	ich werde beendet haben	ich werde verkauft haben
tu auras parlé	tu auras fini	tu auras vendu
il aura parlé	il aura fini	il aura vendu
elle aura parlé	elle aura fini	elle aura vendu
nous aurons parlé	nous aurons fini	nous aurons vendu
vous aurez parlé	vous aurez fini	vous aurez vendu
ils auront parlé	ils auront fini	ils auront vendu
elles auront parlé	elles auront fini	elles auront vendu

Passé antérieur	Passé antérieur	Passé antérieur
j'eus parlé	j'eus fini	j'eus vendu
ich hatte gesprochen	ich hatte beendet	ich hatte verkauft
tu eus parlé	tu eus fini	tu eus vendu
il eut parlé	il eut fini	il eut vendu
nous eûmes parlé	nous eûmes fini	nous eûmes vendu
vous eûtes parlé	vous eûtes fini	vous eûtes vendu
ils eurent parlé	ils eurent fini	ils eurent vendu

Conditionnel passé	Conditionnel passé	Conditionnel passé
j'aurais parlé	j'aurais fini	j'aurais vendu
ich hätte gesprochen	ich hätte beendet	ich hätte verkauft
tu aurais parlé	tu aurais fini	tu aurais vendu
il aurait parlé	il aurait fini	il aurait vendu
nous aurions parlé	nous aurions fini	nous aurions vendu
vous auriez parlé	vous auriez fini	vous auriez vendu
ils auraient parlé	ils auraient fini	ils auraient vendu

Passé simple	Passé simple	Passé simple
je parlai	je finis	je vendis
ich sprach	ich beendete	ich verkaufte
tu parlas	tu finis	tu vendis
il parla	il finit	il vendit
nous parlâmes	nous finîmes	nous vendîmes
vous parlâtes	vous finîtes	vous vendîtes
ils parlèrent	ils finirent	ils vendirent

Impératif présent	Impératif présent	Impératif présent
parle, parlons, parlez	finis, finissons, finissez	vends, vendons, vendez

Participe présent / passé	Participe présent / passé	Participe présent / passé
parlant / ayant parlé	finissant / ayant fini	vendant, ayant vendu

Gérondif	Gérondif	Gérondif
en parlant	en finissant	en vendant

LE PASSIF — das Passiv

Présent	Conditionnel présent
je suis demandé(e)	je serais demandé(e)
ich werde gefragt	ich würde gefragt werden
tu es demandé(e)	tu serais demandé(e)
il est demandé	il serait demandé
elle est demandée	elle serait demandée
nous sommes demandé(e)s	nous serions demandé(e)s
vous êtes demandé(e, s, es)	vous seriez demandé(e, s, es)
ils sont demandés	ils seraient demandés
elles sont demandées	elles seraient demandées

Imparfait	Passé composé
j'étais demandé(e) ich wurde gefragt tu étais demandé(e) il était demandé elle était demandée nous étions demandé(e)s vous étiez demandé(e, s, es) ils étaient demandés elles étaient demandées	j'ai été demandé(e) ich bin gefragt worden tu as été demandé(e) il a été demandé elle a été demandée nous avons été demandé(e)s vous avez été demandé(e, s, es) ils ont été demandés elles ont été demandées
Futur	**Plus-que-parfait**
je serai demandé(e) ich werde gefragt werden tu seras demandé(e) il sera demandé elle sera demandée nous serons demandé(e)s vous serez demandé(e, s, es) ils seront demandés elles seront demandées	j'avais été demandé(e) ich war gefragt worden tu avais été demandé(e) il avait été demandé elle avait été demandée nous avions été demandé(e)s vous aviez été demandé(e, s, es) ils avaient été demandés elles avaient été demandées
Futur antérieur	**Passé antérieur**
j'aurai été demandé(e) ich werde gefragt worden sein tu auras été demandé(e) il aura été demandé nous aurons été demandé(e)s vous aurez été demandé(e, s, es) ils auront été demandés elles auront été demandées	j'eus été demandé(e) ich war gefragt worden tu eus été demandé(e) il eut été demandé nous eûmes été demandé(e)s vous eûtes été demandé(e, s, es) ils eurent été demandés elles eurent été demandées

Conditionnel passé	
j'aurais été demandé(e) ich wäre gefragt worden tu aurais été demandé(e) il aurait été demandé elle aurait été demandée	nous aurions été demandé(e)s vous auriez été demandé(e, s, es) ils auraient été demandés elles auraient été demandées

LE SUBJONCTIF — der Konjunktiv

Présent

être	avoir	parler	finir
que je sois	que j'aie	que je parle	que je finisse
daß ich sei	daß ich habe	daß ich spreche	daß ich beende
que tu sois	que tu aies	que tu parles	que tu finisses
qu'il soit	qu'il ait	qu'il parle	qu'il finisse
qu'elle soit	qu'elle ait	qu'elle parle	qu'elle finisse
que nous soyons	que nous ayons	que nous parlions	que nous finissions
que vous soyez	que vous ayez	que vous parliez	que vous finissiez
qu'ils soient	qu'ils aient	qu'ils parlent	qu'ils finissent
qu'elles soient	qu'elles aient	qu'elles parlent	qu'elles finissent

vendre	courir	conduire
que je vende	que je coure	que je conduise
daß ich verkaufe	daß ich laufe	daß ich führe
que tu vendes	que tu coures	que tu conduises
qu'il vende	qu'il coure	qu'il conduise
que nous vendions	que nous courions	qu'elle conduise
que vous vendiez	que vous couriez	que nous conduisions
qu'ils vendent	qu'ils courent	que vous conduisiez
qu'elles vendent	qu'elles courent	qu'ils conduisent

Passé

être	avoir	parler (finir, vendre)
que j'aie été	que j'aie eu	que j'aie parlé (fini, vendu)
daß ich gewesen sei	daß ich gehabt habe	daß ich gesprochen habe
que tu aies été	que tu aies eu	que tu aies parlé
qu'il ait été	qu'il ait eu	qu'il ait parlé
que nous ayons été	que nous ayons eu	que nous ayons parlé
que vous ayez été	que vous ayez eu	que vous ayez parlé
qu'ils aient été	qu'ils aient eu	qu'ils aient parlé

INDEX ALPHABÉTIQUE DES VERBES IRRÉGULIERS

Gesamtherstellung: Winklers Verlag · Gebrüder Grimm · Darmstadt